NEURONALE NETZE
IM KLARTEXT

Unser Online-Tipp
für noch mehr Wissen ...

... aktuelles Fachwissen rund
um die Uhr – zum Probelesen,
Downloaden oder auch auf Papier.

www.InformIT.de

ROBERT CALLAN

NEURONALE NETZE

IM KLARTEXT

ein Imprint von Pearson Education

München • Boston • San Francisco • Harlow, England
Don Mills, Ontario • Sydney • Mexico City
Madrid • Amsterdam

Bibliografische Information Der Deutschen Bibliothek

Die Deutsche Bibliothek verzeichnet diese Publikation in der Deutschen Nationalbibliografie;
detaillierte bibliografische Daten sind im Internet über *http://dnb.ddb.de* abrufbar.

Die Informationen in diesem Buch werden ohne Rücksicht auf einen
eventuellen Patentschutz veröffentlicht.
Warennamen werden ohne Gewährleistung der freien Verwendbarkeit benutzt.
Bei der Zusammenstellung von Texten und Abbildungen wurde mit größter
Sorgfalt vorgegangen. Trotzdem können Fehler nicht ausgeschlossen werden.
Verlag, Herausgeber und Autoren können für fehlerhafte Angaben
und deren Folgen weder eine juristische Verantwortung noch irgendeine Haftung übernehmen.
Für Verbesserungsvorschläge und Hinweise auf Fehler sind Verlag und Herausgeber dankbar.

This translation of THE ESSENCE OF NEURAL NETWORKS 01 Edition
is published by arrangement with Pearson Education Limited, United Kingdom.
Copyright © Prentice Hall Europe, 1999.

Translation Copyright © 2002 by Pearson Education Deutschland GmbH
(Original English language title from Proprietor's edition of the Work)

Alle Rechte vorbehalten, auch die der fotomechanischen Wiedergabe und der
Speicherung in elektronischen Medien.
Die gewerbliche Nutzung der in diesem Produkt gezeigten Modelle und Arbeiten
ist nicht zulässig.

Fast alle Hardware- und Softwarebezeichnungen, die in diesem Buch erwähnt werden,
sind gleichzeitig auch eingetragene Warenzeichen oder sollten als solche betrachtet werden.

Umwelthinweis:
Dieses Produkt wurde auf chlorfrei gebleichtem Papier gedruckt.

10 9 8 7 6 5 4 3 2 1

06 05 04 03

ISBN 3-8273-7071-X

© 2003 Pearson Studium
ein Imprint der Pearson Education Deutschland GmbH
Martin-Kollar-Straße 10–12, D-81829 München/Germany
Alle Rechte vorbehalten
www.pearson-studium.de
Übersetzung: Javier Botana, Köln
Lektorat: Dr. Isabel Schneider, ischneider@pearson.de
Fachlektorat: Dr. Michael Schmitt, Ruhr-Universität Bochum
Korrektorat: Barbara Decker, München
Einbandgestaltung: helfer grafik design, München
Herstellung: Monika Weiher, mweiher@pearson.de
Satz: mediaService, Siegen (www.media-service.tv)
Druck und Verarbeitung: Media Print, Paderborn

Printed in Germany

NEURONALE NETZE
IM KLARTEXT

INHALTSVERZEICHNIS

		VORWORT ZUR DEUTSCHEN AUSGABE	9
		VORWORT	11
		DANKSAGUNG	13
KAPITEL 1		EINFÜHRUNG	15
	1.1	Einführung	15
	1.2	Die Basiskomponenten	17
	1.3	Trainieren eines neuronalen Netzes	27
	1.4	Ein einfaches Trainingsbeispiel	28
	1.5	Zusammenfassung	32
	1.6	Weiterführende Literatur	32
	1.7	Übungen	33
KAPITEL 2		KLASSIFIZIEREN VON MUSTERN	35
	2.1	Anwendungen	35
	2.2	Grundlagen	36
	2.3	Lineare und nichtlineare Probleme	43
	2.4	Backpropagation-Lernen	48
	2.5	Anwenden des Backpropagation-Netzes	58
	2.6	Radiale Basisfunktionsnetze	63
	2.7	Zusammenfassung	67
	2.8	Weiterführende Literatur	72
	2.9	Übungen	72

KAPITEL 3	BÜNDELN VON MUSTERN	75
3.1	Grundlagen	75
3.2	Die selbstorganisierende Merkmalskarte	78
3.3	Ein Experiment	92
3.4	Zusammenfassung	95
3.5	Weiterführende Literatur	95
3.6	Übungen	96
KAPITEL 4	**MUSTERASSOZIATION**	**101**
4.1	Einführung	101
4.2	Das diskrete Hopfield-Netz	102
4.3	Bidirektionaler Assoziativspeicher	109
4.4	Autoassoziative Backpropagation	113
4.5	Zusammenfassung	116
4.6	Weiterführende Literatur	117
4.7	Übungen	117
KAPITEL 5	**EINIGE BEISPIELE FÜR REKURRENTE NETZE**	**119**
5.1	Einführung	119
5.2	Backpropagation im Zeitverlauf	120
5.3	Das einfache rekurrente Netz	124
5.4	Zusammenfassung	133
5.5	Weiterführende Literatur	133
5.6	Übungen	134
KAPITEL 6	**WEITERE NETZMODELLE UND EINIGE PRAKTISCHE PUNKTE**	**135**
6.1	Einführung	135
6.2	Netze unter Verwendung von Statistik	136
6.3	Ein Beispiel für ein modulares neuronales Netz	151
6.4	Einige praktische Überlegungen zum Trainieren neuronaler Netze	155
6.5	Zusammenfassung	163
6.6	Weiterführende Literatur	163
6.7	Übungen	164

KAPITEL 7	VERBINDUNGEN ZUR KÜNSTLICHEN INTELLIGENZ	**167**
7.1	Einführung	167
7.2	Die Natur der Intelligenz	168
7.3	Die Symbolsystem-Hypothese	173
7.4	Repräsentation mit Symbolen	177
7.5	Verstehen natürlicher Sprache	186
7.6	Die symbolisch-konnektionistische Verbindung	194
7.7	Zusammenfassung	196
7.8	Weiterführende Literatur	196
7.9	Übungen	197

KAPITEL 8	SYNTHETISIEREN VON SYMBOLEN MIT NEURONALEN NETZEN	**199**
8.1	Neuronale Netze in symbolischen Gewändern	199
8.2	Rekursiver Autoassoziativspeicher	200
8.3	Konnektionistische Repräsentationen	206
8.4	Verarbeitung natürlicher Sprache	218
8.5	Weitere Überlegungen zur Repräsentation	230
8.6	Die Möglichkeit maschineller Kommunikation	234
8.7	Zusammenfassung	240
8.8	Weiterführende Literatur	240
8.9	Übungen	241

ANHANG A	GRUNDLAGEN DER LINEAREN ALGEBRA	**243**
ANHANG B	GLOSSAR	**251**
	BIBLIOGRAPHIE	**255**
	DEUTSCHSPRACHIGE LITERATUR	**259**
	REGISTER	**261**

VORWORT ZUR DEUTSCHEN AUSGABE

Sie halten einen Band der Reihe „Im Klartext" in den Händen. Und das ist gut so. Denn mit dem Kauf oder dem Ausleihen dieses Buchs (Ersteres ist uns als Verlag natürlich lieber) haben Sie sich in die optimale Ausgangslage gebracht, um sich nun rasch und effektiv auf eine Vorlesung, Klausur oder mündliche Prüfung vorbereiten zu können. Oder um sich einen Überblick über ein bestimmtes, für Sie neues Thema zu verschaffen. Oder um schon fast vergessenes Grundwissen aufzufrischen. Oder ...

Es gibt viele gute Gründe, zu einem „Im Klartext"-Buch zu greifen, und unterschiedliche Möglichkeiten, es durchzuarbeiten. Sie können das Buch ganz klassisch von der ersten bis zur letzten Seite durchlesen oder spontan einzelne Themen herausgreifen und sich nur das entsprechende Kapitel anschauen. Bei der Orientierung helfen Ihnen die Lernziele am Kapitelanfang und die Kapitelzusammenfassungen. Natürlich kann ein schmales Buch wie dieses nicht das gesamte Wissen eines komplexen Fachgebiets oder einer vierstündigen Vorlesung über zwei Semester enthalten. Deshalb gibt es in jedem „Im Klartext" Hinweise auf weiterführende Literatur, mit der Sie das nun vorhandene Grundwissen anschließend vertiefen können. In den aus dem Englischen übersetzten „Im Klartext"-Büchern wurden die Literaturhinweise am Ende des Buchs um deutschsprachige Literatur ergänzt.

Um eine bessere Lesbarkeit zu erreichen, wurde auf die Doppelnennung bei Personenbezeichnungen verzichtet, es sind aber selbstverständlich beide Geschlechter gemeint und angesprochen.

Alle „Im Klartext"-Bände wurden von Dozenten geschrieben, die ihre Erfahrungen aus dem Unterricht mitbringen und wissen, wo Studierende oft Verständnisprobleme oder Wissenslücken haben. Durch die Übungsaufgaben im Buch können Sie testen, ob Sie alles Gelesene auch verstanden haben. Und weil es sich gemeinsam mit anderen leichter lernen lässt, laden wir Sie ein, Ihre Lösungen mit den anderen Lesern dieses Buches zu teilen. Das geht so:

Lösen Sie eine Aufgabe aus dem Buch. Überprüfen Sie anschließend, ob auf der Website bereits eine Lösung zu dieser Aufgabe vorhanden ist – wenn ja, können Sie überprüfen, ob Sie richtig liegen. Wenn nicht, schicken Sie uns Ihre Lösung! (Die Adresse hierfür: *info@pearson-studium.de*).

Wenn Sie die erste richtige Lösung zu einer Aufgabe einsenden, stellen wir sie (gerne mit Angabe Ihres Namens) auf die Website. Wenn Sie uns mehr als drei richtige Lösungen schicken, die noch nicht vorhanden waren, bedanken wir uns außerdem mit einem kostenlosen Klartext-Band Ihrer Wahl.

Wir freuen uns auf ihre Lösungsvorschläge!

Und nun viel Spaß mit „Im Klartext"

Ihr Lektorat Pearson Studium

VORWORT

Denken Sie einen Augenblick an die Aufgaben, die Sie täglich durchführen. Sie sitzen an einem Schreibtisch, als ein männlicher Kollege Ihr Büro betritt, einen neuen Hut trägt und etwas jünger aussieht, weil er sich seinen Bart rasiert hat. Würden Sie ihn noch erkennen? Zweifellos würden Sie ihn erkennen, weil es nicht seine Absicht ist, Sie zu täuschen. Er fragt Sie: „Haben Sie mein Buch, das ich Ihnen gestern geliehen habe?". Sie erinnern sich an das Buch und interpretieren die Anfrage so, dass Sie das Buch zurückgeben sollen. Sie schauen auf den Schreibtisch und sehen zwischen einer Kiste mit Disketten und einem Papierstapel das gesuchte Buch. Sie greifen nach dem Buch, ohne darüber nachdenken zu müssen, dass Sie dazu Ihren Arm bewegen müssen. Sie legen den Papierstapel beiseite und händigen Ihrem Kollegen das Buch aus.

Sie führen diese Aufgaben ohne Anstrengung durch, und doch scheint jede Aufgabe eine Reihe von Verarbeitungsschritten zu umfassen. Eine Maschine, die mit solcher Kompetenz arbeitet, hätte unseren Respekt verdient. Solche Aufgaben erfordern die Programmierung eines Computersystems für das Erkennen von Gesichtern und anderen Objekten, die in verschiedenen Kontexten auftreten können, die Notwendigkeit einer Aktion verstehen, Roboterbewegungen planen usw. In der Bestrebung, solche komplizierten Aufgaben zu lösen, haben sich viele Forscher mit Maschinen befasst, die mit unserem eigenen Computer, dem Gehirn, Ähnlichkeiten aufweisen. Diese Maschinen mit ihrem Netzwerk aus einfachen Verarbeitungselementen zeigen eine Anpassungsfähigkeit an eine breite Palette von Aufgaben. Sie werden als neuronale Netze bezeichnet. Neuronale Netze werden nicht als solche programmiert, sondern angelernt, eine Aufgabe durchzuführen.

Neuronale Netze haben sich als sehr gut beim Lösen von Aufgaben der Mustererkennung erwiesen, z. B. bei der Erkennung von Unterwasserobjekten aus Schallreflexionen oder der Erkennung von Kreditkartenbetrug. Es werden ständig neue kommerzielle Anwendungen unter Verwendung neuronaler Netze entwickelt. Außerdem existiert eine wachsende Forschungsbasis für das Anwenden von neuronalen Netzen auf so genannte höhere kognitive Aufgaben, wie z. B. das Erkennen natürlicher Sprache oder das Planen von Aktionen eines autonomen Fahrzeugs. Diese höheren Aufgaben wurden viele Jahre lang in die Disziplin der künstlichen Intelligenz (KI) eingeordnet. Es gibt nun eine neue Form der KI, die bestrebt ist, die Konzepte der „traditionellen KI" und das Feld der neuronalen Netze zusammenzuführen. Diese „neue KI" besitzt ein hohes Potential, um Computersysteme in die nächste Generation zu katapultieren.

Dieses Buch wurde für Studenten im Grundstudium geschrieben, die einen Einsteigerkurs in das Thema der neuronalen Netze suchen. Die meisten Bücher zum Thema der neuronalen Netze setzen voraus, dass der Student über fundierte Grundkenntnisse der Mathematik verfügt. Auch wenn es nicht möglich ist, Mathematik völlig zu vermeiden, versucht dieses Buch, die Mathematik auf ein Minimum zu reduzieren. Mathematik wird hauptsächlich für eine kompakte Vorstellung der Algorithmen verwendet. Obwohl das Mathematikniveau immer noch beängstigend wirken mag, sei der Leser ermutigt, die zahlreichen Beispiele durchzuarbeiten und zu erkennen, wie sich diese Beispiele auf die Notation beziehen. Obwohl das Hauptziel des vorliegenden Buchs in der Behandlung der Schlüsselkonzepte besteht, werden die wichtigsten Modelle neuronaler Netze bis zu einem Grad behandelt, der dem versierten Programmierer ermöglicht, diese Netze in einer Programmiersprache seiner Wahl zu implementieren.

Die ersten sechs Kapitel befassen sich mit den wichtigsten Modellen neuronaler Netze, die einen wesentlichen Bestandteil einer grundlegenden Einführung in das Thema darstellen. Diese sechs Kapitel umfassen lediglich etwas mehr als zwei Drittel des Gesamttextes. Es wäre sicherlich verlockend gewesen, die mathematische Notation und die Algorithmen in diesen Kapiteln zu erweitern, doch es ging mir darum, den Leser nicht abzuschrecken. Stattdessen wird die Präsentation in manchen Abschnitten wissentlich kompakt gehalten und dafür durch Beispiele erweitert. Der wahrscheinlich abschreckendste Algorithmus, der in diesen Buch vorgestellt wird, ist beispielsweise der Backpropagation-Algorithmus in Kapitel 2. Sie werden jedoch feststellen, wie einfach dieser Algorithmus in der Praxis ist. Daher folgt einigen kurzen Beispielen ein weiter ausgearbeitetes Beispiel am Ende des Kapitels. Der Leser sei auch auf Anhang A verwiesen, um seine Kenntnisse in linearer Algebra aufzufrischen und eine Ausarbeitung der in Kapitel 2 verwendeten Notation nachzulesen. Die letzten zwei Kapitel bieten einen Überblick über einige aktuelle Bestrebungen, Verbindungen zwischen neuronalen Netzen und traditioneller KI herzustellen. Kapitel 7 ist eigentlich eine Vorbereitung auf Kapitel 8. Es existiert ein wachsendes Interesse, neuronale Netze und traditionelle KI zusammenzuführen. Im Gegensatz zu den ersten sechs Kapiteln ist Kapitel 8 nicht dazu gedacht, dem Leser Kenntnisse zu vermitteln, die er unmittelbar in die Praxis umsetzen kann. Tatsächlich könnten einige der vorgestellten Konzepte etwas schwierig und abstrakt erscheinen. Die Einführung dieses Materials ermöglicht uns, auf eine Reihe von Arbeiten einzugehen, in denen modulare Netzsysteme zum Lösen schwieriger Verarbeitungsprobleme verwendet werden. Die Entwicklung zukünftiger Modelle neuronaler Netze wird an zahlreichen Fronten verfolgt, doch wir werden sicherlich viel dabei lernen, die Aufgaben zu lösen, die in die Domäne der traditionellen künstlichen Intelligenz fallen. Der Leser sollte darauf vorbereitet sein, oft auf Kapitel 8 zurückzugreifen. Doch vor allem sei der Leser dazu ermutigt, die weiterführende Literatur zu studieren.

Das Buch wird durch eine Site im World Wide Web unterstützt, die über folgende Adresse aufgerufen werden kann:

http://www.pearson-studium.de

Dort kann Software zu neuronalen Netzen herunter geladen werden.

R. Callan

DANKSAGUNG

Ich möchte mich bei Dominic Palmer-Brown für seine hilfreichen Kommentare zu den Kapiteln 7 und 8 bedanken. Außerdem gilt mein Dank John Flackett für seine Kommentare zu verschiedenen Kapiteln und für das Bereitstellen des beschreibenden Diagramms des rekursiven Autoassoziativspeichers in Kapitel 8. Danke auch an Dave Parsons, als Neuling in diesem Bereich, für seine hilfreichen Kommentare zu den ersten zwei Kapiteln. Ich bedanke mich bei Hesham Azzam, der mich im Laufe der Jahre als Kollege unterstützt hat. Schließlich möchte ich mich bei meinen Korrektoren für deren Anregungen zu einer frühen Version dieses Buchs und bei Jackie Harbor von Prentice Hall für ihre Hilfe und Unterstützung bedanken.

1 EINFÜHRUNG

Lernziele
Einführung in die Basiselemente eines neuronalen Netzes.

Sie sollten in der Lage sein:
- ein neuronales Netz mit einfachen Begriffen zu beschreiben;
- die Begriffe Einheit, Gewicht und Aktivierungsfunktion zu definieren;
- die Verbindungen eines Netzes in Form einer Matrix zu beschreiben;
- den Lernprozess eines neuronalen Netzes mit einfachen Begriffen zu beschreiben.

1.1 EINFÜHRUNG

Künstliche neuronale Netze sind parallele Verarbeitungseinheiten, die aus vielen miteinander verbundenen einfachen Prozessoren bestehen. Diese Prozessoren sind stark vereinfacht, insbesondere, wenn man sie mit den Prozessortypen in einem Computer vergleicht. Jeder Prozessor innerhalb eines Netzes kennt lediglich die Signale, die er in regelmäßigen Abständen empfängt, und das Signal, das er regelmäßig an andere Prozessoren überträgt, und doch sind solche einfachen lokalen Prozessoren in der Lage, komplexe Aufgaben durchzuführen, wenn sie innerhalb eines großen Netzwerks koordiniert zusammenarbeiten.

Die Basis der künstlichen neuronalen Netze wurde zwar in Arbeiten zu Anfang des zwanzigsten Jahrhunderts geschaffen, doch erst während der 90er Jahre, nachdem eine Reihe theoretischer Schranken überwunden und die verfügbare Rechenleistung erheblich gesteigert worden waren, stießen diese Netze als nützliche Werkzeuge auf allgemeine Akzeptanz. Das Wort „künstlich" wird manchmal verwendet, um sicherzustellen, dass es sich um eine künstliche Einheit und nicht um die wirklichen biologischen neuronalen Netze handelt, wie sie bei Menschen anzutreffen sind. Es ist das menschliche Gehirn, das die Forscher dazu inspiriert hat, künstliche neuronale Netze zu erschaffen und die Entwicklung auch in Zukunft beeinflussen wird. Im Vergleich zum menschlichen Gehirn sind künstliche neuronale Netze jedoch stark vereinfachte Abstraktionen. Üblicherweise wird das Präfix „künstlich" auch weggelassen, wenn klar ist, in welchem Kontext diese Netze behandelt werden. Ferner werden künstliche neuronale Netze auch als konnektionistische Netze bezeichnet, wenn es mehr darum geht, die Informationsverarbeitungsfähigkeiten anstatt das biologische Vorbild hervorzuheben. Mit anderen Worten, Konnektionisten verwenden neuronale Netze eher dazu, eine Aufgabe zu lösen, als einen biologischen Vorgang möglichst naturgetreu nachzuempfinden.

Obwohl neuronale Netze als leistungsfähige Hardwareeinheiten implementiert werden können (und dies auch getan wird), werden in der Forschung meist Softwaresimulationen auf einem konventionellen Computer ausgeführt. Eine Softwaresimulation stellt eine günstige und flexible Forschungsumgebung zur Verfügung, die für die Simulation vieler Anwendungen aus der realen Welt eine adäquate Leistung bietet. Ein neuronales Netz als Softwarepaket könnte beispielsweise verwendet werden, um ein System zur Bewertung von Personen zu entwickeln, die bei einer Bank einen Kredit beantragen. Obwohl eine Lösung in Form eines neuronalen Netzes so aussehen kann, wie jede andere Software, besteht der wesentliche Unterschied darin, dass die meisten neuronalen Lösungen „erlernt" und nicht programmiert werden: Das Netz lernt, eine Aufgabe durchzuführen, statt direkt dafür programmiert zu sein. Tatsächlich existieren viele neuronale Netzlösungen, entweder weil es unmöglich ist, ein entsprechendes Programm zu schreiben, oder weil die „erlernte Lösung" des neuronalen Netzes eine bessere Leistung bietet. Als menschlicher Immobilienexperte beispielsweise wissen Sie aus Erfahrung sehr gut, welche Faktoren den Verkaufspreis eines Hauses beeinflussen, doch oft spielen auch andere, subtilere Faktoren eine Rolle, die Sie einem Programmierer nur schwer mitteilen können. Eine Immobilienagentur könnte sich daher ein neuronales Netz wünschen, das aus vielen Verkaufsbeispielen gelernt hat, welche Faktoren den Verkaufspreis beeinflussen und welche relative Bedeutung diese Faktoren haben. Außerdem ist die neuronale Lösung insofern flexibel, dass das System seine Prognosen mit steigender Erfahrung verbessern und sich an die Strömungen des Marktes anpassen kann.

Neuronale Netzlösungen werden immer komplexer, und es steht außer Zweifel, dass unsere Fähigkeiten zur Entwicklung dieser Informationsverarbeitungseinheiten sich in Zukunft verbessern werden. Es gibt jedoch bereits jetzt eine breite Palette aufregender Entwicklungen. Der Anwendungsbereich für neuronale Netze ist enorm: Aufdeckung von Kreditkartenbetrug, Aktienmarktprognosen, Kreditbewertung, optische Zeichenerkennung (OCR), Überwachung und Diagnose des Gesundheitszustands, Überwachung des Betriebszustands von Maschinen, Autopiloten für Straßenfahrzeuge, Lernen ein beschädigtes Flugzeug zu landen usw. Die künstlichen neuronalen Netze der Zukunft werden durch ein besseres Verständnis des menschlichen Gehirns inspiriert sein. Dabei werden beide Bereiche sich gegenseitig beeinflussen, wenn künstliche neuronale Netze beispielsweise als Modelle für Gehirnprozesse dienen und uns auf diese Weise Einblick in die Funktionen des menschlichen Gehirns geben.

Die Zukunft der neuronalen Netze ist noch offen; Informatiker, aber auch Personen aus anderen Berufen wie Ingenieure und Forscher, sollten auf diesem Gebiet kompetent sein.

1.2 DIE BASISKOMPONENTEN

Ein neuronales Netz ist ein Verbund von Einheiten, in dem diese nach einem bestimmten Muster miteinander verbunden sind und der somit die Kommunikation zwischen den Einheiten ermöglicht. Diese Einheiten werden auch als *Neuronen oder Knoten* bezeichnet und sind einfache Prozessoren, deren Informationsverarbeitungsfähigkeiten in der Regel beschränkt sind auf eine Regel zum Kombinieren von Eingangssignalen und eine Aktivierungsregel, welche die kombinierten Eingangssignale zum Berechnen eines Ausgangssignals verwendet. Die Ausgangssignale können über Verbindungen, die als *Gewichte* bezeichnet werden, an andere Einheiten übertragen werden. Die Gewichte erregen oder hemmen das zu kommunizierende Signal. Eine Einheit eines neuronalen Netzwerks ist in Abbildung 1.1 dargestellt.

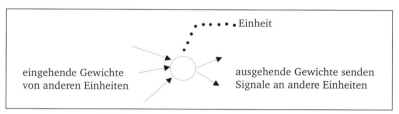

Abbildung 1.1: Eine einfache Netzeinheit.

Einer der beeindruckenden Aspekte von neuronalen Netzen ist, dass, obwohl ihre Einheiten über sehr eingeschränkte Datenverarbeitungsfähigkeiten verfügen, wenn viele dieser Einheiten miteinander verbunden sind, das gesamte Netz in der Lage ist, eine komplexe Aufgabe durchzuführen (siehe Abbildung 1.2).

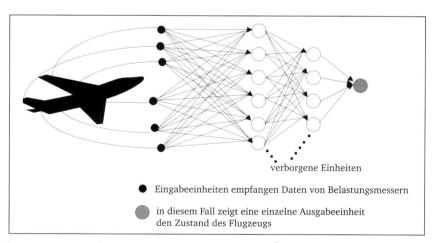

Abbildung 1.2: Anwendung eines neuronalen Netzes zur Überwachung des Betriebszustands eines Flugzeugs. Die Gewichte stellen Verbindungen zwischen den Einheiten her. Die Eingangseinheiten empfangen Signale direkt von den Onboard-Sensoren. Die Ausgangseinheit gibt den Betriebszustand des Flugzeugs wieder.

Das Muster der Konnektivität bezieht sich auf die Einzelheiten der Verbindungen innerhalb des Netzes d. h. welche Einheiten miteinander verbunden sind, die Richtungen der Verbindungen und die Werte der gewichteten Verbindungen. Die Aufgabe, die ein Netz beherrscht (oder sein Programm), ist in den Gewichten kodiert, welche die Einheiten verbinden. Das Verbindungsmuster wird in der Regel durch einen zweistufigen Prozess bestimmt: Zuerst legt der Systementwickler fest, welche Einheiten miteinander verbunden sind und in welcher Richtung, und anschließend werden die Gewichtewerte während der Trainingsphase erlernt.

Unter bestimmten Umständen können die Gewichte ohne Training bestimmt werden, doch der große Reiz an neuronalen Netzen ist ihre Fähigkeit, eine Aufgabe mithilfe der Daten zu lernen, die das Netzwerk bei voller Funktionsbereitschaft verarbeiten soll. Wenn das Wissen zum Lösen einer Aufgabe nicht vorliegt, und somit eine traditionellere Form der Programmierung nicht möglich ist, stellt Training für viele Anwendungen tatsächlich die einzige Option zum Programmieren eines Netzes dar. Oft besteht nur die Möglichkeit darin, zu prüfen, ob ein Netz in der Lage ist, die entsprechende Aufgabe zu erlernen.

Es gibt viele verschiedene Typen von neuronalen Netzen, doch aus allen in diesem Text vorkommenden Typen kann eine Reihe von Eigenschaften extrahiert werden:

- eine Menge von einfachen Verarbeitungseinheiten;
- ein Konnektivitätsmuster;
- eine Regel zum Propagieren von Signalen durch das Netzwerk;
- eine Regel zum Kombinieren von Eingangssignalen;
- eine Regel zum Berechnen eines Ausgangssignals;
- eine Lernregel zum Anpassen der Gewichte.

EINE MENGE VON EINFACHEN VERARBEITUNGSEINHEITEN

Jede Verarbeitungseinheit verfügt in der Regel über eingehende Gewichte zum Empfangen von Signalen von anderen Netzeinheiten und ausgehende Gewichte zum Übertragen von Signalen zu anderen Netzeinheiten. Manche Einheiten existieren, um Signale aus der Umgebung zu empfangen (so genannte *Eingabeeinheiten*), und andere Einheiten existieren, um das Ergebnis der Verarbeitung zurück an die Umgebung zu übertragen (so genannte *Ausgabeeinheiten*). Jedes Datenverarbeitungsgerät verfügt über Eingabegeräte, wie z. B. eine Tastatur, um Daten aus der Umgebung zu empfangen, und Ausgabegeräte, wie z. B. einen Monitor, um das Ergebnis des Verarbeitungsvorgangs anzuzeigen. Für den Zweck der Simulation werden die Eingabeeinheiten oft mit vorverarbeiteten Daten aus einer Datei gespeist und stellen keine direkte Verbindung zur Umgebung her.

EIN KONNEKTIVITÄTSMUSTER

Das Muster der Konnektivität beschreibt die Art und Weise, wie die Einheiten miteinander verbunden sind. In dem einen Netzmodell (d. h Netztyp) ist jede Einheit unter Umständen mit jeder anderen Einheit verbunden. In einem anderen Netzmodell sind die Einheiten unter Umständen in einer geordneten Hierarchie von Schichten angelegt, wobei nur Verbindungen zwischen Einheiten zulässig sind, die sich auf direkt benachbarten Schichten befinden. Andere Netzmodelle erlauben Rückverbindungen zwischen benachbarten Schichten oder innerhalb einer Schicht, oder lassen zu, dass Einheiten Signale an sich selbst zurückschicken. Die Möglichkeiten sind schier unbegrenzt, doch üblicherweise werden in einem Netzmodell die zulässigen Verbindungstypen spezifiziert. Ein Gewicht wird durch drei Parameter festgelegt: die Einheit, von der das Gewicht herführt, die Einheit, zu der das Gewicht hinführt, und eine Zahl (typischerweise ein reelle Zahl), die den Gewichtswert angibt. Ein negativer Gewichtswert wird die Aktivität der empfangenden Einheit hemmen, während ein positiver Gewichtswert zu einer Erregung der empfangenden Einheit führt. Der absolute Gewichtswert legt die Stärke der Verbindung fest.

Das Konnektivitätsmuster wird aus Gründen der Übersichtlichkeit in einer Matrix, **W**, dargestellt, wobei der Eintrag w_{ij} den Gewichtswert der Einheit i zur Einheit j darstellt (beachten Sie, dass in vielen Texten die Matrix so geschrieben wird, dass die Verbindungen von Einheit j ausgehend zur Einheit i führen: Wichtig ist hier, bei der Durchführung der Matrix- und Vektoroperationen konsistent zu bleiben). Es kann zur Beschreibung des Konnektivitätsmusters, in dem Einheiten in Schichten zusammengefasst sind, auch mehr als eine Gewichtsmatrix verwendet werden. Die Abbildungen 1.3 und 1.4 zeigen Beispiele des als Matrizen geschriebenen Konnektivitätsmusters.

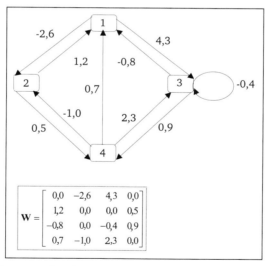

Abbildung 1.3: Die Matrix beschreibt die Verbindungen eines Netzes. Das Gewicht, das Einheit 3 (Zeile 3) mit Einheit 1 (Spalte 1) verbindet, wird beispielsweise als w31 = –0,8 notiert.

Die Gewichtsmatrix ist der Speicher des Netzes, in dem das erforderliche Wissen zur Durchführung einer Aufgabe abgelegt ist.

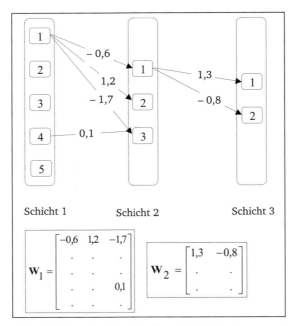

Abbildung 1.4: Die Matrizen beschreiben die Verbindungen eines Netzes. Es gibt eine eigene Matrix für jede Schicht von Gewichten.

EINE REGEL ZUM STEUERN DER SIGNALAUSBREITUNG IM NETZ

Konventionelle Computerprogramme legen genau fest, wann bestimmte Prozesse gestartet und beendet werden können. Dasselbe gilt für neuronale Netze. Für ein bestimmtes Netzmodell existiert eine Regel, die steuert, wann Einheiten aktualisiert werden können (d. h. Eingangssignale kombinieren und ein Ausgangssignal berechnen) und wann ein Signal an andere Einheiten gesendet werden kann. Bei manchen Netzmodellen wird per Zufall eine zu aktualisierende Einheit ausgewählt, während bei anderen Modellen eine Gruppe von Einheiten aktualisiert werden muss, bevor eine andere Gruppe aktualisiert werden kann.

EINE REGEL ZUM KOMBINIEREN VON EINGANGSSIGNALEN

Typischerweise werden die in einer Einheit eingehenden Signale durch Aufsummieren der gewichteten Werte kombiniert. Diese Summierungsmethode wird in Abbildung 1.5 illustriert, wobei *netj* das Ergebnis der kombinierten Eingangssignale zu Einheit j, xi der Ausgang von Einheit i und n die Anzahl der eintreffenden Verbindungen darstellt.

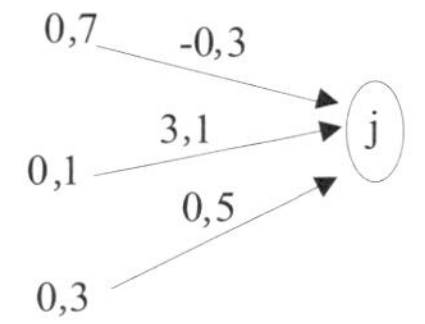

$$net_j = \sum_{i=1}^{n} x_i w_{ij}$$
$$net_j = (0{,}7 \times -0{,}3) + (0{,}1 \times 3{,}1) + (0{,}3 \times 0{,}5) = 0{,}25$$

oder alternativ in Vektornotation

$$\begin{bmatrix} 0{,}7 & 0{,}1 & 0{,}3 \end{bmatrix} \begin{bmatrix} -0{,}3 \\ 3{,}1 \\ 0{,}5 \end{bmatrix} = 0{,}25$$

Abbildung 1.5: Eine typische Möglichkeit zum Aufsummieren der eintreffenden Signale in einer Einheit.

Es existieren auch andere Formen der Aufsummierung, und eine weitere typische Methode besteht darin, die Differenz zwischen der Stärke eines Gewichts und dem Signal, das es trägt, zu quadrieren und alle diese Differenzen für alle Gewichte, die zu einer Einheit führen, aufzusummieren.

EINE REGEL ZUM BERECHNEN EINES AUSGANGSSIGNALS

Einheiten verfügen über eine Regel zum Berechnen eines Ausgangswerts, der an andere Einheiten übertragen oder an die Umgebung (bei einer Ausgabeeinheit) als Ergebnis der Berechnung ausgegeben wird. Diese Regel wird Aktivierungsfunktion genannt, und der Ausgangswert wird als die Aktivierung der Einheit bezeichnet. Die Aktivierung kann Folgendes sein: eine reelle Zahl, die auf ein bestimmtes Intervall eingeschränkt ist (z. B. [0, 1]), oder eine diskrete Zahl, wie z. B. {0, 1} oder {+1, −1}. Der an die Aktivierungsfunktion übergebene Wert ist der Netzeingang an einer Einheit. Im Folgenden wird eine Reihe von Aktivierungsfunktionen beschrieben.

IDENTITÄTSFUNKTION

Die Aktivierungsfunktion für Eingabeeinheiten ist die Identitätsfunktion, was einfach nur bedeutet, dass die Aktivierung (das an andere Einheiten gesendete Signal) identisch mit der Netzeingabe ist (Abbildung 1.6). Eingabeeinheiten dienen nur dazu, die Eingangssignale an andere Netzeinheiten zu verteilen, und daher möchten wir, dass das von der Einheit ausgehende Signal identisch mit dem in die Einheit eingehenden Signal ist. Im Gegensatz zu anderen Netzeinheiten besitzen Eingabeeinheiten lediglich einen Eingabewert. Eine Eingabeeinheit könnte beispielsweise das Signal von einem Sensor aufnehmen, der auf der Außenhaut eines Flugzeugs platziert ist. Diese einzelne Eingabeeinheit verfügt über Verbindungen zu vielen anderen Einheiten, so dass die vom Sensor aufgenommenen Daten an andere Netzeinheiten verteilt werden. Aufgrund der Tatsache, dass Eingabeeinheiten lediglich dazu dienen, Signale aus der Umgebung zu verteilen, betrachten viele Autoren sie nicht als Bestandteile eines neuronalen Netzes.

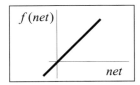

Abbildung 1.6: Die Aktivierung ist identisch mit dem Netzeingang.
Beachten Sie, dass sich f(net) auf die Aktivierung bezieht.

BINÄRE SCHWELLENFUNKTION

Die meisten Netzmodelle basieren auf einer nichtlinearen Aktivierungsfunktion. Eine binäre Schwellenfunktion beschränkt die Aktivierung auf 1 oder 0, je nach dem Verhältnis des Netzeingangs zum Schwellenwert 0 (Abbildung 1.7).

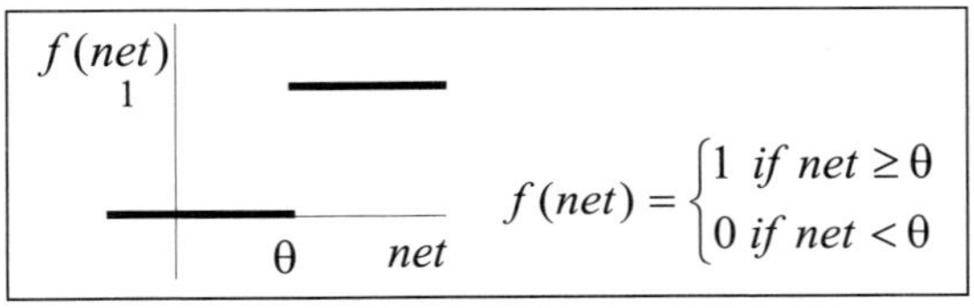

$$f(net) = \begin{cases} 1 & \text{if } net \geq \theta \\ 0 & \text{if } net < \theta \end{cases}$$

Abbildung 1.7: Binäre Schwellenfunktion.

$$f(net) = \begin{cases} 1 & \text{if } net \geq \theta \\ 0 & \text{if } net < \theta \end{cases}$$

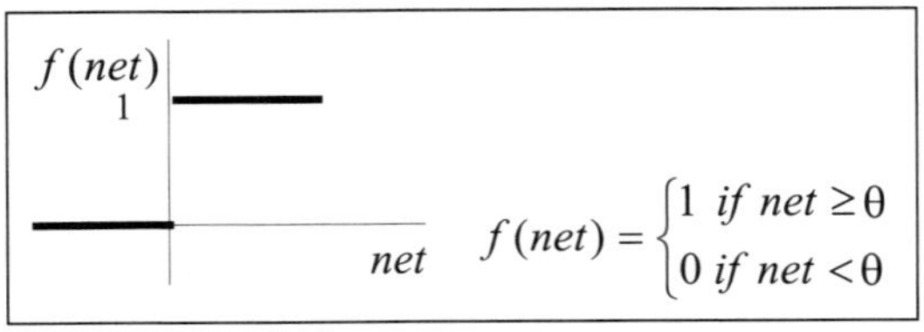

Abbildung 1.8: Binäre Schwellenfunktion mit hinzuaddiertem Verschiebungsterm.

Im Allgemeinen ist es praktischer, den Schwellenwert von der Netzeingabe zu subtrahieren (die so genannte Verschiebung) und den Schwellenwert in eine äquivalente mathematische Form zu bringen (siehe Abbildung 1.8). Die Verschiebung ist der Negativwert des Schwellenwerts, und in diesem Fall wird die Netzeingabe berechnet durch

$$net_j = w_0 + \sum_{i=1}^{n} x_i w_{ij}$$

Die Verschiebung wird normalerweise als ein von einer Einheit ausgehendes Gewicht betrachtet, die immer eine Aktivierung von 1 besitzt (siehe Abbildung 1.9). Die Netzeingabe kann folgendermaßen ausgedrückt werden:

$$net_j = \sum_{i=0}^{n} x_i w_{ij}$$

Hierbei hat x_0 immer einen Wert von 1.

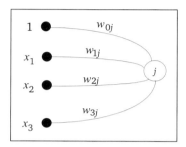

Abbildung 1.9: Zur Vereinfachung der Implementierung wird der Verschiebungsterm oft als Gewicht verstanden, der in der vorangehenden Schicht mit einer Einheit verbunden ist, die eine Daueraktivierung von 1 aufweist.

SIGMOIDE FUNKTION

Die sigmoide Funktion ist eine gängige Aktivierungsfunktion. Der Wert einer sigmoiden Funktion fällt in einen kontinuierlichen Bereich zwischen 0 und 1. Ein Beispiel hierfür ist die in Abbildung 1.10 gezeigte logistische Funktion.

Der Steigung und der Wertebereich der logistischen Funktion kann variieren. Die Ausgabe der bipolaren sigmoiden Funktion beispielsweise, fällt in das Intervall (–1,1).

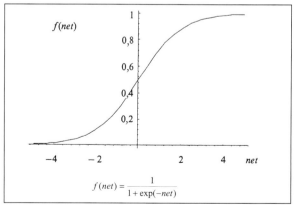

Abbildung 1.10: Die sigmoide Funktion.

BEISPIEL 1.1

Das nachfolgende Beispiel fasst einige der bisher besprochenen Konzepte zusammen. Das zu untersuchende Netz beherrscht die exclusive-or(XOR)-Verknüpfung. Die XOR-Verknüpfung weist zwei binären Eingängen die Werte 0 oder 1 zu. Die Definition ist in Tabelle 1.1 zu finden. Das in Abbildung 1.11 gezeigte Netzmodell stellt ein geschichtetes, vorwärtsgerichtetes (engl. feedforward) Netz dar, das aus zwei Eingabeeinheiten, zwei verborgenen Einheiten und einer Ausgabeeinheit besteht. *Vorwärtsgerichtet* bedeutet, dass Verbindungen nur in einer Richtung, von der Eingangsschicht zur Ausgangsschicht, verlaufen. Die *verborgenen* Einheiten werden so bezeichnet, weil sie keine direkte Eingabe von der Umgebung erhalten oder Informationen direkt an die Umgebung senden.

Eingabe x1	Eingabe x2	Ausgabe
1	1	0
1	0	1
0	1	1
0	0	0

Tabelle 1.1: Definition von XOR

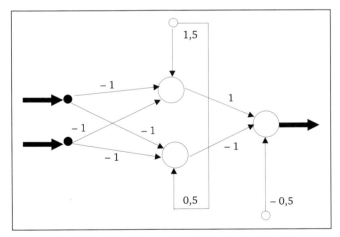

Abbildung 1.11: Das in Beispiel 1.1 verwendete Netz.

In diesem Beispiel können wir uns die Umgebung als uns selbst vorstellen, wobei wir Werte in die Eingabeeinheiten speisen und das Ergebnis über die Ausgabeeinheiten überwachen. Die Einheiten sind in Schichten angeordnet. Dabei enthält die Eingabeschicht die Eingabeeinheiten, die verborgene Schicht die verborgenen Einheiten und die Ausgabeschicht die Ausgabeeinheiten. Die Anzahl der Einheiten in jeder Schicht hängt von dem zu lösenden Problem ab, und wir werden dieses Thema diskutieren, wenn wir uns in Kapitel 2 den vorwärtsgerichteten Netzen im Detail zuwenden. Für den Augenblick jedoch begnügen wir uns mit der Feststellung, dass die Anzahl der Eingabeeinheiten der Anzahl der Eingabewerte für ein Muster entspricht und dass die Anzahl der Ausgabeeinheiten der Anzahl der Ausgabewerte für ein Muster entspricht. Für dieses Beispiel wird die Netzeingabe folgendermaßen berechnet:

$$net_j = \sum_{i=0}^{n} x_i w_{ij}$$

Der Ausgang wird unter Verwendung der Schwellenfunktion berechnet:

$$f(net) = \begin{cases} 1 \text{ if } net \geq 0 \\ 0 \text{ if } net < 0 \end{cases}$$

Denken Sie daran, dass für die Einheiten in der Eingabeschicht die Aktivierung identisch mit der Netzeingabe ist. Die Signale breiten sich ausgehend von der Eingabeschicht durch das Netz hin zur Ausgangsschicht aus, so dass sich für ein bestimmtes Eingabemuster die folgende Verarbeitungsreihenfolge ergibt:

Eingabeschicht → verborgene Schicht → Ausgabeschicht

Der Eingang entspricht dann dem ersten Muster in Tabelle 1.1, d. h. [1 1]. Für die erste verborgene Einheit mit einer Verschiebung von 1.5:

$$net = (x_0 \times 1{,}5) + (x_1 \times -1) + (x_2 \times -1)$$
$$= (1 \times 1{,}5) + (1 \times -1) + (1 \times \text{-}1) = -0{,}5$$

Dies ergibt eine Ausgabe von 0. Für die zweite verborgene Einheit mit einer Verschiebung von 0.5:

$$net = (x_0 \times 0{,}5) + (x_1 \times -1) + (x_2 \times -1)$$
$$= (1 \times 0{,}5) + (1 \times -1) + (1 \times -1) = -1{,}5$$

Dies ergibt eine Ausgabe von 0. Für die Ausgangseinheit mit einer Verschiebung von −0.5:

$$net = (x_0 \times -0{,}5) + (x_1 \times 1) + (x_2 \times -1)$$
$$= (1 \times -0{,}5) + (1 \times 1) + (1 \times -1) = -0{,}5$$

Dies ergibt eine Ausgabe von 0. Wenn die Prozedur auch für die anderen drei Muster befolgt wird, entspricht die Ausgabe des Netzes der Ausgabespalte in Tabelle 1.1.

EINE LERNREGEL ZUM ANPASSEN DER GEWICHTE

Eine der interessantesten Eigenschaften von neuronalen Netzen ist die Tatsache, dass es Lernregeln gibt, mit denen ein Netz automatisch programmiert werden kann. Beispielsweise könnte man eine Funktion schreiben, die die oben angegebene XOR-Definition implementiert:

```
int XOR ( int val_1, int val_2)
{
if (val_1 == 1 && val_2 == 1) return 0;
if (val_1 == 0 && val_2 == 0)
return 0;
if (val_1 == 1 && val_2 == 0) return 1;
if (val_1 == 0 && val_2 == 1)
return 1;
}
```

Der obige Code ist nicht besonders effizient und könnte sicherlich anders implementiert werden. Wie wir gesehen haben, implementiert das in Beispiel 1.1 angegebene Netz dieselbe Funktion. Die korrekte Funktionsweise dieses XOR-Netzwerks hängt von der Anordnung der Einheiten, der Auswahl der Aktivierungsfunktion und den Gewichten ab. Die Anordnung der Einheiten, genauso wie die Auswahl der Aktivierungsfunktion, wird meist zu Beginn der Lernphase festgelegt. Die Aufgabe während der Lernphase besteht nun darin, die Gewichte so anzupassen, dass das gewünschte Ergebnis erzielt wird.

Eine übliche Form der Lernphase ist das überwachte Lernen, wobei für jedes Eingabemuster, das während des Trainings dem Netzwerk präsentiert wird, ein Zielausgabemuster vorhanden ist.

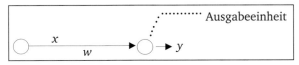

Abbildung 1.12: Ein einzelnes Gewicht verbindet zwei Einheiten. Das Signal x wird mit dem Gewicht w multipliziert. Die Ausgabeeinheit verwendet die Identitätsfunktion als Aktivierungsfunktion, was bedeutet, dass der Ausgang y und der gewichtete Eingang identisch sind.

Mit anderen Worten, wir wissen für jedes Eingabemuster wie die Ausgabe aussehen soll. Die Gewichte werden zu Beginn des Trainings auf zufällige Werte festgelegt, so dass, wenn ein Eingabemuster zum ersten Mal präsentiert wird, es unwahrscheinlich ist, dass das Netz die korrekte Ausgabe erzeugt. Diese Diskrepanz zwischen dem, was das Netz tatsächlich ausgibt, und dem, was es ausgeben soll, stellt einen Fehler dar. Und dieser Fehler kann dazu verwendet werden, die Gewichte anzupassen. Ein Beispiel für eine fehlerkorrigierende Regel ist die Delta-Regel oder Widrow-Hoff-Regel. Betrachten Sie Abbildung 1.12, wo die Ausgangseinheit eine Aktivierung (d.h. Ausgang) von y und einen Zielausgang von t aufweist. Der Fehler, δ, ergibt sich aus:

$$\delta = t - y$$

Das in die Ausgabeeinheit eingehende Signal ist x. Die Delta-Regel besagt, dass die erforderliche Anpassung, Δw, sich folgendermaßen ergibt:

$$\Delta w = \eta \delta x$$

Hierbei ist h eine reelle Zahl, die als *Lernrate* bezeichnet wird. Das neue Gewicht ist dann das alte Gewicht zuzüglich der Anpassung.

$$w = w + \Delta w$$

Eine verallgemeinerte Version der Delta-Regel wir in einem Lernalgorithmus verwendet, der in Kapitel 2 vorgestellt wird. Dort trainiert er Netze, Aufgaben wie die XOR-Verknüpfung durchzuführen.

Zu Beginn des Trainings werden die Gewichte mit Zufallswerten belegt, z.B. im Bereich [–0,3, +0,3]. Während des Trainings werden dem Netzwerk nacheinander Eingabemuster vorgelegt und die Gewichte kontinuierlich angepasst, bis für jedes Muster der Fehler auf einen akzeptablen niedrigen Wert fällt. Nach Anschluss des Trainings wird das Netz anhand von Daten getestet, die ihm während des Trainings nicht vorgelegt wurden. Mit diesem Test werden die Ergebnisse gemessen, die ein Netzwerk mit Daten erzielt, die es während des Trainings nicht gesehen hat.

1.3 TRAINIEREN EINES NEURONALEN NETZES

Die Leistung eines neuronalen Netzes hängt ganz wesentlich von den Trainingsdaten ab. Die Trainingsdaten müssen für die zu erlernende Aufgabe repräsentativ sein.

Da sich für die meisten Probleme erst nach einer intensiven Experimentierphase akzeptable Erfolge einstellen, mag ein Training oft wie ein *ad hoc*-Vorgang erscheinen. Der Entwickler einer neuronalen Netzlösung muss Folgendes leisten:

- Auswahl eines geeigneten Netzmodells
- Spezifikation einer Netztopologie (d.h. Anzahl der Einheiten und deren Verbindungen)
- Spezifikation von Lernparametern

Oft muss der Entwickler die Daten auch vorverarbeiten. Diese Vorverarbeitung kann sehr einfach sein – sie kann beispielsweise darin bestehen, jede Eigenschaft (d.h. Variable) auf den Bereich zwischen 0 und 1 abzubilden – oder eine komplizierte statistische Vorgehensweise involvieren. Es soll an dieser Stelle jedoch darauf hingewiesen werden, dass das langfristige Ziel darin besteht, die Eingriffe und die direkte Beeinflussung des Entwicklers immer weiter zu reduzieren, da das große Potential von neuronalen Netzen im Erfinden von eigenen Lösungen liegt. In der Praxis erzielt der Entwickler deutlich bessere Fortschritte, wenn er über gute Fachkenntnisse im Bereich der zu lösenden Aufgabe und über gute konzeptuelle Kenntnisse im Bereich der Entwicklung neuronaler Netze verfügt.

Die für das Trainieren eines Netzes verfügbaren Daten werden in der Regel in zwei Untermengen aufgeteilt: eine für das Training und eine für das Testen. Die wahre Leistung eines neuronalen Netzes zeigt sich wirklich erst während der Testphase, da eine Trainingsphase durchaus erfolgreich verlaufen kann, und erst während der Testphase die Schwächen zu Tage treten können. Die Testphase ist so angelegt, dass sie die Verallgemeinerungsfähigkeit eines Netzes prüft. Eine gute Verallgemeinerung bedeutet, dass das Netz korrekt mit Daten arbeitet, die den Trainingsdaten zwar ähnlich, aber nicht mit ihnen identisch sind.

1.4 EIN EINFACHES TRAININGSBEISPIEL

Wenden wir uns einem relativ einfachen Problem zu, anhand dessen sich demonstrieren lässt, wie das einfachste neuronale Netz zum Lösen von Problemen herangezogen werden kann. Das Netz soll lediglich aus einer Eingabe- und einer Ausgabeeinheit bestehen.

Viele von uns haben bestimmt im Physikunterricht in der Schule ein Experiment durchgeführt, in dem ein Balken mit Gewichten beladen und die Durchbiegung des Balkens gemessen wurde. Anschließend kann ein Graph für die Biegung in Abhängigkeit vom Gewicht gezeichnet werden. Der Graph zeigt dann Punkte mit der Tendenz, dem Verlauf einer Geraden zu folgen. Ziehen wir unter Verwendung der *Methode der kleinsten Quadrate* eine Gerade durch die Punkte, können wir Voraussagen über die Biegung des Balkens treffen, die sich bei Gewichten ergibt, für die wir die Biegung nicht gemessen haben. Viele Probleme können modelliert werden, indem Geraden (oder Kurven) zu den entsprechenden Daten gezeichnet werden. Wir könnten beispielsweise die Produktionszahlen der letzten Jahre analysieren, um Prognosen über die Anzahl der Waschmaschinen zu treffen, die ein Hersteller in den nächsten Jahren fertigen wird. Bei Daten, die einer Geraden folgen, werden wir eine ähnliche Darstellung wie in dem Streuungsdiagramm in Abbildung 1.13 erhalten. Die Daten folgen zwar in etwa einer Geraden, lassen sich aber mit einer Geraden nie genau erfassen. Dies ist wenig verwunderlich, da auch in der realen Welt immer Messfehler entstehen.

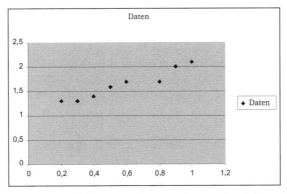

Abbildung 1.13: Die Daten folgen zwar in etwa dem Verlauf einer Geraden, lassen sich aber aufgrund von Messfehlern nie genau mit einer solchen erfassen.

Die Gleichung einer Geraden lautet

$$y = mx + c$$

Hierbei bilden y und x Variablen (z. B. Biegung und Gewicht), m ist die Richtung oder der Verlauf und c ist der Schnittpunkt (d. h. wo die Gerade die y-Achse schneidet). Wir könnten nach Augenmaß eine Gerade einfügen und die Steigung und den Schnittpunkt messen, doch die Methode der kleinsten Quadrate bietet uns eine Möglichkeit zur Berechung von m und c. Was meinen wir mit „am besten"? Damit meinen wir eine Gerade, die für alle Datenpunkte die *Summe der quadrierten Fehler* minimiert. Diese Fehler für eine Reihe von Punkten sind in Abbildung 1.14 dargestellt. Zur Berechnung der Summe der quadrierten Fehler werden diese Fehler einfach quadriert und aufsummiert.

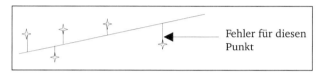

Abbildung 1.14: Jeder Punkt weist einen Fehler, den Abstand von der Geraden, auf.

Die Methode der kleinsten Quadrate gibt uns an, dass m sich ergibt aus

$$m = \frac{n \sum x_i y_i - \sum x_i \sum y_i}{n \sum x_i^2 - (\sum x_i)^2} \qquad (1.1)$$

Und c sich ergibt aus:

$$c = \frac{\sum y_i - m \sum x_1}{n} \qquad (1.2)$$

Hierbei sind x_i und y_i die Koordinatenwerte für den Punkt i, und n ist die Anzahl von Punkten. Die Summierungen werden für alle Datenpunkte durchgeführt.

1.4.1 WIE WERDEN DIE GLEICHUNGEN FÜR M UND C ABGELEITET?

Dieser Unterabschnitt ist optional, könnte sich jedoch als hilfreich für das Verständnis der in Kapitel 2 vorgestellten Theorie erweisen.

Ist die Gerade einmal an die Daten angepasst worden, kann unter Verwendung der Geradengleichung für jeden gegebenen Wert x ein Wert für y geschätzt werden. In Wirklichkeit besitzt wahrscheinlich jeder für y geschätzte Wert einen Fehler. Um y zu schätzen, können wir nun Folgendes schreiben:

$$y_i = mx_i + c + e_i \qquad (1.3)$$

Hierbei ist e_i der Fehler für Punkt i. Die Summe der quadrierten Fehler, E, ist:

$$E = \sum e_i^2 \tag{1.4}$$

Unter Verwendung und Umordnung der Gleichungen (1.3) und (1.4) erhalten wir:

$$E = \sum [y_i - (mx_i + c)]^2 \tag{1.5}$$

Wir können beobachten, wie der Gesamtfehler mit m und c variiert, indem wir die partiellen Ableitungen aus (1.5) in Bezug auf m und c nehmen:

$$\frac{\partial E}{\partial m} = -2 \sum x_i [y_i - (mx_i + c)] \tag{1.6}$$

$$\frac{\partial E}{\partial c} = -2 \sum [y_i - (mx_i + c)] \tag{1.7}$$

Wenn (1.6) und (1.7) auf Null gesetzt und die Gleichungen aufgelöst werden, erhalten wir schließlich (1.1) und (1.2).

Die Methode der kleinsten Quadrate ist eine effiziente Möglichkeit zur Berechnung der am besten passenden Geraden zu einer Datenmenge. Die Methode ist leicht anwendbar, doch ihre Herleitung erfordert ein wenig mathematisches Grundwissen. Wir können ein neuronales Netz dazu bringen, eine Gerade an eine Datenmenge anzupassen. Dem Netz werden einfach Beispieldaten vorgelegt, die es nur noch lernen muss.

Ein Netz mit einer Eingabeeinheit und einer Ausgabeeinheit wurde so trainiert, dass es eine Gerade durch die Daten in Abbildung 1.13 zeichnet. Dabei verwendete das Netz eine lineare Aktivierungsfunktion. Zum Lösen dieser Aufgabe musste das Netzwerk m und c schätzen, wobei m und c die Parameter des Netzwerks (d. h. die Gewichte) darstellten, die vor dem Training per Zufall mit Werten zwischen –0,3 und +0,3 initialisiert wurden.

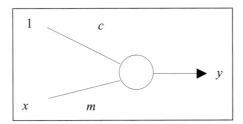

Abbildung 1.15: Eine einzelne lineare Einheit kann dazu trainiert werden, die Gerade in Abbildung 1.16 darzustellen.

Das Netzmodell wird in Abbildung 1.15 gezeigt. Die Trainingseingaben waren einfach der x-Koordinatenwert für jeden Punkt und der Zielwert des y-Koordinatenwerts. Das Gewicht c besitzt immer einen Wert von 1 als Eingabe (d. h. c multipliziert mit 1 ergibt c: Das Gewicht ist die Verschiebung). Das Netz wurde unter Verwendung der Delta-Regel mit einer Lernrate von 0,1 trainiert. Das Training wurde vollzogen, indem jeder Punkt 10000-mal präsentiert wurde.

Die Schätzungen für m und c mit der Methode der kleinsten Quadrate und dem Netz lauten wie folgt:

Parameter	Kleinste Quadrate	Netzwerk
m	1,0085	1,0284
c	1,0450	1,0360

Die vom Netz angepasste Gerade ist in Abbildung 1.16 dargestellt.

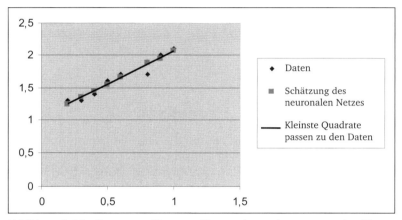

Abbildung 1.16: Daten, an die unter Verwendung eines neuronalen Netzes (wie das in Abbildung 1.15) eine Gerade angepasst wurde. Die vom neuronalen Netz geschätzte Gerade liegt nahe an der Geraden aus der Methode der kleinsten Quadrate.

Es ist nicht wirklich überraschend, dass das Netz vergleichbare Ergebnisse erzielt wie die Gleichungen der kleinsten Quadrate, da, wie wir in Kapitel 2 sehen werden, die Delta-Lernregel aus dem Prinzip der Minimierung des quadrierten Fehlers abgeleitet ist. Unser Netz hat die ihm gestellte Aufgabe gelöst, indem es aus einer vorgelegten Eingabe eine Ausgabe erzeugt und eine Gerade berechnet hat. In diesem Fall modelliert unser Netz eine Gerade, doch größere neuronale Netze mit nichtlinearen Aktivierungsfunktionen können sehr komplexe Formen an die Trainingsdaten anpassen und daher viele Typen von sehr komplexen Aufgaben lösen.

1.5 ZUSAMMENFASSUNG

- Ein neuronales Netz ist ein Verbund von einfachen Informationsverarbeitungseinheiten, die sich über Gewichte gegenseitig Signale zusenden.
- Die Art und Weise wie die Einheiten miteinander verbunden sind hängt von dem entsprechenden Netzmodell ab.
- Eine Netzeinheit verfügt über eine Regel zum Aufsummieren der eingehenden Signale und eine Regel zum Berechnen eines Ausgabesignals, das anschließend an eine andere Netzeinheit gesendet wird. Die Regel zum Berechnen der Ausgabe wird als Aktivierungsfunktion bezeichnet.
- Ein neuronales Netz kann die Durchführung einer Aufgabe erlernen und wird in der Regel nicht im konventionellen Sinne programmiert. Das Lernen wird durch das Ändern der Gewichtswerte erreicht. Während des Lernvorgangs wird eine Regel verwendet, die festlegt, wie ein Gewicht geändert werden muss.

1.6 WEITERFÜHRENDE LITERATUR

Dieses Buch wurde als Einführung in neuronale Netze konzipiert und soll den Leser auf die Lektüre von fortgeschrittenen Lehrbüchern vorbereiten. Im Laufe dieses Buchs werden Sie zahlreiche Literaturhinweise finden. Manche Literaturempfehlungen beziehen sich auf ganz spezifische Aspekte von neuronalen Netzen. Sie werden auch auf Verweise auf die folgenden Bücher stoßen, die als fortgeschrittene Lektüre sehr zu empfehlen sind.

Fausett (1994) behandelt die meisten Themen aus den ersten zwei Dritteln des vorliegenden Buchs, geht jedoch detaillierter auf sie ein. Die meisten Bücher zu neuronalen Netzen sind sehr mathematisch, und obwohl das Buch von Fausett mathematisch ist, werden die Themen mit klaren Erläuterungen und Beispielen präsentiert. Haykin (1994) ist nicht für diejenigen zu empfehlen, die vor Mathematik zurückschrecken. Er geht sehr detailliert auf Netzarchitekturen ein. Für die meisten Studenten ist dieses Buch als Einführung zu fortgeschritten, doch es stellt einen exzellentes Referenzwerk dar, wenn eine Vertiefung in neuronale Netze erwünscht ist.

Rumelhart *et al.* (1986b) war maßgeblich daran beteiligt, dass nach einer sehr ruhigen Forschungszeit während der 70er Jahre das Interesse an neuronalen Netzen neu belebt wurde. Entsprechend oft wurde dieses Werk folglich in der Literatur zu neuronalen Netzen zitiert. Obwohl das Buch ein wenig in die Jahre gekommen ist, bietet es immer noch viele nützliche Einsichten und ist aufgrund seiner Bedeutung in der Geschichte der neuronalen Netze die Lektüre wert. Insgesamt ist das Buch lesbar, und ich habe es mithilfe nur dieses Buchs als Referenz geschafft, mein erstes Backpropagation-Netzwerk in C zu schreiben (*ja, das Programm funktionierte!*).

1.7 ÜBUNGEN

1. Zeichnen Sie für die unten angegebenen Daten eine Reihe von Geraden durch die Daten. Leiten Sie die Gleichungen dieser Linien her, indem Sie die Steigung und den Schnittpunkt messen. Berechnen Sie für jede Gerade den mittleren quadrierten Fehler; dabei ist die Eingabe x und die Ausgabe ist

$$Ausgang = mx + c$$

x	Zielausgang
0,30	1,60
0,35	1,40
0,40	1,40
0,50	1,60
0,60	1,70
0,80	2,00
0,95	1,70
1,10	2,10

2. Finden Sie für die Daten aus Frage 1 die angepasste Gerade unter Verwendung der Methode der kleinsten Quadrate.
3. Berechnen Sie für die Daten aus Frage 1 und mit den Startgewichten

$$Ausgang = 0{,}5\,x + 0{,}5$$

   die neue Gerade durch die Daten unter Verwendung der Widrow-Hoff-(Delta-)-Lernregel mit einer Lernrate von 0,3. (*Hinweis*: Nach Vorlage jedes Musters ergibt sich eine neue Gerade.)
4. Unser neuronales Netz zur Anpassung von Geraden aus Abschnitt 1.4 hatte eine einzige Eingabeeinheit, und Ziel war es dabei, Gewichte zu finden, so dass der Wert für y aus x geschätzt werden konnte.

   Wie wir in Kapitel 2 sehen werden, möchten wir für viele Probleme wissen, auf welche Seite einer Geraden (d. h. oben oder unten) ein Datenpunkt fällt. Schreiben Sie die in Frage 2 hergeleitete Gerade um in die Form:

$$Eingang(x,y) = mx - y + c$$

   Berechnen Sie die Eingabe für alle in Frage 1 aufgeführten Datenpunkte, und finden Sie für jeden Punkt einen Ausgabewert unter Verwendung der binären Schwellenfunktion. Wie glauben Sie könnte die *Eingabe*berechnung durch ein neuronales Netz modelliert werden?

2 KLASSIFIZIEREN VON MUSTERN

Lernziele

Beschreibung der Klassifikationssaufgabe und Einführung neuronaler Netze, die in der Lage sind, eine Musterklassifikation durchzuführen.

Sie sollten in der Lage sein:
- zu beschreiben, was eine Klassifikationsaufgabe und was überwachtes Lernen ist;
- die Grundkonzepte zu verstehen, wie vorwärtsgerichtete Netze Klassifikationen durchführen;
- das vorwärtsgerichtete Backpropagation-Netz bis zu einer Ebene zu verstehen, die Ihnen das Programmieren eines solchen Netzes in einer Sprache Ihrer Wahl ermöglicht;
- den Unterschied zwischen einem linearen und einem nichtlinearen Problem zu verstehen.

Voraussetzungen

Grundlagen der linearen Algebra wie sie in Anhang A behandelt werden. Für manche Abschnitte ist ein grundlegendes Verständnis der Ableitung erforderlich, für die Erreichung der oben genannten Lernziele jedoch nicht. Kapitel 1.

2.1 ANWENDUNGEN

Es gibt viele Anwendungen, die als Klassifikationsprobleme betrachtet werden können. Beispielsweise wenn Sie Leiter einer Bank sind und entscheiden müssen, ob eine bestimmte Person kreditwürdig ist, könnten Sie diese Person in eine niedrige, mittlere oder hohe Risikoklasse einstufen. Die optische Zeichenerkennung ist erfolgreich, wenn ein gescanntes Zeichen der korrekten Klasse zugeordnet wird. Der Buchstabe „H" kann in vielen Variationen vorkommen, sogar in derselben Schriftart, da der Buchstabe beispielsweise verschmiert sein kann, doch alle gehören derselben Klasse „H" an. Die Erkennung eines Wortes anhand eines von einem Sprecher ausgesandten akustischen Signals wäre ein weiteres Beispiel für eine Klassifikation.

Wenn wir wissen, zu welcher Klasse jedes Trainingsbeispiel gehört, können wir überwachtes Lernen einsetzen. Die Aufgabe für das Netz besteht darin zu lernen, ein Eingabemuster einem Zielmuster zuzuordnen, das die Zielklasse darstellt. Das Bild des Buchstabens „H" beispielsweise könnte an ein neuronales Netz übergeben werden, um das Netz so zu trainieren, dass eine Ausgabeeinheit, die „H" darstellt, eingeschaltet und alle anderen Einheiten, die andere Zeichen darstellen, ausgeschaltet werden. Auf diese Weise könnte das Eingabemuster aus den Grauwerten der Pixel des Bildes bestehen, und das Ausgabemuster aus einem Vektor, bei dem das Element, das die Ausgabeeinheit für „H" darstellt, auf 1, und alle anderen Elemente auf 0 gesetzt werden.

Dieses Kapitel ist hauptsächlich dem gebräuchlichsten Modell für neuronale Netze, dem Backpropagation-Netz, gewidmet. Dieses Netz wurde zur Lösung einer Reihe von Aufgaben verwendet, von der Erkennung von Objekten aus Sonarsignalen bis hin zur Modellierung von Dyslexie, d. h. der Schwierigkeit mancher Menschen beim Erkennen von Wörtern.

2.2 GRUNDLAGEN

In diesem Abschnitt werden wir uns mit den Grundbegriffen vertraut machen, bevor wir uns im Abschnitt 2.4 mit dem Backpropagation-Modell befassen werden.

2.2.1 DIE ENTSCHEIDUNGSFUNKTION

Zur Einführung in das Funktionsprinzips eines neuronalen Netzes werden wir eine triviale Aufgabe stellen und anschließend den einfachsten Netztyp zur Lösung dieser Aufgabe verwenden.

Abbildung 2.1 illustriert eine Klassifikationsaufgabe. Die Aufgabe besteht darin, Regeln zu bestimmen, mit denen ein Flugzeug anhand seiner Höchstgeschwindigkeit und seines maximalen Startgewichts als Bomber oder Kampfflugzeug klassifiziert werden kann. Die Regeln können symbolisch dargestellt werden:

IF Gewicht > 0,80 AND Geschwindigkeit < 0,55 THEN Bomber

IF Gewicht < 0,90 AND Geschwindigkeit > 0,25 THEN Kampfflugzeug

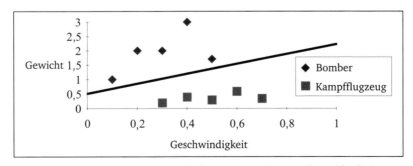

Abbildung 2.1: *Die Trennung von zwei Klassen unter Verwendung idealisierter Daten.*

In den oben angegebenen Regeln werden diskrete Grenzwerte verwendet, die den Raum effektiv in rechteckige Bereiche partitionieren. Die von den Regeln festgelegte Partition wird zwar das in dem Graph gezeichnete Flugzeug klassifizieren, doch für Fehler bleibt nicht viel Platz, wenn versucht wird ein neues Flugzeug anhand dieser neuen Regeln zu klassifizieren. Aber auch die Regeln können in dieser Form keine Schätzung bereitstellen, wie zuverlässig die Klassifikation eines neuen Flugzeugs ist.

Ein alternativer Ansatz dazu, Regeln zu benutzen, besteht darin, eine Klassifikationsfunktion herzuleiten, indem eine Trenngerade zwischen den beiden Klassen definiert wird. Bei einem neuen Flugzeug zeichnen wir die Position einfach anhand unserer Kenntnisse über dessen Höchstgeschwindigkeit und dessen maximales Startgewicht ein und beobachten, auf welcher Seite der Geraden der Punkt sich befindet. In dem vorliegenden Szenario werden zwei Eigenschaften, Geschwindigkeit und Gewicht, für eine kleine Anzahl von Flugzeugen berücksichtigt, was die Darstellung der Daten als zweidimensionales Bild ermöglicht. Wenn jedoch Hunderte von Flugzeugen mit einer hohen Anzahl von Eigenschaften berücksichtigt (d.h. ein mehrdimensionales Problem) werden sollen, ist es nicht mehr möglich, die Klassifikation in einer einfachen Bildform darzustellen.

Die Antwort lautet dann, eine Entscheidungsfunktion zu verwenden. Die Gleichung der Geraden zur Trennung der zwei Flugzeugtypen lautet

$$x_2 = 1{,}5x_1 + 0{,}5$$

Hierbei ist x_1 die Geschwindigkeit und x_2 das Gewicht. Diese Gleichung kann dazu verwendet werden, eine Entscheidungsfunktion zu erstellen:

$$f(x_1, x_2) = -x2 + 1{,}5x_1 + 0{,}5$$

$$d = \begin{cases} Kampfflugzeug & \text{if } f(x_1, x_2) \geq 0 \\ Bomber & \text{if } f(x_1, x_2) < 0 \end{cases}$$

Ein Kampfflugzeug mit (0,4, 0,5) ergibt beispielsweise:

$$f(0{,}4,\ 0{,}5) = -0{,}5 + 1{,}5 \times 0{,}4 + 0{,}5 = 0{,}6$$

Die Entscheidungsfunktion wird den Punkt korrekt als Kampfflugzeug klassifizieren.

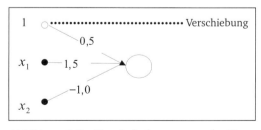

Abbildung 2.2: *Ein einfaches neuronales Netz.*

Die obige Entscheidungsfunktion könnte in einem neuronalen Netz für eine mögliche Implementierung in Hardware verwendet werden. Abbildung 2.2 ist ein Netzmodell der Entscheidungsfunktion. Die Netzeingabe an der zentralen Einheit ergibt sich aus der Multiplikation der Eingangsvariablen $x1$ und x_2 mit den entsprechenden gewichteten Verbindungen und der Aufsummierung der Ergebnisse. Zur Berechnung der Gesamteingabe für die Einheit wird der in dem Diagramm angegebene Verschiebungswert zur Summe addiert.

Wie bereits in Kapitel 1 erwähnt, wird diese Summe folgendermaßen ausgedrückt:

$$net_j = w_0 + \sum_{i=1}^{n} x_i w_{ij}$$

Hierbei ist net_j die Gesamtnetzeingabe, w_0 ist die Verschiebung und soll mit einer Einheit verbunden sein, die immer eine Aktivierung von 1 aufweist, x_i ist die Aktivierung für Einheit i, und w_{ij} ist das Gewicht, das Einheit i mit Einheit j verbindet. Die Einheit in Abbildung 2.2 errechnet einen Ausgangswert anhand des Schwellenkriteriums:

$$Ausgang = \begin{cases} 1 & if\ Gesamteingabe \geq 0 \\ 0 & if\ Gesamteingabe < 0 \end{cases}$$

Ein Ausgangswert von 1 würde ein Kampfflugzeug und ein Ausgangswert von 0 einen Bomber anzeigen.

Die Eingabe zum Netz in Abbildung 2.2 wird an die Schwellenfunktion übergeben, um einen Ausgang von Null oder Eins zu erzeugen. Diese Schwellenfunktion könnte durch eine andere Funktion ersetzt werden, die einen Ausgang zwischen Null und Eins erzeugt. D.h., wenn der Ausgang 0,9 entspricht, können wir ziemlich sicher sein, dass es sich um ein Kampfflugzeug handelt, wohingegen wir bei einem Wert von 0,5 das Flugzeug nicht sicher klassifizieren können. Tatsächlich ist dies ein System, das nicht nur klassifiziert, sondern auch die Wahrscheinlichkeit einer Klassifikation evaluiert.

BEISPIEL 2.1

a. Berechnen Sie die Gesamtnetzeingabe zur Einheit in Abbildung 2.2 und die entsprechende Ausgabe unter Annahme einer Schwellenfunktion und des Eingabevektors [0,7 2,5].

b. Berechnen Sie die Ausgabe für den Fall, dass die Aktivierungsfunktion durch die sigmoide Funktion ersetzt wird. Der Eingangsvektor ist identisch mit dem in (a).

c. Berechnen Sie die Netzeingabe für ein Netz mit derselben Architektur wie in Abbildung 2.2, jedoch mit den Gewichten [–0,2 0,03 1,2] und demselben Eingangsvektor wie in (a).

LÖSUNG

a. Die Reihenfolge der Elemente in dem Vektor geben an, dass $x_1 = 0{,}7$ und $x_2 = 2{,}5$. Somit ist die Gesamteingabe:
$$0{,}5 + (0{,}7 \times 1{,}5) + (2{,}5 \times -1) = -0{,}95$$
Die Gesamteingabe ist negativ und damit ist die Ausgabe 0.

b. Die Aktivierung für die sigmoide Funktion ist folgendermaßen definiert:
$$f(net_j) = \frac{1}{1+\exp(-net_j)}$$
Der Netzeingang ist –0,95, und nach dem Ersetzen in die sigmoide Funktion ergibt sich ein Ausgang von 0,28.

c. Die Schreibweise der Matrizen in diesem Buch bedeutet, dass eine *Zeile* die Einheit indiziert, von der eine Verbindung herführt (*Starteinheit*), und eine *Spalte* die Einheit indiziert, zu der eine Verbindung hinführt (*Zieleinheit*). Die Reihenfolge der Gewichte in der Gewichtsmatrix bedeutet, dass die Verschiebung –0,2 ist, und da es sich um eine Verschiebung handelt, muss die Starteinheit eine Aktivierung von 1 aufweisen. Mit einem Eingabevektor x und einem Gewichtsvektor w kann der Netzeingang zu einer Einheit folgendermaßen ausgedrückt werden:
$$net_j = xw$$
Dies setzt voraus, dass der Eingabevektor so geschrieben wird, dass er die Aktivierung der Verschiebung umfasst. Nach Hinzufügen dieser Aktivierung zum Eingabevektor, ergibt sich folgende Netzeingabe:

$$\begin{aligned} net &= \begin{bmatrix} 1 & 0{,}7 & 2{,}5 \end{bmatrix} \begin{bmatrix} -0{,}2 \\ 0{,}03 \\ 1{,}2 \end{bmatrix} \\ &= (1 \times -0{,}2) + (0{,}7 \times 0{,}03) + (2{,}5 \times 1{,}2) \\ &= 2{,}82 \end{aligned}$$

BEISPIEL 2.2

Finden Sie die Gewichte für ein ähnliches neuronales Modell wie in Abbildung 2.2, das die folgende Gleichung darstellt:
$$2x_2 = -4x_1 + 8$$

LÖSUNG

Für jeden Punkt, der auf die Gerade fällt, werden die Gewichte folgendermaßen definiert:

$$w_0 + x_1 w_1 + x_2 w_2 = 0$$

Eine Umstellung ergibt:

$$x_2 = -x_1 \frac{w_1}{w_2} - \frac{w_0}{w_2}$$

Gleichsetzen der Terme ergibt:

$$-\frac{w_1}{w_2} = -\frac{4}{2}, \quad -\frac{w_0}{w_2} = \frac{8}{2}$$

Damit ist $w_0 = -8$, $w_1 = 4$ und $w_2 = 2$.

2.2.2 ANPASSEN DER GEWICHTE

Aus Abbildung 2.1 geht deutlich hervor, dass viele Geraden als Trennung gezeichnet werden können und daher viele Gewichtsmengen existieren, die eine Lösung anbieten. Wenn t_j ein Ziel oder gewünschte Ausgabe von Einheit j und o_j die tatsächliche Ausgabe darstellt, dann kann der Fehler E_p für das Muster p folgendermaßen definiert werden:

$$E_p = \frac{1}{2} \sum_j (t_j - o_j)^2 \quad (2.1)$$

Und der Gesamtfehler ergibt sich aus $E = \Sigma E_p$. Der Faktor $\frac{1}{2}$ wird zur Vereinfachung der Darstellung in Abschnitt 2.2.3 angegeben.

Die Aktivierung für jede Einheit hängt von der Netzeingabe zu dieser Einheit und damit von den Gewichten ab, die zu dieser Einheit hinführen. Stellen Sie sich eine Einheit wie in Abbildung 2.2 nur ohne Verschiebung vor. Eine solche Einheit kann jede Gerade modellieren, die durch den Ursprung verläuft. Für eine lineare Einheit und ein einziges Muster kann die Gleichung (2.1) folgendermaßen notiert werden:

$$E = \frac{1}{2}(t - net)^2$$

Denn für eine lineare Einheit ist die Ausgabe identisch mit der Eingabe. Durch Expansion ergibt sich:

$$E = \frac{1}{2}[t^2 - 2t\, net + net^2]$$
$$= \frac{1}{2}[t^2 - 2t(x_1 w_1 + x_2 w_2) + x_1^2 w_1^2 + 2x_1 w_1 x_2 w_2 + x_2^2 w_2^2] \quad (2.2)$$

Dabei ist $net = x_{1w1} + x_2w_2$. Differenzieren wir die Gleichung (2.2) nach w_1, erhalten wir:

$$\frac{\partial E}{\partial w_1} = (-t + x_1w_1 + x_2w_2)x_1 \qquad (2.3)$$

Gleichung 2.2 zeigt, dass, wenn der quadrierte Fehler in Abhängigkeit von w_1 dargestellt wird, sich daraus eine Parabel wie in Abbildung 2.3 ergibt, und wenn Gleichung (2.3) auf 0 gesetzt und gelöst wird, das Minimum der Kurve gefunden werden kann.

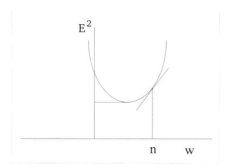

Abbildung 2.3: Die Gerade stellt die Ableitung des Fehlers in Bezug auf ein Gewicht zur Zeit n dar.

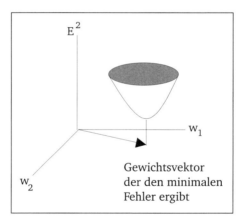

Abbildung 2.4: Der Fehler kann für unterschiedliche Kombinationen von Gewichten gezeichnet werden.

Sie erinnern sich vielleicht noch an das Beispiel aus Kapitel 1, in dem vor dem Training die Gewichte mit einem Zufallswert initialisiert werden und sich daher der Punkt, der den Anfangszustand des Netzes darstellt, an einer beliebigen Stelle auf der Fehleroberfläche befinden kann, doch wahrscheinlich nicht am niedrigsten Punkt. Während des Trainings sollte das Netz also versuchen, seine Gewichte einem niedrigeren Gesamtfehler zu nähern. Mit anderen Worten, die Gewichte sollten in Richtung des steilsten

Abstiegs auf der Fehleroberfläche angepasst werden. Abbildung 2.3 illustriert diese
Idee für ein einziges Gewicht, wobei *n* die Zeit oder Wiederholung darstellt. Bei zwei
Gewichten erhalten wir eine schalenförmige Fehleroberfläche wie in Abbildung 2.4.

2.2.3 MINIMIEREN DES QUADRIERTEN FEHLERS

Ein wissenschaftliches Experiment, das womöglich viele Kinder in der Schule durchgeführt haben, besteht darin, die Biegung eines Balkens bei unterschiedlichen Beladungen zu zeichnen und dann die beste Gerade durch Minimierung der Summe der quadrierten Differenzen zwischen jedem Punkt und der Linie anzupassen. Dasselbe Prinzip kann auch zum Anpassen von Gewichten verwendet werden, und eine solche Regel zum Anpassen von Gewichten ist das Widrow-Hoff Gesetz oder die Delta-Regel, die wir in Kapitel 1 kennen gelernt haben. Diese Regel lautet:

$$\Delta w_{ij} = \eta \delta_j x_i, \quad \delta_j = (t_j - o_j) \tag{2.4}$$

Hierbei ist t_j der Zielwert der Einheit j, o_j ist die tatsächliche Ausgabe, x_i ist das von Einheit i kommende Signal, η ist die Lernrate (um wie viel das Gewicht angepasst werden muss) und Δw_{ij} ist der Wert, um den das Gewicht angepasst werden muss, das Einheit i mit Einheit j verbindet.

Die Regel ist einfach herzuleiten für eine lineare Einheit, deren Ausgabe folgendermaßen definiert ist:

$$o_j = \sum_j x_i w_{ij}$$

Die Kettenregel kann verwendet werden, um die Ableitung der Fehleroberfläche bezüglich eines Gewichts als Produkt auszudrücken, das widerspiegelt, wie der Fehler sich mit der Ausgabe einer Einheit verändert und wie die Ausgabe sich mit einem hinführenden Gewicht verändert:

$$\frac{\partial E}{\partial w_{ij}} = \frac{\partial E}{\partial o_j} \frac{\partial o_j}{\partial w_{ij}} \tag{2.5}$$

$$\frac{\partial E}{\partial o_j} = -\delta_j \qquad \text{aus (2.1) und der}$$
$$\frac{\partial o_j}{\partial w_{ij}} = x_i \qquad \text{Definition von } \delta_j \text{ in (2.4)}$$

Wenn wir dies in (2.5) einsetzen, erhalten wir:

$$-\frac{\partial E}{\partial w_{ij}} = \delta_j x_i$$

Wenn wir berücksichtigen, dass die Gewichte sich in eine Richtung ändern müssen, die der Richtung des Steigungsvektors entgegengesetzt ist, und dass eine Lernrate hinzumultipliziert wird, erhalten wir schließlich die Gleichung (2.4).

Eine Modifikation dieser Methode zum Anpassen von Gewichten werden wir im Abschnitt 2.4 vorstellen, um Netze mit mehreren Schichten von Einheiten zu trainieren. Doch vorher werden wir uns mit den Vorteilen eines solchen Netzes gegenüber einem mit nur einer einzigen Schicht befassen (d. h. eine Schicht von Eingabeeinheiten und eine Schicht von Ausgabeeinheiten).

2.3 LINEARE UND NICHTLINEARE PROBLEME

Das Netz in Abbildung 2.2 verfügt über zwei Eingabeeinheiten für zwei Eigenschaften. Die Anzahl der Eigenschaften stellt die Dimension des Raumes dar, aus dem alle Eingabemuster stammen. Daher ist der Raum für zwei Eigenschaften zweidimensional, für drei Eigenschaften dreidimensional und für n Eigenschaften n-dimensional. Ein einfaches Netzmodell bestehend aus drei Eingabeeinheiten und einer einzigen Ausgabeeinheit soll das Flugzeug modellieren, und für n Eingänge wird das Modell aus einer n-dimensionalen Hyperebene bestehen. Wenn bei einer Klassifikationsaufgabe, beispielsweise die Unterscheidung von Flugzeugtypen, eine Gerade (für zwei Dimensionen) oder eine Hyperebene für (n Dimensionen) alle Muster den korrekten Klassen zuordnen kann, dann ist das Problem linear. Erfordert das Problem mehrere Geraden oder Hyperebenen zum Trennen der Muster, dann ist das Problem nichtlinear. Ein berühmtes nichtlineares Beispiel ist das in Kapitel 1 eingeführte XOR-Problem. Die XOR-Relation erzeugt eine Ausgabe von 1 nur, wenn ein einziger Eingang auf 1 gesetzt ist, andernfalls ist die Ausgabe 0. Die XOR-Definition ist in Tabelle 1.1 gegeben. Das XOR-Problem ist also nichtlinear, und es gibt zwei Möglichkeiten, dies mit einem neuronalen Netz zu lösen: Entweder es wird ein Netz verwendet, das zum Trennen der Daten zwei oder mehrere Linien modelliert, oder die Eingaben werden verändert.

Letztere Option kann das Problem linear machen, indem sie die beiden Eingabeeigenschaften um eine dritte erhöht, und so die Eingaben dreidimensional macht (die zwei Klassen befinden sich dann an unterschiedlichen Enden des Würfels). Wir betrachten letztere Option nicht wirklich als eine neuronale Lösung, da das Erhöhen um eine dritte Eigenschaft bedeutet, dass wir beim Strukturieren einer Lösung eingreifen, und für viel komplexere Probleme wird eine solche Intervention nicht möglich sein. Daher bevorzugen wir, das Netz die Nichtlinearität lösen zu lassen. Aus diesem Grund werden wir uns auf eine Lösung konzentrieren, die zwei Geraden zum Trennen der Daten in ihrer ursprünglichen zweidimensionalen Form verwendet. Das Netz benötigt dann zwei Einheiten zum Darstellen der zwei Geraden, beide mit zwei Eingaben gespeist, und eine dritte Einheit zum Kombinieren der Informationen dieser beiden Linien.

Die XOR-Aufgabe mit trennenden Grenzgeraden ist in Abbildung 2.5 illustriert. Abbildung 2.6 zeigt eine neuronale Netzarchitektur, welche die zwei trennenden Grenzgeraden modellieren wird.

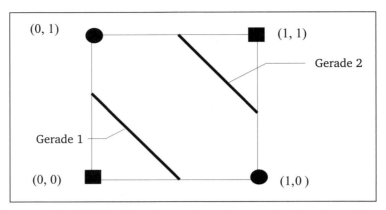

Abbildung 2.5: *Das XOR-Problem kann mit zwei trennenden Geraden gelöst werden.*

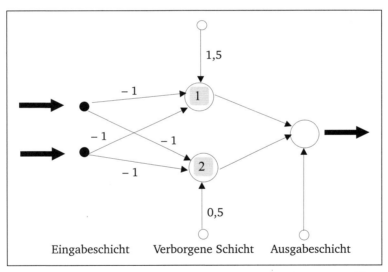

Abbildung 2.6: *Ein neuronales Netz zum Modellieren des XOR-Problems. Die zweite Schicht von Gewichten wird später gezeigt.*

Lassen Sie uns untersuchen, wie die erste Schicht mit jedem Eingangsmuster verfährt. Die Einheiten in der Eingabeschicht werden durch i, die Einheiten auf der verborgenen Schicht durch j, und die Ausgabeeinheiten durch k indiziert. Im Netz aus Abbildung 2.6 sind die Einheiten auf drei Schichten verteilt. Die Einheiten in der ersten Schicht dienen als Eingabeeinheiten für das Netz. Beachten Sie, dass diese Einheiten sich von den Einheiten in den folgenden Schichten dadurch unterscheiden, dass sie über keine Transferfunktion verfügen – d. h. die Ausgabe von diesen Einheiten ist mit der Eingabe identisch. Die zweite Schicht von Einheiten wird als *verborgene Schicht* bezeichnet. Die verborgenen Einheiten verfügen ausschließlich über Verbindungen zu anderen Einheiten, aber nicht zur externen Umgebung. Die Ausgabeschicht reicht die Netzantwort an die Außenwelt weiter. Tabelle 2.1 zeigt die Netzeingabe und -ausgabe (unter Verwendung einer Schwellenfunktion) der Einheiten in der verborgenen Schicht als Antwort auf die Eingaben für das XOR-Problem.

x1	x2	Netzeingabe in verborgene Schicht		Ausgabe aus verborgener Schicht	
		Einheit 1	Einheit 2	Einheit 1	Einheit 2
1	1	–0,5	–1,5	0	0
1	0	0,5	–0,5	1	0
0	1	0,5	–0,5	1	0
0	0	1,5	0,5	1	1

Tabelle 2.1: *Antwort der verborgenen Einheiten für das in Abbildung 2.6 gezeigte Netz.*

Die Eingabemuster werden durch die Aktion der ersten Schicht von Gewichten und der verborgenen Einheiten umgewandelt. Die zweite Schicht von Gewichten, welche die verborgene Schicht mit der Ausgabeschicht verbindet, wird auch eine Gerade modellieren, da zwei Eingaben und eine Verschiebung Werte an die einzelnen Ausgabeeinheiten übergeben werden.

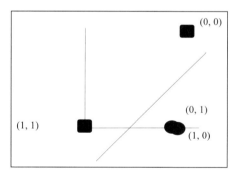

Abbildung 2.7: *Die Auswirkung der ersten Schicht der Gewichte bestand darin, den Originalpunkt (0, 1) zu (1, 0) zu bewegen. Beachten Sie, dass (0, 0) und (1, 1) transponiert wurden.*

Wenn die Ausgabe mit der korrekten Klasse für jedes Eingangsmuster antworten soll, müssen die Eingaben der zweiten Gewichteschicht linear trennbar sein. Wir können dies überprüfen, indem wir die Antwort der verborgenen Einheiten wie in Abbildung 2.7 zeichnen. Abbildung 2.8 zeigt die Gewichte, welche die in Abbildung 2.7 dargestellte Trenngerade definieren.

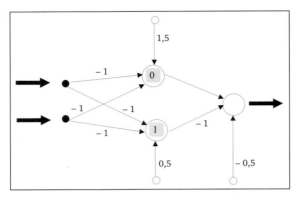

Abbildung 2.8: *Das vollständige Netz zum Lösen des XOR-Problems.*

Um dieses Netz zu validieren, werden wir die Netzantwort zu jedem Eingangsmuster überprüfen. Die erste Gewichteschicht ist

$$\begin{bmatrix} 1{,}5 & 0{,}5 \\ -1{,}0 & -1{,}0 \\ -1{,}0 & -1{,}0 \end{bmatrix}$$

Hierbei wird jedes Gewicht mit w_{ij} indiziert. Somit ist das Gewicht bei w_{10} −1, was der Stärke entspricht, mit der Einheit 1 in der Eingabeschicht mit Einheit 1 in der verborgenen Schicht verbunden ist, und in der Matrix in Zeile 2, Spalte 1 enthalten ist, da die Indizierung bei Null beginnt. In Tabelle 2.2 ist die gesamte Antwort des Netzes aus Abbildung 2.8 auf die XOR-Eingaben aufgeführt.

Bisher haben wir also ein mehrschichtiges neuronales Netz zum Lösen des klassischen XOR-Problems manuell hergeleitet, doch was uns wirklich interessiert ist ein Mechanismus, mit dem das Netz selbständig lernen kann. Bevor wir uns jedoch mit einem Lernalgorithmus befassen, der eine Lösung selbständig erlernen kann, ist es wichtig die Rolle der Transfer- oder Aktivierungsfunktion in jeder Einheit zu betonen. Die Schwellenfunktion ist eine nichtlineare Aktivierungsfunktion. Ein Beispiel für eine lineare Funktion ist die Identitätsfunktion, die einfach besagt, dass der Ausgang und der Eingang identisch sind.

Die Beschränkung eines Netzes mit linearen Einheiten kann mithilfe von Abbildung 2.9 illustriert werden. Das Netz verfügt über zwei Eingabeeinheiten, zwei verborgene Einheiten und drei Ausgabeeinheiten. Die Gewichtsmatrizen enthalten die Verschiebungsgewichte und sind für die erste Schicht der Gewichte:

$$\begin{bmatrix} 1{,}0 & -2{,}0 \\ 2{,}0 & 0{,}5 \\ -3{,}0 & 1{,}0 \end{bmatrix}$$

Eingabe-vektor	Erste Gewichte-schicht	Antwort der verborgenen Schicht		Zweite Gewichte-schicht	Antwort der Ausgabeschicht	
		Netz-eingabe	Netz-ausgabe			
P	Schicht_1			Schicht_2	Eingabe	Ausgabe
[1| 1 1]	$\begin{bmatrix} 1{,}5 & 0{,}5 \\ -1{,}0 & -1{,}0 \\ -1{,}0 & -1{,}0 \end{bmatrix}$	[−0,5 −1,5]	[0 0]	$\begin{bmatrix} -0{,}5 \\ 1{,}0 \\ -1{,}0 \end{bmatrix}$	−0,5	0
[1| 1 0]	$\begin{bmatrix} 1{,}5 & 0{,}5 \\ -1{,}0 & -1{,}0 \\ -1{,}0 & -1{,}0 \end{bmatrix}$	[0,5 −0,5]	[1 0]	$\begin{bmatrix} -0{,}5 \\ 1{,}0 \\ -1{,}0 \end{bmatrix}$	0,5	1
[1| 0 1]	$\begin{bmatrix} 1{,}5 & 0{,}5 \\ -1{,}0 & -1{,}0 \\ -1{,}0 & -1{,}0 \end{bmatrix}$	[0,5 −0,5]	[1 0]	$\begin{bmatrix} -0{,}5 \\ 1{,}0 \\ -1{,}0 \end{bmatrix}$	0,5	1
[1| 0 0]	$\begin{bmatrix} 1{,}5 & 0{,}5 \\ -1{,}0 & -1{,}0 \\ -1{,}0 & -1{,}0 \end{bmatrix}$	[1,5 0,5]	[1 1]	$\begin{bmatrix} -0{,}5 \\ 1{,}0 \\ -1{,}0 \end{bmatrix}$	−0,5	0

Tabelle 2.2: *Eingaben und Ausgaben für ein 2-2-1-Netz.*

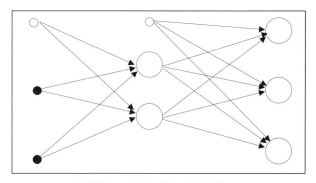

Abbildung 2.9: *Ein 2-2-3-Netz.*

Und für die zweite Gewichteschicht:

$$\begin{bmatrix} 2{,}0 & 1{,}0 & 3{,}0 \\ -1{,}0 & 5{,}0 & 4{,}0 \\ -3{,}0 & 1{,}0 & 2{,}0 \end{bmatrix}$$

Für einen Eingangsvektor [1,0 0,0 1,0] ergibt sich die Eingabe (und die Ausgabe aufgrund der linearen Transferfunktion) zu den verborgenen Einheiten aus:

$$[1,0 \quad 0,0 \quad 1,0] \begin{bmatrix} 1,0 & -2,0 \\ 2,0 & 0,5 \\ -3,0 & 1,0 \end{bmatrix} = [-2,0 \quad -1,0]$$

Die Ein- und Ausgabe zur Ausgabeschicht wird durch das Erhöhen der verborgenen Einheiten mit dem Verschiebungswert von 1,0 und durch das Multiplizieren mit der zweiten Schicht von Gewichten erreicht :

$$[1,0 \quad -2,0 \quad -1,0] \begin{bmatrix} 2,0 & 1,0 & 3,0 \\ -1,0 & 5,0 & 4,0 \\ -3,0 & 1,0 & 2,0 \end{bmatrix} = [7,0 \quad -10,0 \quad -7,0]$$

Beachten Sie jetzt die folgende Multiplikation:

$$[1,0 \quad 0,0 \quad 1,0] \begin{bmatrix} 5,0 & 3,0 & 3,0 \\ -3,5 & 10,5 & 9,0 \\ 2,0 & -13,0 & -10,0 \end{bmatrix} = [7,0 \quad -10,0 \quad -7,0]$$

Sie hat dasselbe Ergebnis wie die vorherige, bei der zwei Matrixmultiplikationen stattgefunden haben. Dies Assoziativregel für Matrixmultiplikationen zeigt uns, dass man für lineare Aktivierungsfunktionen eine einzige Schicht von Gewichten finden kann, die dasselbe Ergebnis wie ein Netz erzielt, das mehr als eine Schicht von Gewichten besitzt. Mit anderen Worten, ein mehrschichtiges Netz mit linearen Aktivierungsfunktionen wird nur in der Lage sein, ein Problem zu lösen, das ein einschichtiges Netz in der Lage zu lösen ist (d. h. ein Netz mit Eingabe- und Ausgabeeinheiten). Aus diesem Grund werden nichtlineare Probleme ausgeschlossen. Bei mehrschichtigen Netzen wird daher eine nichtlineare Aktivierungsfunktion benötigt, und für den vorzustellenden Algorithmus sollte die Funktion stetig, differenzierbar und monoton wachsend sein. Eine Funktion, die diese Anforderungen erfüllt, ist die logistische Funktion (siehe Abbildung 1.10).

2.4 BACKPROPAGATION-LERNEN

Viele Jahre lang existierte keine Regel für das Aktualisieren der Gewichte eines mehrschichtigen Netzes, das überwacht lernt. In den 70er Jahren entwickelte Werbos eine Technik zum Anpassen der Gewichte, doch es waren Rumelhart et al. (1986a) die neuronalen Netze zu neuem Leben erweckten. Die Regel zur Gewichtsanpassung ist auch unter dem Namen *Backpropagation* bekannt. Im Folgenden gehen wir von einem vollständig verbundenen, vorwärtsgerichteten (engl. feedforward) Netz aus, was bedeutet, dass die Aktivierung von der Eingabeschicht zur Ausgabeschicht wandert, und dass die Einheiten in einer Schicht mit jeder anderen Einheit in der nächsthöheren Schicht verbunden sind.

Der Backpropagation-Algorithmus definiert zwei Netzdurchläufe: zuerst einen Vorwärtsdurchlauf von der Eingabeschicht zur Ausgabeschicht und anschließend einen Rückwärtsdurchlauf von der Ausgabeschicht zur Eingabeschicht. Wir haben bereits gesehen, dass der Vorwärtsdurchlauf Eingabevektoren durch das Netz propagiert, um Ausgaben an der Ausgabeschicht zur Verfügung zu stellen. Der Rückwärtsdurchlauf verhält sich ähnlich wie der Vorwärtsdurchlauf, mit der Ausnahme dass die Fehlerwerte durch das Netz zurückpropagiert werden, um festzulegen wie die Gewichte während des Trainings geändert werden müssen. Während des Rückwärtsdurchlaufs werden Werte über die gewichteten Verbindungen in der zum Vorwärtsdurchlauf entgegengesetzten Richtung übertragen: Eine Einheit in der verborgenen Schicht überträgt während des Vorwärtsdurchlaufs eine Aktivierung an jede Einheit in der Ausgabeschicht, und so empfängt während des Rückwärtsdurchlaufs eine Einheit in der verborgenen Schicht Fehlersignale von jeder Einheit in der Ausgabeschicht. Dieser Doppeldurchlauf ist in Abbildung 2.10 dargestellt.

Während des Trainings ist mit jedem Eingabemuster ein Zielmuster assoziiert. Für das Eingabemuster [1,0 0,0] im XOR-Problem muss das Netz beispielsweise 1,0, ausgeben, und daher ist 1,0 der Zielwert für dieses Eingabemuster.

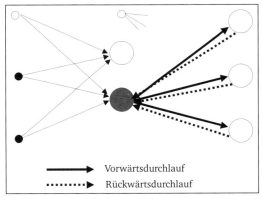

Abbildung 2.10: *Die dunkle, verborgene Einheit überträgt die Aktivierung an jede Ausgabeeinheit, und daher wird diese verborgene Einheit während des Rückwärtsdurchlaufs die Fehlersignale von den Ausgabeeinheiten empfangen.*

Das ganze Ziel des Trainings besteht darin, eine Menge von Netzgewichten zu finden, die eine Lösung für das spezielle aktuelle Problem liefern. Bevor das Training beginnt, werden die Gewichte auf niedrige Zufallswerte gesetzt – z.B. zwischen −0,3 und 0,3. Aus bereits erläuterten Gründen wird eine nichtlineare Aktivierungsfunktion verwendet. Die sigmoide Funktion ist die nichtlineare Funktion der Wahl. Die sigmoide Funktion kann lediglich Werte zwischen 0 und 1 erzeugen, und da die Funktion tatsächlich nie genau 0 oder 1 erreichen kann, wird typischerweise 0,1 statt 0 verwendet, und 0,9 statt 1,0. Die Wahl von 0,1 und 0,9 ist jedoch nicht entscheidend, da davon ausgegangen wird, dass ein Netz eine Aufgabe gelernt hat, sobald alle Ausgaben innerhalb eines spezifizierten Toleranzbereichs bezüglich der Zielwerte fallen. Wenn der Zielwert beispielsweise 1,0 und die Toleranz 0,1 ist, befindet sich jede tatsächliche Ausgabe zwischen 0,9 und 1,0 innerhalb des spezifizierten Toleranzbereichs. Die Vorgehensweise für das Backpropagation-Training ist die folgende:

```
for each Eingabevektor assoziiere einen Zielausgabevektor
while not STOP
STOP = TRUE
for each Eingabevektor
Führe einen Vorwärtsdurchlauf aus, um die tatsächliche Ausgabe herauszufinden
Ermittle einen Fehlervektor durch Vergleichen der tatsächlichen Ausgabe und der
Zielsausgabe
if die tatsächliche Ausgabe befindet sich nicht innerhalb des Toleranzbereichs setze
STOP = FALSE
Führe einen Rückwärtsdurchlauf des Fehlervektors durch
Verwende den Rückwärtsdurchlauf, um die Gewichtsänderungen zu bestimmen
Aktualisiere die Gewichte
```

Fassen wir zusammenfassen. Dem Netz wird ein Muster präsentiert und es wird ein Fehlervektor berechnet, um zu ermitteln, wie die Gewichte sich ändern sollten. Dieser Vorgang wird dann für jedes Muster wiederholt. Eine Epoche besteht aus einem kompletten Zyklus durch alle Muster (d. h jedes Muster wurde dem Netz präsentiert). Die Muster werden dem Netz fortlaufend präsentiert, Epoche für Epoche, bis während einer Epoche alle tatsächlichen Ausgaben für jedes Muster innerhalb des Toleranzbereichs liegen.

2.4.1 EIN WENIG THEORIE

Backpropagation verwendet eine Generalisierung der Delta-Regel. Dieser Unterabschnitt beruht auf der Darstellung von Rumelhart *et al.* (1986a). Für eine tiefergehende Darstellung sei der interessierte Leser auf Rumelhart *et al.* (1986a) oder Werbos (1990) verwiesen.

Die Ableitung des Fehlers können wir folgendermaßen ausdrücken:

$$\frac{\partial E}{\partial w_{ij}} = \frac{\partial E}{\partial o_j} \frac{\partial o_j}{\partial net_j} \frac{\partial net_j}{\partial w_{ij}} \qquad (2.6)$$

Wir definieren δ_j durch:

$$\delta_j = -\frac{\partial E}{\partial net_j} \qquad (2.7)$$

Die ursprüngliche Delta-Regel aus Abschnitt 2.2.3 gab die Definition als $d_j = -{}^1E|{}^1o_j$ an. Die Definitionen sind jedoch konsistent, da die ursprüngliche Delta-Regel für lineare Einheiten gedacht ist, wo Ausgabe und Eingabe identisch sind. Gleichung (2.7) kann neu geschrieben werden als:

$$\delta_j = -\frac{\partial E}{\partial o_j}\frac{\partial o_j}{\partial net_j}$$

Da $E_p = \frac{1}{2}\sum_j (t_j - o_j)^2$ gilt, erhalten wir:

$$\frac{\partial E}{\partial o_j} = -(t_j - o_j)$$

Für die Aktivierungsfunktion *f* (üblicherweise die logistische Funktion) ist die Ausgabe:

$$o_j = f(net_j)$$

Und so ergibt sich die Ableitung *f'* aus:

$$\frac{\partial o_j}{\partial net_j} = f'(net_j)$$

Also:

$$\delta_j = (t_j - o_j)f'(net_j)$$

Die Standardsummierung der Produkte wird verwendet, um die Gesamtnetzeingabe zu ermitteln:

$$net_j = \sum_{i=0} x_i w_{ij}$$

Und daher:

$$\frac{\partial net_j}{\partial w_{ij}} = x_i$$

Wenn man also das Produkt jeder Ableitung nimmt und in (2.6) einsetzt, ergibt sich:

$$\frac{\partial E}{\partial w_{ij}} = -(t_j - o_j)f'(net_j)x_i$$

Unter Beachtung, dass die Gewichtsänderung in entgegengesetzter Richtung zur Ableitung der Fehleroberfläche erfolgen sollte und mit Anwendung einer Lernrate η ergibt sich die Gewichtsänderung für eine Einheit aus:

$$\Delta w_{ij} = \eta \delta_j x_i$$

Der oben angegebene Fehler δ_j ist auf eine Ausgabeeinheit anwendbar, aber der Fehler für eine verborgene Einheit bezieht sich nicht direkt auf die Zielausgabe. Eine verborgene Einheit kann jedoch proportional zu ihrem angenommenen Beitrag zum

Fehler in der nächsthöheren Schicht angepasst werden (d. h. in der Ausgabeschicht für ein Netz mit einer einzigen verborgenen Schicht). Propagiert man in einem Netz mit einer einzigen verborgenen Schicht die Fehlersignale zurück durch das Netz, dann trägt der Fehler jeder Ausgabeeinheit zum Fehler jeder verborgenen Einheit bei. Dieser Beitrag an eine verborgene Einheit hängt dann ab von der Größe des Fehlers für eine Ausgabeeinheit und der Stärke des Gewichts, das beide Einheiten verbindet. Mit anderen Worten, eine Ausgabeeinheit mit einem hohen Fehler leistet einen hohen Beitrag zum Fehler jeder verborgenen Einheit, die über ein Gewicht mit einer hohen Stärke verbunden ist. Für eine verborgene Einheit ergibt sich der Fehler aus:

$$\delta_j = f'(net_j) \sum_k \delta_k w_{kj}$$

Hierbei indiziert k die Schicht, die den Fehler zurücksendet und die für ein Netz mit einer einzigen verborgenen Schicht die Ausgabeschicht darstellt.

Eine geeignete Aktivierungsfunktion ist die logistische Funktion:

$$f(net_j) = \frac{1}{1 + \exp(-net_j)}$$

Die Ableitung dieser Aktivierungsfunktion ist:

$$f'(net_j) = \frac{\exp(-net_j)}{(1 + \exp(-net_j))^2}$$
$$= \frac{1}{1 + \exp(-net_j)} \left(1 - \frac{1}{1 + \exp(-net_j)} \right)$$
$$= f(net_j)[1 - (net_j)]$$

2.4.2 DER BACKPROPAGATION-ALGORITHMUS

Die erste Stufe besteht darin, die Gewichte mit niedrigen Zufallswerten zu initialisieren – z. B. zwischen –0,3 und +0,3. Das Training wird überwacht, indem ein Zielmuster mit dem Eingabemuster assoziiert wird. Das Training wird fortgesetzt bis die Änderung im Betrag des mittleren quadrierten Fehlers zwischen einer Epoche und der nächsten Epoche innerhalb des Toleranzbereichs liegt. Eine Toleranz von 0,01 bedeutet beispielsweise, dass der mittlere quadrierte Fehler sich zwischen aufeinanderfolgenden Epochen um nicht mehr als 0,01 ändern darf. Wenn ein Netz diese Toleranz während des Trainings erfüllt, sagt man, dass es *konvergiert* ist. Eine alternative Möglichkeit zum Feststellen des Trainingsendes besteht darin, darauf zu bestehen, dass jede Zielausgabe für jedes Trainingsmuster sich innerhalb eines spezifizierten Toleranzbereichs befindet.

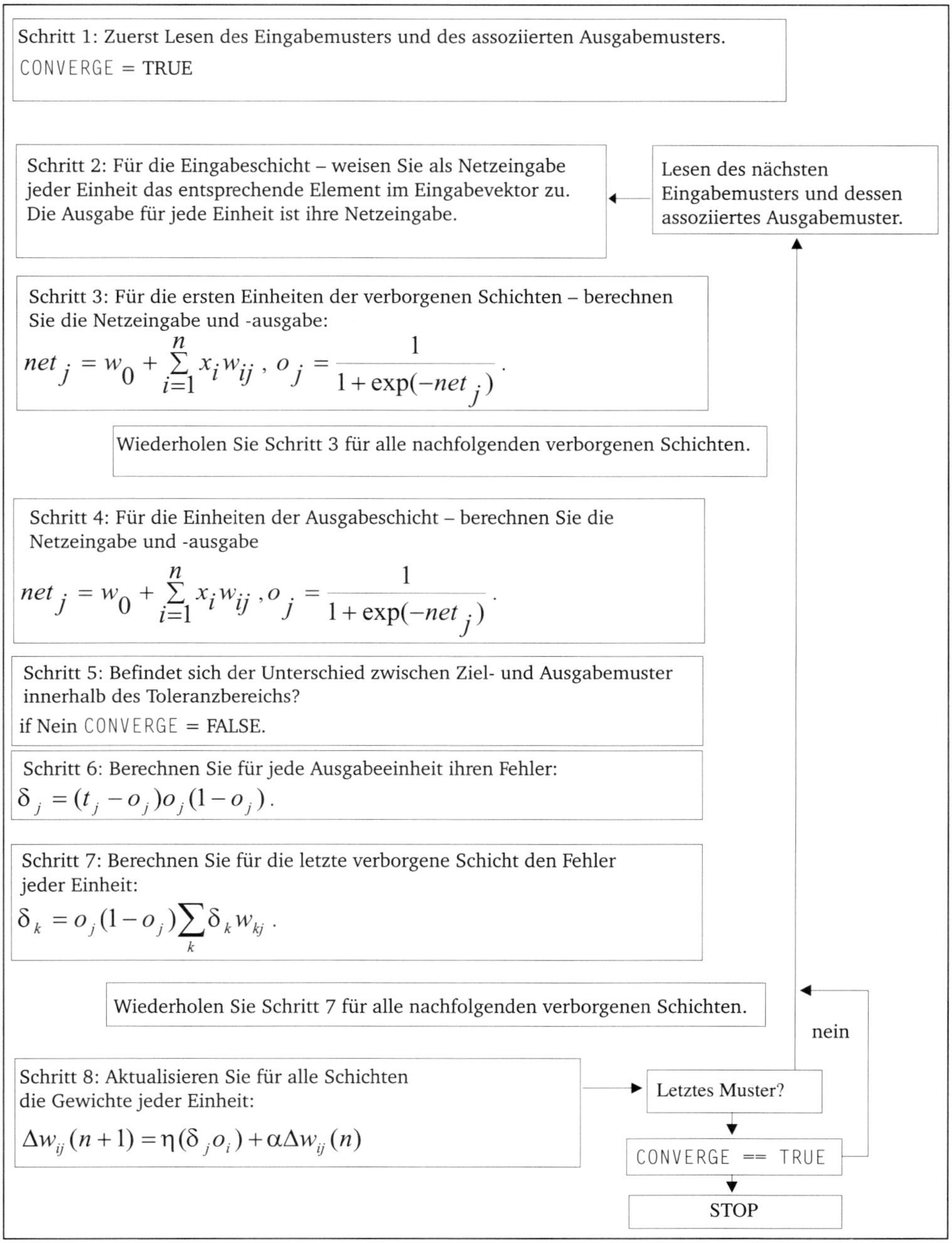

Schritt 1: Zuerst Lesen des Eingabemusters und des assoziierten Ausgabemusters.
CONVERGE = TRUE

Schritt 2: Für die Eingabeschicht – weisen Sie als Netzeingabe jeder Einheit das entsprechende Element im Eingabevektor zu. Die Ausgabe für jede Einheit ist ihre Netzeingabe.

Lesen des nächsten Eingabemusters und dessen assoziiertes Ausgabemuster.

Schritt 3: Für die ersten Einheiten der verborgenen Schichten – berechnen Sie die Netzeingabe und -ausgabe:
$$net_j = w_0 + \sum_{i=1}^{n} x_i w_{ij}, \quad o_j = \frac{1}{1 + \exp(-net_j)}.$$

Wiederholen Sie Schritt 3 für alle nachfolgenden verborgenen Schichten.

Schritt 4: Für die Einheiten der Ausgabeschicht – berechnen Sie die Netzeingabe und -ausgabe
$$net_j = w_0 + \sum_{i=1}^{n} x_i w_{ij}, \quad o_j = \frac{1}{1 + \exp(-net_j)}.$$

Schritt 5: Befindet sich der Unterschied zwischen Ziel- und Ausgabemuster innerhalb des Toleranzbereichs?
if Nein CONVERGE = FALSE.

Schritt 6: Berechnen Sie für jede Ausgabeeinheit ihren Fehler:
$$\delta_j = (t_j - o_j) o_j (1 - o_j).$$

Schritt 7: Berechnen Sie für die letzte verborgene Schicht den Fehler jeder Einheit:
$$\delta_k = o_j (1 - o_j) \sum_k \delta_k w_{kj}.$$

Wiederholen Sie Schritt 7 für alle nachfolgenden verborgenen Schichten.

nein

Schritt 8: Aktualisieren Sie für alle Schichten die Gewichte jeder Einheit:
$$\Delta w_{ij}(n+1) = \eta(\delta_j o_i) + \alpha \Delta w_{ij}(n)$$

Letztes Muster?

CONVERGE == TRUE

STOP

Abbildung 2.11: *Der Backpropagation-Algorithmus. Der Index k bezieht sich auf die vorherige Schicht in der entgegengesetzten Richtung (d. h. beim Zurückbewegen durch das Netz). Die Notation wird im Anhang A näher erläutert.*

Um die Wahrscheinlichkeit von Schwankungen in den Gewichtsänderungen zu verringern, wird ein Trägheitsterm α eingeführt, der einen Anteil der vorherigen Gewichtsänderung hinzufügt:

$$\Delta w_{ij}(n+1) = \eta(\delta_j o_i) + \alpha \Delta w_{ij}(n)$$

Somit hängt die Gewichtsänderung für Muster $n + 1$ von der Gewichtsänderung für Muster n ab. Der Backpropagation-Algorithmus ist in Abbildung 2.11 zusammengefasst.

Als Nächstes werden wir uns mit einer Reihe kleiner Beispielberechnungen befassen, doch falls Sie den Algorithmus noch etwas abschreckend oder unklar finden: In Abschnitt 2.7 werden wir uns mit einem vollständigen Beispiel der Berechnungen für ein Netz befassen. Dieses Netz besitzt zwei verborgene Schichten, und es kann durchaus lehrreich sein, den Berechnungen zu folgen.

BEISPIEL 2.3

Führen Sie unter Verwendung des Backpropagation-Algorithmus einen vollständigen Vorwärts- und Rückwärtsdurchlauf eines vorwärtsgerichteten Netzes durch, für das Eingangsmuster [0,1 0,9] mit der Zielausgabe 0,9 und einer 2-2-1-Architektur (d. h. zwei Eingabeeinheiten, zwei verborgene Einheiten und eine Ausgabeeinheit) mit den Gewichten

$$\begin{bmatrix} 0{,}1 & 0{,}1 \\ -0{,}2 & -0{,}1 \\ 0{,}1 & 0{,}3 \end{bmatrix}$$

für die erste Schicht und

$$\begin{bmatrix} 0{,}2 \\ 0{,}2 \\ 0{,}3 \end{bmatrix}$$

für die zweite Schicht.

LÖSUNG

Die Ausgabe für die Eingabeeinheiten ist einfach das Eingabemuster. Die erste Zeile jeder Gewichtsmatrix definiert die Verschiebungsterme für jede Schicht, die, wie Sie sich vielleicht erinnern, mit einer Einheit mit Aktivierung 1 verbunden sind. Die Einheiten sind nummeriert mit {0, 1, 2} für die Eingabeschicht, {3, 4, 5} für die verborgene Schicht und {6} für die Ausgabeschicht, mit den Einheiten 0 bzw. 3 als Verschiebungseinheiten für die Eingabeschicht, bzw. die verborgene Schicht.

$$net_4 = (1{,}0 \times 0{,}1) + (0{,}1 \times -0{,}2) + (0{,}9 \times 0{,}1)$$
$$= 0{,}170$$
$$o_4 = \frac{1}{1 + \exp(0{,}17)}$$
$$net_5 = (1{,}0 \times 0{,}1) + (0{,}1 \times -0{,}1) + (0{,}9 \times 0{,}3)$$
$$o_5 = \frac{1}{1 + \exp(-0{,}36)}$$
$$= 0{,}589$$

Auf ähnliche Weise von der verborgenen zur Ausgabeschicht:

$$net_6 = (1{,}0 \times 0{,}2) + (0{,}542 \times 0{,}2) + (0{,}589 \times 0{,}3)$$
$$= 0{,}485$$
$$o_6 = 0{,}619$$

Der Fehler für den Ausgangsknoten ist:

$$\delta_6 = (0{,}9 - 0{,}619) \times 0{,}619 \times (1 - 0{,}619)$$
$$= 0{,}066$$

Der Fehler für die verborgenen Knoten ist:

$$\delta_5 = 0{,}589 \times (1{,}0 - 0{,}589) \times (0{,}066 \times 0{,}3)$$
$$= 0{,}005$$
$$\delta_4 = 0{,}542 \times (1{,}0 - 0{,}542) \times (0{,}066 \times 0{,}2)$$
$$= 0{,}003$$

Beachten Sie, dass die Fehler der verborgenen Schichten zum Aktualisieren der ersten Gewichteschicht verwendet werden. Für die Verschiebungseinheit wird kein Fehler berechnet, da keine Gewichte aus der ersten Schicht mit der Verschiebung in der verborgenen Schicht verbunden sind.

Die Lernrate für dieses Beispiel soll 0,25 sein. Es besteht kein Bedarf für einen Trägheitsterm bei diesem ersten Muster, da keine vorherigen Gewichtsänderungen vorhanden sind.

$$\Delta w_{5,6} = 0{,}25 \times 0{,}066 \times 0{,}589$$
$$= 0{,}01$$

Das neue Gewicht ist:
$$0{,}3 + 0{,}01 = 0{,}31$$
$$\Delta w_{4,6} = 0{,}25 \times 0{,}066 \times 0{,}542$$
$$= 0{,}009$$

Dann:
$$0{,}2 + 0{,}009 = 0{,}209$$
$$\Delta w_{3,6} = 0{,}25 \times 0{,}066 \times 1{,}0$$
$$= 0{,}017$$

Schließlich:
$$0{,}2 + 0{,}017 = 0{,}217$$

Die Berechnung der neuen Gewichte für die erste Schicht bleibt Ihnen als Übung überlassen.

BEISPIEL 2.4

Abbildung 2.12 zeigt die verborgenen und Ausgabeschichten eines vorwärtsgerichteten Netzes. Berechnen Sie den Fehler für die verborgene Einheit U, wenn die Aktivierung für das zu verarbeitende Muster 0,64 ist.

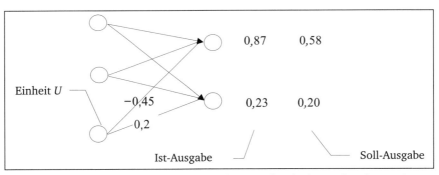

Abbildung 2.12: *Ein einfaches Netz – die Eingabeschicht wird nicht gezeigt.*

LÖSUNG

Die Fehler für die Ausgabeeinheiten werden zuerst berechnet:
$$\delta_{Ausgabe\_1} = (0{,}58 - 0{,}87) \times 0{,}87 \times (1 - 0{,}87)$$
$$= -0{,}033$$

Die Fehler werden nun zurück zu Einheit U propagiert:
$$\delta_U = 0{,}64 \times (1 - 0{,}64) \times [(-0{,}033 \times -0{,}45) + (-0{,}005 \times 0{,}20)]$$
$$= -0{,}003$$

2.4.3 Einige praktische Überlegungen

In diesem Unterabschnitt werden wir uns mit einer Reihe von praktischen Punkten für das Verwenden von Backpropagation-Netzen befassen, doch der Leser sei für eine detaillierte Diskussion auch auf Abschnitt 6.4 verwiesen. Die erfolgreiche Anwendung eines neuronalen Netzes erfordert in der Regel eine intensive Experimentierphase. Es gilt eine Anzahl von Parametern festzulegen, die einen Einfluss darauf haben, wie leicht es ist, eine Lösung zu finden. Bei vorwärtsgerichteten Netzen kann die Anzahl an verborgenen Einheiten und die Anzahl an Schichten variiert werden. Sicherlich sind die Trainingsdaten ein wichtiger Faktor, und wir müssen den Testdaten eine hohe Aufmerksamkeit schenken, damit wir sicher sein können, dass das Netz korrekt auf Daten generalisiert, mit denen es nicht trainiert wurde. Tatsächlich kann es passieren, dass ein Netz völlig erfolgreich mit Daten trainiert wird, aber beim Verarbeiten von neuen Daten scheitert. Für jeden neuen Anwendungsbereich gibt es keinen vorgeschriebenen Lösungsweg. Manchmal erscheint das Problem unlösbar, doch ein Misserfolg beim Finden einer Lösung bedeutet nicht, dass die Anwendung einer neuronalen Lösung nicht zugänglich ist. Obwohl das Anwenden von neuronalen Netzen einen Ansatz à la „probieren und sehen" einschließt, sollte das erforderliche Wissen über den Anwendungsbereich und das Wissen über neuronale Netze nicht unterschätzt werden.

Die Theorie sagt uns, dass ein Netz mit einer einzigen verborgenen Schicht sich für eine Darstellung jeder kontinuierlichen Abbildung der folgenden Form eignet:

$$y = f(x)$$

Brauchen wir, da diese Form der Abbildung die Basis für viele Probleme der realen Welt bildet, mehr als eine verborgene Schicht? Nun, ein Netz mit zwei verborgenen Schichten kann manchmal einfacher zu trainieren sein, und eine Variante des vorwärtsgerichteten Netzes, bekannt als Autoassoziator, kann mehrere verborgene Schichten verwenden, um eine Datenkompression durchzuführen (siehe Kapitel 4).

Der Lernalgorithmus, so wie er vorgestellt wurde, verwendet eine Musteraktualisierung der Gewichte, was einfach bedeutet, dass die Gewichte nach jeder Präsentation aktualisiert werden. Es kann sich manchmal als schneller erweisen, ein Netz unter Verwendung von Stapelaktualisierung zu trainieren, wobei der Fehler für eine Einheit eine Epoche lang akkumuliert wird, bevor die Gewichte der Einheit angepasst werden. Es kann jedoch von Vorteil sein, die Reihenfolge der Präsentation für jedes Trainingsmuster zwischen den Epochen, in denen eine Musteraktualisierung erforderlich ist, zu randomisieren. In der Regel ist es besser mit verschiedenen Ansätzen zu experimentieren.

Generalisierung

Wenn ein Netz eine korrekte Ausgabe für die Mehrheit der Eingangsmuster in der Testdatenmenge erzeugen kann, dann sagt man, dass das Netz gut *generalisiert*. Es wird vorausgesetzt, dass die Testdatenmenge nicht während des Trainings verwendet wurde.

Wenn ein Netz gut trainiert wird, um eine glatte nichtlineare Abbildung zu erzeugen, sollte es in der Lage sein, neue Mustern zu interpolieren, die annähernd aber nicht exakt mit den für das Training verwendeten Mustern übereinstimmen. Eine nicht glatte Abbildung ist das Ergebnis eines übertrainierten Netzes. In dieser Situation arbeitet das Netz mehr wie ein Speicher, d. h. es sieht in der Trainingsdatenmenge eine Ausgabe für eine bestimmte Eingabe nach.

Eine gute Generalisierung hängt von der Trainingsmenge und der Netzarchitektur ab. Die Trainingsdatenmenge muss repräsentativ für das zu lösende Problem sein, doch die Anzahl der verborgenen Einheiten ist ebenfalls ein wichtiger Faktor. Wenn mehr verborgene Einheiten vorhanden sind als erforderlich, um die Eingabe-Ausgabe-Relation zu lernen, wird es mehr Gewichte als nötig geben und zu einer Überanpassung an die Daten führen, wenn das Training zu lange andauert. Manchmal wird eine Teilmenge der Trainingsdaten verwendet, die beim Experimentieren mit unterschiedlichen Netzarchitekturen und Trainingsdauern als Zwischentest dienen. Die Haupttestdatenmenge bleibt weiterhin für den abschließenden Generalisierungstest reserviert.

Die Anwendung neuronaler Netze ist ein experimenteller Ansatz im Ingenieurwesen. Manchmal existieren allgemeine Richtlinien für das Netzdesign. Haykin (1994) verwendet ein von Baum und Haussler (1989) hergeleitetes Ergebnis, um eine Richtlinie für die Größe der Trainingsdatenmenge anzugeben. Die Richtlinie besagt:

$$N > \frac{W}{\varepsilon}$$

Hierbei ist N die Anzahl der Trainingsmuster, W die Anzahl der Netzgewichte und e die Proportion an zulässigen Fehlern beim Testen. Somit müsste für einen Fehler von 10% die Anzahl der Trainingsmuster 10-mal höher als die Anzahl der Gewichte sein.

2.5 ANWENDEN DES BACKPROPAGATION-NETZES

In diesem Abschnitt haben wir uns mit einer Klasse von Problemen beschäftigt, die im Wesentlichen im Abbilden eines Eingabemusters in eine aus einer Reihe von Klassen besteht. Für das XOR-Problem ist die Anzahl der Klassen zwei und eine einfache Ausgabeeinheit mit zwei Zuständen wird ausreichen (d. h. der Zustand „kleiner als 0.1" ist OFF während „größer als 0.9" ON ist).

Ein gängiger Ansatz besteht darin, jeder Klasse eine Ausgabeeinheit zuzuweisen. Wenn das Eingabemuster z. B. aus einer Klasse C_k gezogen wird, dann sollte Einheit U_k eingeschaltet und alle anderen Einheiten ausgeschaltet sein.

2.5.1 KLASSIFIZIEREN VON ZIFFERN

Die Aufgabe besteht darin, die Ziffern 0 bis 9 zu klassifizieren. Es gibt 10 Klassen und daher könnte jeder Zielvektor sich in einem 1-in-10-Vektor befinden. Das Ziel für 2 könnte beispielsweise [0 0 1 0 0 0 0 0 0] sein, was anzeigt, dass die dritte Ausgabeeinheit an- und alle anderen ausgeschaltet sein sollten.

In der hier vorgestellten Fallstudie werden die Zielwerte für die Zahlen 1 bis 9, durch 1-in-9-Vektoren dargestellt. Dabei wird Null durch Ausschalten aller Bits dargestellt. Wenn das Netz beispielsweise glaubt, dass es die Nummer 2 sieht, dann wird die zweite Ausgabeeinheit auf 1 und alle anderen auf 0 gesetzt. Die zu lernenden Ziffern sind in Abbildung 2.13 dargestellt. Jede Ziffer wird durch ein Gitter der Größe 9 x 7 dargestellt, dabei steht ein graues Pixel für die 0 und ein schwarzes Pixel für die 1.

Es wird eine 63-6-9-Netzarchitektur gewählt: 9 x 7 Eingabeeinheiten (eine für jedes Pixel), sechs verborgene Einheiten und neun Einheiten für die Zielvektoren. Die Pixel werden auf die Eingabeschicht abgebildet, wie es in Abbildung 2.14 zu sehen ist.

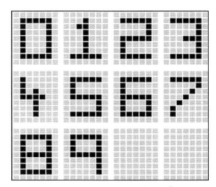

Abbildung 2.13: *Trainingsdaten*

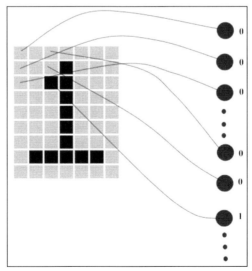

Abbildung 2.14: *Das Gitter wird auf die Eingangsschicht abgebildet, indem es als lange Zeichenkette mit Bits behandelt wird, die auf 0 und 1 gesetzt sind. Die Bits werden beginnend in der linken oberen Ecke der ersten Spalte und dann der Spalte folgend abgebildet. Dieser Vorgang wird für jede Spalte wiederholt.*

Das Netz wurde 600 Epochen lang unter Verwendung einer Lernrate von 0,3 und einer Trägheit von 0,7 trainiert. Eine Ausgabeeinheit wurde als eingeschaltet betrachtet, wenn ihre Aktivierung größer als 0.9, und als ausgeschaltet, wenn ihre Aktivierung kleiner als 0,1 war.

Das Netz wurde erfolgreich trainiert. Anschließend wurde es anhand der Daten aus Abbildung 2.15 getestet. Bei jeder der Ziffern fehlen ein oder mehrere Bits. Alle Testziffern, mit Ausnahme von 8, wurden korrekt identifiziert. Die sechste Ausgabeeinheit hatte eine Aktivierung von 0,53, und die achte Einheit hatte eine Aktivierung von 0,41. Das Netz war unsicher, ob es sich bei dem achten Muster um die Zahl 8 oder 6 handelte, und konnte sich daher für keine der beiden Möglichkeiten entscheiden.

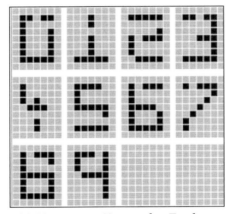

Abbildung 2.15: *Verrauschte Testdaten.*

2.5.2 KLASSIFIZIEREN VON ZEICHEN

Diese Aufgabe ähnelt der vorherigen zum Identifizieren von Ziffern. Die Aufgabe besteht darin, ein vorwärtsgerichtetes Netz so zu trainieren, dass es die Zeichen A, B, C, D erkennt. Die Trainingszeichen werden aus drei verschiedenen Schriftarten gezogen. Eine vierte Schriftart wird zum Testen des Netzes verwendet. Die Zeichen werden in Abbildung 2.16 gezeigt. Sie wurden auf Gitter der Größe 16 x 16-Pixel gezeichnet, so dass sich 256 Eingabeeinheiten ergeben. Es gibt vier Ausgabeeinheiten, eine für jede Klasse.

Das Netz wird erfolgreich trainiert, generalisiert korrekt mit einer Reihe unterschiedlicher Architekturen. Es wird leicht trainiert unter Verwendung einer einzelnen verborgenen Schicht von acht Einheiten und arbeitet korrekt mit der Testmenge. Das Netz ist beim Lernen der Trainingsdaten fast immer erfolgreich. Es scheitert jedoch genau so oft bei der Testmenge, wie es verschiedene Trainingssitzungen erfolgreich absolviert. Das Fehlschlagen erfolgt in der Regel bei einem einzelnen Testzeichen, das das Netz inkorrekt klassifiziert. Das Netz verfügt über ausreichend Ressourcen zur Durchführung der Aufgabe mit acht oder weniger verborgenen Einheiten. Wie erwartet verringert sich die Generalisierung bei einer hohen Anzahl von verborgenen Einheiten, doch gelegentlich verläuft sie sogar mit 100 oder mehr verborgenen Einheiten erfolgreich.

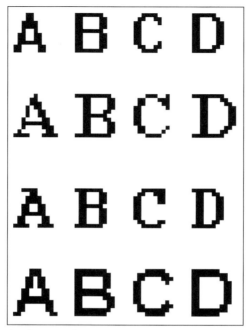

Abbildung 2.16: *Die obersten drei Zeichenmengen bilden die Trainingsmenge und die unterste Zeile der Zeichen bildet die Testmenge.*

2.5.3 VORHERSAGEN DES WETTERS

Ein neuronales Netz dazu zu bringen, das Wetter einigermaßen verlässlich vorherzusagen, würde mit hoher Wahrscheinlichkeit ein enormes Forschungsprogramm erfordern. Dies ist ein umfangreiches Problem, und Forscher haben viele Jahre mit der Entwicklung ausgeklügelter Computerprogramme zur Unterstützung der Vorhersagen verbracht. Mithilfe einer Übung können wir jedoch diskutieren, wie wir die Entwicklung eines Systems zur Vorhersage des morgigen Wetters anhand des heutigen Wetters angehen könnten. Wir könnten es den „naiven Vorhersager" nennen.

In Tabelle 2.3 sind die Daten aus einer Wetterstation in Großbritannien zu fünf Eigenschaften für 10 Tage zusammengefasst. Wir könnten versuchen, unsere Prognoseaufgabe durchzuführen, indem wir dem Netz das Wetter für Tag 1 präsentieren und Tag 2 als Zielausgabe verwenden. Das zweite Trainingsmuster wäre Tag 2 mit Tag 3 als Ziel, usw. Unser Netz würde über fünf Eingabe- und fünf Ausgabeeinheiten verfügen. Wir könnten mit einer hohen Anzahl verborgener Einheiten (z. B. 30) beginnen und anschließend versuchen, die Anzahl schrittweise zu verringern. Wir würden natürlich wesentlich mehr Daten als die von 10 Tagen benötigen. Von einer umfangreichen Datenmenge ausgehend, würden wir sowohl die Trainings- als auch die Testdatenmenge extrahieren. Die Daten müssten auch vorverarbeitet werden, so dass alle Zahlen innerhalb des Bereichs der Aktivierungseinheiten fallen (d. h. 0,1 bis 0,9 für die sigmoide Funktion). Die Daten in ihrer Rohform ohne Vorverarbeitung wären ungeeignet. Nicht nur dass der Bereich der Daten außerhalb des Bereichs der Aktivierungsfunktion fällt, auch die Eigenschaften weisen eine starke Varianz auf. Beispielsweise hat der Luftdruck Werte im Bereich von 1000, der Regen jedoch Werte kleiner als 10. Wir möchten das Netz nicht so beeinflussen, dass Luftdruck wichtiger als Regenfall ist, daher müssen die Daten vorverarbeitet werden. Mit der Vorverarbeitung der Daten werden wir uns in Kapitel 6 befassen.

Obwohl wir nicht sehr zuversichtlich sind, was die Entwicklung eines Wettervorhersagesystems unter Verwendung eines einfachen Ansatzes wie des obigen anbelangt, doch ein Versuch schadet nicht. Wir könnten herausfinden, dass es möglich ist, eine brauchbare Kurzzeit-Vorhersage zu machen (z. B. für morgen). In der Tat gibt es Personen, die sich an dieser Aufgabe versuchen.

Tag	Temperatur (°C) min.	max.	Regen (MM)	Luftdruck (mb)	Sonne (Stunden)
01	−1	4,8	0,7	1011	3,8
02	−1	2,8	0	1024	5,4
03	−5,3	3,6	0	1032	4,8
04	−5	6,6	2,8	1026,5	0
05	3,5	4,7	3	1019,5	0
06	1,5	7,9	0	1018,5	5,2
07	−1,4	9,5	0,2	1034,5	0
08	0,8	10,4	1,4	1028,5	0,2
09	1,8	10,4	0,4	1028,5	0
10	4	12	2	1020,5	0

Tabelle 2.3: *Beispiele für Wetterdaten.*

Ein wenig Wissen über Wettervorhersage würde uns beim Strukturieren des Problems und beim Identifizieren der wichtigsten Daten behilflich sein. Es ist beispielsweise davon auszugehen, dass eine bessere Vorhersage erzielt werden kann, wenn die Änderungen der Daten im Laufe des Tages überwacht werden, statt einfach eine Zusammenfassung des gesamten Niederschlags und der höchsten Temperatur etc. zu verwenden.

Die Wettervorhersage ist eine typische Aufgabe für ein neuronales Netz. Es gibt zwar Informationen, die wir als repräsentativ für das zu lösende Problem betrachten, doch die Schwierigkeit liegt darin, zu entscheiden, wie die Daten verwendet werden sollen und eine geeignete Architektur für das neuronale Netz auszuwählen. Ein guter Anfang wäre es, Erfahrungen zu sammeln und sich davon zu funktionierenden Ideen inspirieren zu lassen. Durch das Experimentieren mit dem Problem erhalten Sie ein besseres Verständnis für die Daten und entwickeln weitere Ideen, wie man das Problem angehen sollte.

2.6 RADIALE BASISFUNKTIONSNETZE

In diesem Abschnitt befassen wir uns mit einem weiteren Netzmodell, das zum Klassifizieren von Mustern eingesetzt werden kann, dem radialen Basisfunktionsnetz.

Ein radiales Basisfunktionsnetz ist in seiner einfachsten Form ein dreischichtiges Netz mit der üblichen Eingabeschicht zum Verteilen eines Musters an die erste Schicht der Gewichte, einer verborgenen Schicht und einer Ausgabeschicht. Die Abbildung von der Eingabeschicht zur verborgenen Schicht ist nichtlinear, die Abbildung von der verborgenen Schicht zur Ausgabeschicht linear. In der Regel (aber nicht immer) übersteigt die Anzahl der verborgenen Einheiten die Anzahl der Eingabeeinheiten. Die Idee dabei ist, dass, wenn ein nichtlineares Problem auf nichtlineare Weise in einen hochdimensionalen Raum übertragen wird, es wahrscheinlicher ist, dass das Problem linear trennbar ist.

Die Abbildung der ersten Schicht funktioniert folgendermaßen: Zu jeder verborgenen Einheit gibt es eine Funktion j. Jede dieser Funktionen nimmt die Netzeingabe und erzeugt einen Aktivierungswert als Ausgabe. Die gemeinsamen Aktivierungen aller verborgenen Einheiten definieren den Vektor, auf den der Eingabevektor abgebildet worden ist:

$$\varphi(\boldsymbol{x}) = [\varphi(x_1), \varphi(x_2), \ldots, \varphi(x_M)]$$

Hierbei ist M die Anzahl verborgener Einheiten und $\boldsymbol{x}$ der Eingabevektor.

Die Gewichte, die zu einer verborgenen Einheit hinführen, definieren das Zentrum der radialen Basisfunktion für diese verborgene Einheit. Von der Eingabe zu einer Einheit wird dann die Euklidische Norm genommen:

$$\text{net}_j = \|\mathbf{x} - \mathbf{w}_j\|$$
$$= \left[\sum_{i=1}^{n} (x_i = w_{ij})^2\right]^{1/2}$$

Hierbei ist n die Anzahl der Eingabeeinheiten.

Es werden verschiedene nichtlineare Aktivierungsfunktionen für die verborgenen Einheiten verwendet. Broomhead und Lowe (1988) verwendeten eine Gaußsche Form $\varphi(r) \approx \exp[-r^2]$, oder eine multiquadratische Form $\varphi(r) \approx \sqrt{c^2 + r^2}$.

BEISPIEL 2.5

Ein radiales Basisfunktionsnetz vom Typ 2-2-1 wird zum Lösen des XOR-Problems eingesetzt. Die erste Schicht der Gewichte ist gegeben durch:

$$\begin{bmatrix} 1 & 0 \\ 1 & 0 \end{bmatrix}$$

Berechnen Sie die Aktivierungen für die verborgenen Einheiten, für jedes XOR-Muster, unter Verwendung einer Aktivierungsfunktion der Form $j(net) = \exp[-net2]$, wobei *net* die Euklidische Norm ist.

LÖSUNG

Für das Muster (0, 1) und die erste verborgene Einheit gilt:

$$\varphi_1 = \exp[-[(0-1)^2 + (1-1)^2]] = \exp[-1] = 0{,}368$$

Für das Muster (0, 1) und die zweite verborgene Einheit gilt:

$$\varphi_2 = \exp[-[(0-0)^2 + (1-0)^2]] = \exp[-1] = 0{,}368$$

Die vollständige Menge an Aktivierungen lautet folgendermaßen:

Eingang	j_1	j_2
(0, 1)	0,368	0,368
(1, 0)	0,368	0,368
(0, 0)	0,135	1
(1, 1)	1	0,135

Wenn die verborgenen Aktivierungen gezeichnet werden, wird sich zeigen, dass die Muster jetzt linear trennbar sind.

Für die Ermittlung der Gewichte stehen mehrere Techniken zur Verfügung. Die erste Gewichteschicht könnte vor Beginn des Trainings festgelegt werden, indem jedes Zentrum einer verborgenen Einheit per Zufall aus den Trainingsdaten ausgewählt wird. Die erste Gewichteschicht wird typischerweise unter Verwendung einer nichtüberwachten Technik gefunden (siehe Kapitel 3). Wurde die erste Gewichteschicht einmal gefunden, kann die zweite Schicht manchmal direkt oder, wenn dies fehlschlägt, unter Verwendung eines linearen überwachten Lernalgorithmus bestimmt werden.

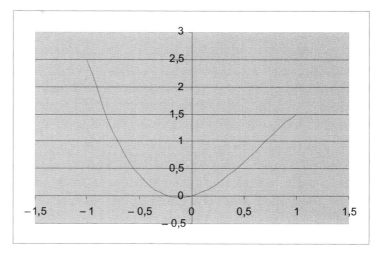

Abbildung 2.17: *Der Verlauf von f(x) = 0,5x + 2x2 − x3.*

Sowohl radiale Basisfunktionsnetze als auch mehrschichtige Backpropagation-Netze können zum Lösen desselben Problems verwendet werden. Diese Netze sind sehr allgemeine Informationsverarbeitungseinheiten und werden für eine ganze Reihe von Aufgaben eingesetzt. Wir befassen uns nun mit einem weiteren Beispiel für die Verwendung eines radialen Basisfunktionsnetzes zur Approximation einer Funktion. Die Funktion lautet

$$f(x) = 0{,}5x + 2x^2 - x^3$$

und wird in Abbildung 2.17 dargestellt.

Die Kurve wird unter Verwendung einer gewichteten Summe von Gaußschen Funktionen der folgenden Form approximiert:

$$net_j = \exp\left[-\frac{1}{2\sigma}(c-x)^2\right]$$

Hierbei ist c das Zentrum der Funktion. Ein Beispiel für eine auf Null zentrierte Gaußsche Kurve ist in Abbildung 2.18 gezeigt. Die Konstante s steuert die Weite der glockenförmigen Kurve.

Die Anzahl der Basisfunktionen wurde willkürlich gewählt. Außerdem wurden neun Funktionen mit den Zentren {−0,8, −0,6, −0,4, −0,2, 0, 0,2, 0,4, 0,6, 0,8} gewählt. Die Weite betrug 0,5. Die Kurve wird unter Verwendung einer gewichteten Summe der Funktionen approximiert. Die Gaußschen Funktionen stellen die verborgene Schicht des Netzes dar, daher neun Einheiten in der verborgenen Schicht. Die erste Schicht der Gewichte aus der einzigen Eingabeeinheit ist einfach die Menge der Funktionszentren.

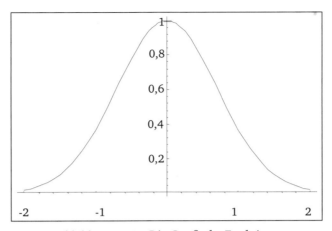

Abbildung 2.18: *Die Gaußsche Funktion.*

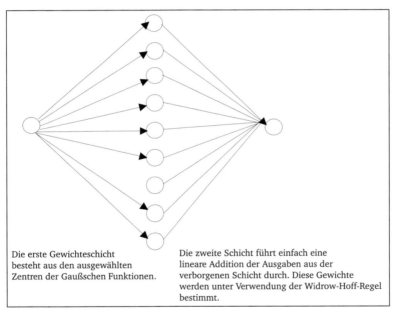

Die erste Gewichteschicht besteht aus den ausgewählten Zentren der Gaußschen Funktionen.

Die zweite Schicht führt einfach eine lineare Addition der Ausgaben aus der verborgenen Schicht durch. Diese Gewichte werden unter Verwendung der Widrow-Hoff-Regel bestimmt.

Abbildung 2.19: *Das zum Darstellen der Kurve in Abbildung 2.17 trainierte radiale Basisfunktionsnetz.*

Die zweite Schicht der Gewichte wird unter Verwendung der in Kapitel 1 vorgestellten Widrow-Hoff-Lernregel bestimmt. Für einen Ausgang von o und einem Zielausgang t, ergibt sich der Fehler d aus:

$$\delta = t - o$$

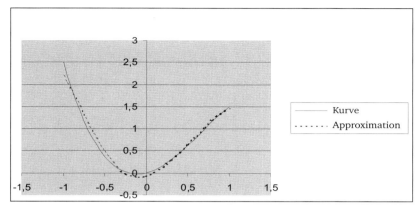

Abbildung 2.20: *Die unter Verwendung des radialen Basisfunktionsnetzes aus Abbildung 2.19 approximierte Kurve.*

Das gesamte an der Ausgabeeinheit ankommende Signal ist *net*. Die Widrow-Hoff-Lernregel (d. h. die grundlegende Delta-Regel) besagt, dass sich die zu erfolgende Anpassung, D*w*, folgendermaßen ergibt:

$$\Delta w = \eta \delta net$$

Die Netzarchitektur ist in Abbildung 2.19 dargestellt. Die Lernrate wurde auf 0,1 festgelegt. Um die zweite Gewichteschicht zu finden, wurden 21 Trainingsmuster erzeugt, indem eine Zahl (im Bereich zwischen −1 und +1) an die erste Gewichteschicht übergeben wurde. Die Aktivierungen der verborgenen Schicht ergeben dann einen Vektor mit neun Elementen für jeden Trainingspunkt. Diese 21 Vektoren bilden die Trainingsmuster für das lineare Netz, und die assoziierten Zielausgaben werden aus der Originalfunktion der Kurve bestimmt. Die vom Netz erzeugte Approximation ist in Abbildung 2.20 im Vergleich zur Originalkurve dargestellt.

In der Praxis würden wir die Gewichte des Netzes bestimmen und dessen Leistung testen. Anschließend würden wir versuchen die Leistung zu verbessern, indem wir die erste Gewichteschicht gefolgt von der zweiten Schicht anpassen. Wir experimentieren mit den Netzparametern, solange bis die Leistung akzeptabel ist.

2.7 ZUSAMMENFASSUNG

Wir haben uns in diesem Kapitel mit überwachtem Lernen befasst, wobei es darum geht, ein Eingabemuster auf ein Zielmuster abzubilden. Für überwachtes Lernen wird Folgendes benötigt:

- Daten die eine bekannte Klassifikation aufweisen
- Ausreichende Daten zur Darstellung aller Aspekte des zu lösenden Problems

- Ausreichende Daten zum Ermöglichen von Tests

  Die Testdatenmenge und die Trainingsdatenmenge sollten disjunkt gewählt werden (so dass die Testdaten nicht während des Trainings verwendet werden). Das Wissen über die zu lösende Aufgabe befindet sich in den Gewichten des Netzes.

Der Backpropagation-Algorithmus findet breite Verwendung:

- Er lernt durch Anpassen der Gewichte unter Verwendung der generalisierten Delta-Regel, die versucht, den quadrierten Fehler zwischen dem Soll-Netzausgang und dem Ist-Netzausgang zu minimieren.
- Während der Lernphase durchläuft er ständig die Daten, bis der Fehler klein genug ist, dass die Aufgabe als gelöst betrachtet werden kann. Auch wenn der quadrierte Fehler klein ist, muss überprüft werden, ob die einzelnen Trainingsmuster alle korrekt klassifiziert wurden.
- Nach dem Training werden die Gewichte des Netzes fixiert, und das Netz kann anschließend verwendet werden, um ein unbekanntes Muster zu klassifizieren.
- Eine einzige verborgene Schicht von Einheiten reicht theoretisch zum Lernen einer Aufgabe aus, doch in der Praxis können mehrere verborgene Schichten eine bessere Leistung erzielen.
- Das Trainieren von Backpropagation-Netzen kann viel Zeit in Anspruch nehmen.
- Generalisierung ist ein Maß, das angibt, wie gut ein Netz Daten verarbeitet, die es während des Trainings nicht gesehen hat Die Anzahl an verborgenen Einheiten und die Dauer des Trainings können einen bedeutenden Einfluss auf die Generalisierung haben.

Ein radiales Basisfunktionsnetz ist ein weiteres, zur Klassifizierung (oder zur allgemeinen Funktionsanpassung) verwendetes Netz:

- Es erfordert eine ausreichende Datenmenge, die alle Aspekte des zu lösenden Problems darstellt.
- Es erfordert eine ausreichende Datenmenge zum Ermöglichen von Tests. Die Testdatenmenge und die Trainingsdatenmenge sollten disjunkt gewählt werden (d. h. die Testdaten werden nicht während des Trainings verwendet).
- Es löst ein nichtlineares Problem, indem es Eingangsmuster auf nichtlineare Weise in einen hochdimensionalen Raum überträgt.
- Die Wahl der Aktivierungsfunktion für die verborgenen Einheiten muss vor der Lernphase getroffen werden. Typischerweise wird eine Form der Gaußschen Funktion verwendet.

- Die Zentren der Gaußschen Funktionen definieren die erste Gewichteschicht. Diese können unter Verwendung einer Clusteringtechnik bestimmt werden (siehe Kapitel 3).
- Die zweite Gewichteschicht des Netzes kann unter Verwendung einer linearen überwachten Lernregel bestimmt werden.

Da das Hauptthema dieses Kapitels das Backpropagation-Netz war, werden wir in Diagrammform ein oder mehrere Beispiele eines vollständigen Vorwärts- und Rückwärtsdurchlaufs vorstellen. Die Eingabe ist (0,1, 0,9), die Lernrate beträgt 0,8 und die Trägheit ist 0. Das Netz ist eine 2-2-2-1-Architektur und die Gewichte sind:

$$\begin{bmatrix} 2 & 2 \\ -2 & 3 \\ -2 & 3 \end{bmatrix} \begin{bmatrix} 3 & -2 \\ -2 & 2 \\ -4 & 2 \end{bmatrix} \begin{bmatrix} -2 \\ 3 \\ 1 \end{bmatrix}$$

Hierbei stellt jede Matrix eine Gewichteschicht dar. Abbildung 2.22 zeigt den Vorwärtsdurchlauf durch das Netz, zusammen mit der Gesamteingabe zu den Einheiten und den angegebenen Gesamtausgabe. Der Rückwärtsdurchlauf der Fehler zeigt den von einer Einheit empfangenen gewichteten Fehler und den Gesamtfehler, wie in Abbildung 2.22 angegeben. Abbildung 2.23 zeigt die neuen Gewichte.

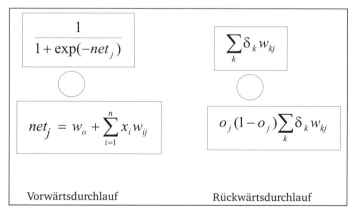

Abbildung 2.21: *Die Zahlen vor und nach den Einheiten in Abbildung 2.22 entsprechen den Berechnungen in den Kästen.*

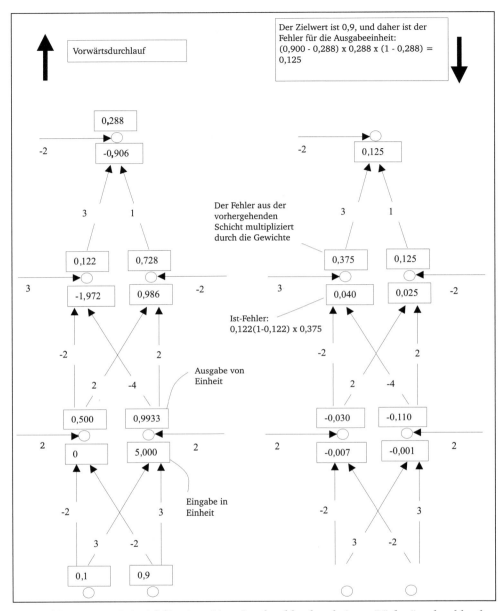

Abbildung 2.22: *Beispiel für einen Vorwärtsdurchlauf und einem Rückwärtsdurchlauf durch ein 2-2-2-1-Netz. Die Eingaben, Ausgaben und Fehler sind in den Kästen aufgeführt (siehe Abbildung 2.21).*

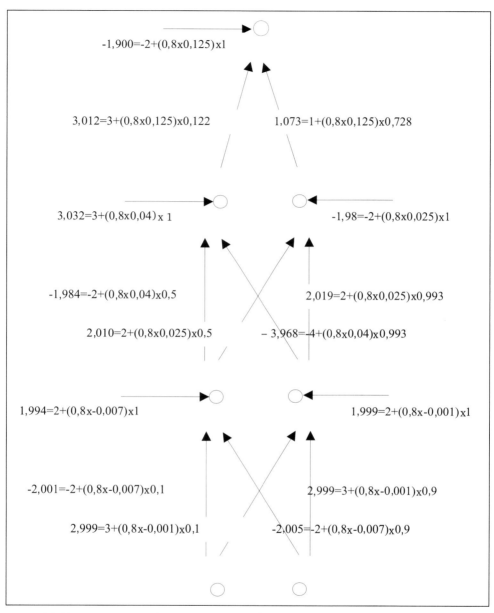

Abbildung 2.23: *Berechnung neuer Gewichte anhand der in Abbildung 2.22 abgeleiteten Fehler.*

2.8 WEITERFÜHRENDE LITERATUR

Die Original-Vorstellung von Backpropagation durch Rumelhart *et al.* (1986a) ist immer noch eine Lektüre wert. Die spätere Publikation von Werbos (1990) beschreibt ebenfalls die Theorie, die Backpropagation zugrunde legt, und stellt eine Variation mit rekurrenten Verbindungen (siehe Kapitel 5) vor. Für die radialen Basisfunktionsnetze sollten Sie die Publikation von Broomhead und Lowe (1988) lesen. Haykin (1994) bietet eine detaillierte Einführung in das Thema.

Es gibt viele Varianten des Backpropagation-Algorithmus, um das Training zu beschleunigen und dem Netz dabei zu helfen, das Problem der lokalen Minima zu vermeiden, die dazu führen können, dass das Netz nicht lernt.

Manche dieser Punkte werden wir in Kapitel 6 weiterbehandeln, doch der interessierte Leser sei noch einmal auf Haykin (1994) und auf Masters (1995) verwiesen, die einen praktischen Einblick in die Lösung dieser Probleme unter Verwendung der Programmiersprache C++ bieten.

2.9 ÜBUNGEN

1. Abbildung 2.24 zeigt ein Backpropagation-Netz, das gerade den Trainingsvektor [1,0 0,9 0,9] verarbeitet. Der assoziierte Zielvektor ist dabei [0,1 0,9 0,1]. Die Ausgabe von Einheit B soll 0,6. und von Einheit C 0,8 sein: Gehen Sie von der sigmoiden Funktion als Aktivierungsfunktion aus.

   a. Berechnen Sie den tatsächlichen Ausgabevektor.

   b. Berechnen Sie den Fehler für jede Ausgabeeinheit.

   c. Berechnen Sie den Fehler für jede verborgene Einheit.

   d. Berechnen Sie die Gewichtsänderungen für die von Einheit A ausgehenden Gewichte. Verwenden Sie eine Lernrate von 0,25.

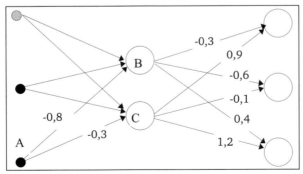

Abbildung 2.24: *Ein 3-2-3-Netz. In diesem Netz befinden sich keine Verschiebungseinheiten.*

2. Wiederholen Sie Übung 1 mit einem Zielvektor von [0,1 0,9 0,9].
3. Gehen Sie davon aus, dass die Punkte {(–1, 1), (–1, –1), (1, –1)} zu Klasse A und {(–2, –2), (1, 1), (2,2), (4, 1)} zu Klasse B gehören.
   a. Zeigen Sie, dass die Klassen nicht linear trennbar sind.
   b. Gehen Sie von einem Netz mit Einheiten aus, deren Ausgaben die folgenden Bedingungen erfüllen:

$$Ausgabe = \begin{cases} 1 & \text{if Gesamteingabe} \geq 0 \\ 0 & \text{if Gesamteingabe} < 0 \end{cases}$$

   Zeigen Sie anhand dessen, dass die erste Schicht von Gewichten, $\mathbf{W}_1$, in einem dreischichtigen Netz das Problem in ein lineares umwandelt. Die erste Zeile in $\mathbf{W}_1$ definiert die Verschiebungswerte.

$$\mathbf{W}_1 = \begin{bmatrix} 1 & -6 \\ -2 & -2 \\ -1 & -3 \end{bmatrix}$$

   c. Leiten Sie eine zweite Gewichteschicht her, so dass das Netz die Muster korrekt klassifiziert. Gehen Sie von einer einzigen Ausgabeeinheit aus.
4. Die Punkte {(4, –1), (8, –2), (1, 1), (3, 6)} gehören zu Klasse A, und die Punkte {(-8, 4), (-2, –3), (-l, –1), (2, –9)} gehören zu Klasse B.
   Leiten Sie ein minimales Netz her, das diese Punkte korrekt klassifiziert.
5. Zeigen Sie, dass das radiale Basisfunktionsnetz in Beispiel 2.5 das XOR-Problem lösen kann, wenn die erste Gewichteschicht festgelegt ist auf:

$$\begin{bmatrix} 0 & 1 \\ 1 & 0 \end{bmatrix}$$

6. Leiten Sie die zweite Gewichteschicht für die Lösung zu Übung 5 ab. Gehen Sie dabei von einer Verschiebung an der Ausgabeeinheit aus.
7. Definieren Sie ein radiales Basisfunktionsnetz zum Lösen des XOR-Problems unter Verwendung von verborgenen Aktivierungsfunktionen der Form $\varphi(r) \approx \sqrt{c^2 + r^2}$
8. Wiederholen Sie die Vorwärts- und Rückwärtsdurchläufe des in Abbildung 2.22 gezeigten Netzes, um die neuen Gewichte für das Eingangsmuster [0,9 0,9] und der Zielantwort [0,1] herauszufinden.
9. Leiten Sie ein geeignetes vorwärtsgerichtetes Netz her, das die logische Funktion AND modelliert.

10. Die bipolare sigmoide Funktion ist eine weitere Aktivierungsfunktion., die üblicherweise mit einem Backpropagation-Netz verwendet wird. Die Funktion hat den Wertebereich (-1,1) und ist folgendermaßen definiert:

$$f(x) = \frac{2}{1 + \exp(-x)} - 1$$

Die Ableitung kann folgendermaßen ausgedrückt werden:

$$f(x) = \frac{1}{2}[1 + f(x)][1 - f(x)]$$

Geben Sie die Regel zur Fehlerkorrektur sowohl für eine Ausgabe- als auch für eine verborgene Einheit an.

11. Zeichnen Sie die Ableitung der sigmoiden Funktion, und beschreiben Sie, wie sich die Rate, mit der ein Gewicht aktualisiert wird, in Bezug auf die Aktivierung einer Einheit verhält.

12. In Abbildung 2.25 sind zwei Klassen A und B in dreieckige Bereiche eingeschlossen. Eine dritte Klasse wird als Schnittmenge zwischen A und B definiert.

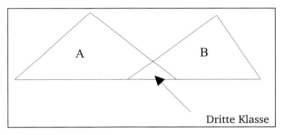

Abbildung 2.25: *Zwei dreieckige Bereiche und ihre Schnittmenge.*

Schlagen Sie die Architektur eines Backpropagation-Netzes vor, das diese Aufgabe lösen kann.

Erläutern Sie, warum Sie diese Architektur gewählt haben.

13. Erläutern Sie, warum die Gewichte eines Backpropagation-Netzes sowohl mit negativen als auch positiven Zufallswerten im Vergleich zu ausschließlich positiven Werten initialisiert werden.

14. Diskutieren Sie, wie ein Backpropagation-Netz mit Gaußschen Aktivierungsfunktionen sich im Vergleich zu einem radialen Basisfunktionsnetz verhält.

3
BÜNDELN VON MUSTERN

Lernziele
Einführung in das überwachte Lernen.
Sie sollten in der Lage sein:
➜ Unüberwachtes Lernen und das Prinzip der Bündelung von Mustern zu beschreiben
➜ Das selbstorganisierende Kohonen-Netz bis zu einem Grad zu verstehen, die Ihnen das Implementieren eines solchen Netzes in einer Sprache Ihrer Wahl ermöglicht
Voraussetzungen:
Grundlagen der linearen Algebra im Anhang A. Kapitel 1.

3.1 GRUNDLAGEN

Wir haben uns im vorherigen Kapitel mit überwachtem Lernen befasst, wobei ein neuronales Netz lernt, Muster gemäß einer Anweisung zu klassifizieren. Ein Zielmuster informiert das Netz darüber, welche Klasse es lernen soll um das Eingabemuster zu klassifizieren. Beim unüberwachten Lernen gibt es keine solche Anweisung und es ist die Aufgabe des Netzes, die Muster zu bündeln (oder zu gruppieren). Alle Muster innerhalb eines Bündels (engl. cluster) werden etwas gemeinsam haben: Sie werden wie ähnliche Muster behandelt. Angenommen wir hätten die Aufgabe, Möbel nach Verwendungszweck und Aussehen zu gruppieren. Alle stuhlähnlichen Objekte werden in eine Gruppe, und alle tischähnlichen Objekte werden in eine andere Gruppe zusammengefasst. Diese Gruppen werden dann analysiert, und die Gruppe mit den tischähnlichen Objekten wird aufgespalten, um Schreibtische auszusortieren. Die Schreibtisch-Gruppe weist Ähnlichkeiten zur tischähnlichen Gruppe auf, und daher werden diese zwei Gruppen nahe beieinander und entfernt von der stuhlähnlichen Gruppe platziert. Bündelalgorithmen erfüllen eine ähnliche Aufgabe für Datenmuster. Die Gruppen werden als *Bündel* bezeichnet, und die Anordnung von Bündeln sollte zwei Eigenschaften widerspiegeln:

✤ Muster innerhalb eines Bündels sollten in irgendeiner Weise ähnlich sein.
✤ Bündel die irgendeine Ähnlichkeit aufweisen, sollten zusammengefasst werden.

Abbildung 3.1 zeigt zweidimensionale Daten, die spontan in drei Bündel aufgeteilt werden können. In Abbildung 3.1 kann spontan gesagt werden, dass ein Musterpunkt in ein Bündel fällt, wenn er sich im Vergleich zu einem Punkt aus einem anderen Bündel in der Nähe eines Punktes in demselben Bündel befindet.

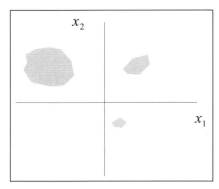

Abbildung 3.1: Daten, die drei Bündel bilden.

Der quadrierte euklidische Abstand wird üblicherweise verwendet, um zu messen, wie nahe beieinander (oder ähnlich) zwei Punkte sind. Er ergibt sich aus:

$$d_{pq} = \sum_{i}^{n} (x_{pi} - x_{qi})^2$$

Hierbei ist d_{pq} der quadrierte euklidische Abstand zwischen Punkt p und Punkt q, x_{pi} ist die Koordinate i für Muster p (ähnlich für q), und n ist die Anzahl der Dimensionen. Wenn es einen Vektor p_j für das Bündel j gibt, dass sich am Zentroiden (der Durchschnittsposition aller Muster in einem Bündel) jedes Bündels aus Abbildung 3.1 befindet, dann ergibt sich die Entscheidung, zu welchem Bündel ein Vektor **x** (beim Zeichnen als Punkt gesehen) gehört, einfach aus:

$$\text{index}(\mathbf{x}) = \min d(\mathbf{p}_j, \mathbf{x}), \quad \text{for all } j$$

Dies gibt den Index des Bündels mit dem niedrigsten quadrierten euklidischen Abstand aus Vektor **x** zurück. Die Vektoren $\mathbf{p}_j$ können als Prototypen für die Bündel angesehen werden. Diese Prototypen dienen dazu, die Schlüsselmerkmale eines Bündels darzustellen. Wenn Sie beispielsweise die Aufgabe hätten, Basketball-Spieler und Reit-Jockeys zu bündeln, wäre das unterscheidende Merkmal zweifellos die Größe. Aus diesem Grund würden sich die Elemente, die in den Prototypvektoren beider Bündel die Größe beschreiben, wesentlich unterscheiden.

Ein Bündelalgorithmus ist eine statistische Technik zum Erkennen von Bündeln in einer Datenmenge. Es gibt viele Bündelalgorithmen unterschiedlicher Komplexität. Ein erster Ansatz wäre, anzunehmen, dass eine bestimmte Anzahl von Bündeln existiert, und die Koordinaten für jeden Prototypen per Zufall zuzuweisen. Jeder Vektor in der Datenmenge wird dann seinem nächsten Prototypen zugewiesen, und der Prototyp wird aktualisiert (bewegt), so dass er zum Zentroiden aller diesem Prototypen zugewiesenen Vektoren wird. Abbildung 3.2 illustriert das Konzept von Zufallsprototypen, die sich bei Abschluss des Trainings zum Zentroiden eines Bündels verschoben haben (siehe Abbildung 3.3).

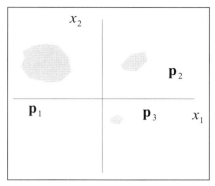

Abbildung 3.2: Drei Zufallsvektoren, die sich verschieben werden,
so dass sie als Prototypen für die Bündel fungieren.

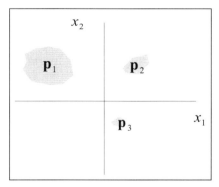

Abbildung 3.3: Jeder Prototyp hat sich zum Zentroiden eines Bündels verschoben.

BEISPIEL 3.1

1. Ermitteln Sie den quadrierten euklidischen Abstand zwischen folgenden beiden Vektoren:
$$\mathbf{p} = [-2{,}3 \;\; 1{,}4]$$
$$\mathbf{x} = [4{,}5 \;\; 0{,}6]$$

2. Ermitteln Sie den quadrierten euklidischen Abstand zwischen folgenden beiden Vektoren:
$$\mathbf{p} = [0{,}4 \;\; 0{,}3 \;\; 1{,}1 \;\; 0{,}9]$$
$$\mathbf{x} = [0{,}6 \;\; 0{,}7 \;\; -0{,}5 \;\; 1{,}1]$$

LÖSUNG

$$d(\mathbf{p}, \mathbf{x}) = (-2{,}3 - 4{,}5)2 + (1{,}4 - 0{,}6)2$$
$$= 46{,}9$$
$$d(\mathbf{p}, \mathbf{x}) = (0{,}4 - 0{,}6)2 + (0{,}3 - 0{,}7)2 + (1{,}1 - -0{,}5)2 + (0{,}9 - 1{,}1)2$$
$$= 2{,}8$$

Die Prototypen stellen eine Zusammenfassung der zu analysierenden Datenmenge zur Verfügung. Die Bündel aus Abbildung 3.1 weisen unterschiedliche Varianzen auf, dabei weist das größte Bündel eine weite Streuung entlang der beiden Achsen auf. Manchmal ist es wünschenswert, ein Bündel mit mehr als einem Prototypen darzustellen, um eine genauere Zusammenfassung der Daten bereitzustellen. Um die Bündel zu erkennen, die tatsächlich Bestandteil eines größeren Bündels sind, müssen wir die relative Position aller Prototypen zueinander kennen. Eine der Schwierigkeiten, die sich bei Bündelalgorithmen stellen, ist das Festlegen der optimalen Anzahl an Bündeln. Bei einer zu geringen Bündelanzahl werden interessante Trends nicht erfasst, und bei einer zu hohen Bündelanzahl werden keine effektiven Zusammenfassungen der Daten bereitgestellt. Im Extremfall von zu vielen Bündeln ist jedes Muster ein Bündel. Wir könnten eine Reihe von Anforderungen an einen Bündelalgorithmus formulieren:

- Automatische Ermittlung der Anzahl an Prototypen
- Messung der Ähnlichkeit (oder relativen Position) eines Prototyps zu einem anderen
- Die repräsentativen Schlüsselmerkmale eines Prototyps

In der Praxis wird die erste Anforderung von keinem Bündelalgorithmus wirklich erfüllt. Ein unüberwachtes neuronales Netz, das eine Bündelung durchführt, ist die von Kohonen in den frühen 80er Jahren entwickelte selbstorganisierende Merkmalskarte (Self-organizing feature map, Kohonen, 1990).

3.2 DIE SELBSTORGANISIERENDE MERKMALSKARTE

Die selbstorganisierende Merkmalskarte (SOFM) verfügt über eine Menge von Eingabeeinheiten, deren Anzahl der Dimension der Trainingsvektoren entspricht und den Ausgabeeinheiten, die als Prototypen fungieren. Abbildung 3.4 zeigt die Basisarchitektur. Die Daten in Abbildung 3.1 würden beispielsweise ein Netz mit zwei Eingabeeinheiten und mindestens drei Ausgabeeinheiten erfordern, um jedes Bündel darzustellen.

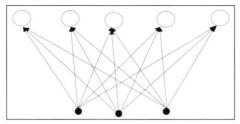

Abbildung 3.4: Dieses Netz verfügt über drei Eingabe- und fünf Bündeleinheiten. Jede Einheit in der Eingabeschicht ist mit jeder Einheit in der Bündelschicht verbunden.

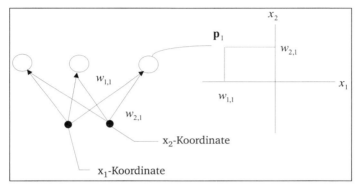

Abbildung 3.5: Dieses Diagramm zeigt wie eine Bündeleinheit als Prototyp fungiert. Die Eingabeschicht übernimmt Koordinaten aus dem Eingaberaum. Die Gewichte passen sich während des Trainings an, und nach Abschluss des Lernens wird jede Bündeleinheit eine Position im Eingangsraum haben, die von seinen Gewichten bestimmt wird.

Die Eingabeeinheiten haben lediglich die Funktion, die Eingabevektoren auf die Ausgabeeinheiten des Netzes zu verteilen. Die Ausgabeeinheiten werden von nun an als Bündeleinheiten bezeichnet. Da die Anzahl der Eingabeeinheiten der Dimension der Eingabevektoren entspricht und jede Eingabeeinheit vollständig mit jeder Bündeleinheit verbunden ist, sind die Anzahl der in eine Bündeleinheit eingehenden Gewichte und die Dimension der Eingabevektoren identisch. Oft ist es hilfreich, die Gewichte einer Bündeleinheit als die Koordinaten zu betrachten, welche die Position eines Bündels im Eingaberaum beschreiben. Abbildung 3.5 zeigt die Beziehung zwischen den Gewichten und dem Eingaberaum.

Die Bündeleinheiten sind in einem ein- oder mehrdimensionalen Array angeordnet (siehe Abbildung 3.6). Die Trainingsphase kann so aufgefasst werden, dass alle Einheiten um die Zuweisung der Trainingsvektoren kämpfen. Beim Präsentieren eines Trainingsvektors wird die Distanz zu allen Bündeleinheiten berechnet und die Einheit, die dem Trainingsvektor am nächsten liegt, gewinnt. Die Gewinnereinheit passt anschließend seine Gewichte so an, dass die Bündeleinheit noch näher zum Trainingsvektor verschoben wird. Es ist üblich, dass Einheiten innerhalb einer vordefinierten Nähe zur Gewinnereinheit ebenfalls Ihre Gewichte aktualisieren. Eine Einheit ist ein Mitglied der aktualisierenden Nachbarschaft, wenn es innerhalb eines spezifischen Radius um die Gewinnereinheit liegt. Der Radius wird in der Regel während der Lernphase reduziert. Eine Lernrate legt die Distanz fest, um die ein Bündel sich näher in die Richtung des Trainingsvektors bewegt und wie sich der Radius im Laufe der Zeit schrittweise verringert. Wir werden uns ausschließlich den Bündeleinheiten widmen, die entweder als lineares Array oder als quadratisches Gitter angeordnet sind. Es können auch andere Topologien verwendet werden. Ein weiteres Beispiel wäre ein hexagonales Gitter. Die Topologie legt lediglich fest, welche Einheiten für einen gegebenen Radius aktualisiert werden sollen.

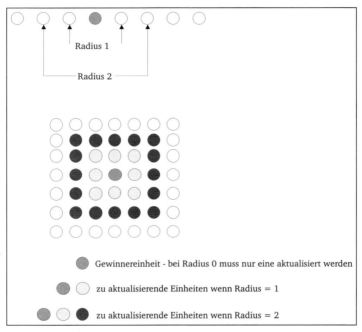

Abbildung 3.6: Die Bündeleinheiten im oberen Netz sind linear angeordnet, wohingegen in dem unterem Netz die Einheiten in einem quadratischen Gitter angeordnet sind. Die Topologie legt fest, welche Einheiten innerhalb eines Radius der Gewinnereinheit liegen. Die Einheiten können auch anders angeordnet werden (z. B. dreieckig, hexagonal), üblich sind jedoch die linearen und quadratischen Anordnungen.

Es ist üblich, weniger Bündeleinheiten als Trainingsmuster zu verwenden, da ein zusammenfassendes Bild der Daten erreicht werden soll. Nach Abschluss des Trainings stellen die Bündeleinheiten eine Gesamtdarstellung des Eingabemusterraums zur Verfügung. Die Bündeleinheiten bilden die Merkmale des Eingangsraums ab. Weiter unten in diesem Kapitel werden wir beispielsweise anhand der Ergebnisse des Bündelns der Bilder von Zeichen feststellen, dass die unterschiedlichen Regionen der Bündeleinheiten für unterschiedliche Zeichen (oder einer Mischung daraus) stehen.

3.2.1 DER ALGORITHMUS

In dem folgenden Algorithmus ist η die Lernrate und n der Zeitschritt.

Initialisiere die Gewichte mit Zufallswerten.
while not HALT
for each Eingabevektor
for each Bündeleinheit berechne die Distanz vom Trainingsvektor

$$d_j = \sum_i (w_{ij} - x_i)^2$$

Finde Einheit j mit der der kleinsten Distanz
Aktualisiere alle Gewichtsvektoren für die Einheiten innerhalb des Radius entsprechend

$$w_{ij}(n+1) = w_{ij}(n) + \eta(n)[x_i - w_{ij}(n)]$$

Überprüfe, ob die Lernrate oder der Radius aktualisiert werden soll
Überprüfe HALT

Die Trainingsvektoren werden per Zufall aus der Trainingsmenge gewählt. Die HALT-Bedingung trifft zu, wenn die Gewichtsänderungen für alle Bündeleinheiten sehr gering werden. Unter diesen Bedingungen sollten die Trainingsvektoren von einer Epoche zur nächsten in dieselbe Region fallen.

Die Lernrate variiert im Laufe der Zeit. Sie kann beispielsweise bei einem Wert von 0,9 beginnen und sich anschließend linear verringern, bevor sie bei einem Festwert stehen bleibt (wie z. B. 0,01). Der Radius beginnt in der Regel bei einem hohen Wert, damit anfangs alle Einheiten aktualisiert werden. Der Radius verringert sich ebenfalls im Laufe der Zeit, so dass zum Schluss nur ein Paar oder möglichst keine Nachbarn der Gewinnereinheit aktualisiert werden. Die Lernrate kann ebenfalls so angegeben werden, dass sie von der Nähe der aktualisierenden Einheit zur Gewinnereinheit abhängt.

BEISPIEL 3.2

1. Wie viele Epochen wird η benötigen, um unter Verwendung der folgenden Aktualisierungsregel auf 0,1 zu fallen:

$$\eta(0) = 0{,}90$$
$$\eta(n+1) = \eta(n) - 0{,}001$$

2. Eine SOFM besitzt ein zweidimensionales 10 x 10-Raster, und der Radius liegt anfangs bei 6. Ermitteln Sie, wie viele Einheiten nach 1.000 Epochen aktualisiert werden, wenn die Gewinnereinheit sich ganz weit in der unteren rechten Ecke des Rasters befindet, und der Radius folgendermaßen aktualisiert wird:

$$r = r - 1 \text{ if aktuelle\_Epoche mod } 200 = 0$$

Gehen Sie davon aus, dass die Epochennummerierung bei 1 beginnt.

LÖSUNG

1.
$$0,1 = 0,9 - n0,01$$
$$n = \frac{0,9 - (0,1)}{0,001}$$
$$= 800$$

2. Ausgehend davon, dass die Epochenzählung bei 1 beginnt, wird sich der Radius alle 200 Epochen um 1 verringern. Nach 1.000 Epochen wird der Radius 1 betragen, Die Anzahl der aktualisierten Einheiten wird, einschließlich der Gewinnereinheit, 4 sein.

3.2.2 WIE SOFMS LERNEN

Die Merkmalskarte lernt in zwei Phasen. In der ersten Phase werden die Einheiten so angeordnet, dass sie den Eingangsraum widerspiegeln, und in der zweiten Phase findet die Feinabstimmung statt. In der Praxis wird der Organisationsprozess üblicherweise mit zweidimensionalen Daten illustriert, so dass die Karte gezeichnet werden kann. Eingangsvektoren werden beispielsweise per Zufall aus einer einheitlichen Verteilung gezogen, die in einem Quadrat enthalten ist und eine Karte wird trainiert. Die Karte wird zu verschiedenen Zeitpunkten während des Trainings dargestellt, indem die Bündeleinheiten auf dieselbe Weise wie in Abbildung 3.5 in den Eingangsraum gezeichnet werden. Die Einheiten werden mithilfe von Gitterlinien verbunden, um ihre relative Position darzustellen. Die Karte ist anfangs meist verdreht, entfaltet und verbreitet sich während des Trainings immer weiter. Das Ergebnis des Trainings ist eine Karte, die den Eingangsraum abdeckt und weitestgehend regelmäßig ist (d. h. die Einheiten sind fast gleichmäßig verteilt). Eine Karte mit einer Quadrattopologie von 49 Einheiten wurde mit 250 Datenpunkten trainiert, die aus einem Einheitsquadrat gezogen wurden. Zu Beginn waren die Gewichte mit Zufallswerten belegt, die jede Bündeleinheit im Zentrum des Eingaberaums positionieren (siehe Abbildung 3.7). Die Abbildungen 3.8 und 3.9 zeigen die Entwicklung der Karte im Laufe der Zeit.

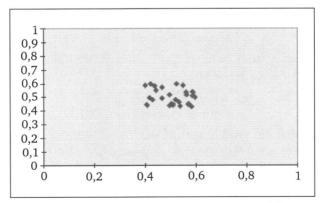

Abbildung 3.7: Die Gewichtsvektoren beginnen mit Zufallswerten aus dem Bereich zwischen 0.4 und 0.6.

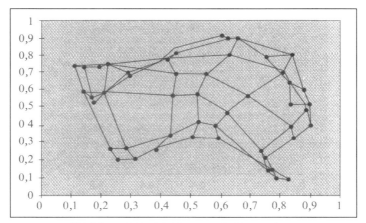

Abbildung 3.8: Die Karte nach 20 Epochen.

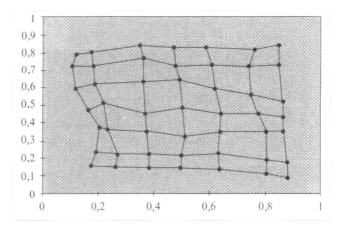

Abbildung 3.9: Die Karte nach 2.000 Epochen gegen Ende des Trainings.
Die Einheiten sind jetzt geordnet, und die Karte wird während der Endphase der Konvergenz regelmäßiger werden.

Wie bei anderen Netzen hängt das Ergebnis des Trainings von den Trainingsdaten und der Auswahl der Lernparameter ab. Abbildung 3.10 zeigt die Verteilung von 100 Trainingsmustern über dem Einheitsquadrat. Eine Karte mit einer Quadrattopologie von 25 Einheiten wurde mit dieser Datenmenge trainiert. Zu Beginn waren die Gewichte mit Zufallswerten belegt, die wie gehabt jede Bündeleinheit in das Zentrum des Eingangsraums positionierten. Dies ist ein relativ kleines Netz und es überrascht nicht, dass das Endergebnis der Verwendung von unregelmäßigen Daten eine unregelmäßige Karte wie in Abbildung 3.11 ist. Die Karte weist auch eine Verdrehung in der rechten oberen Ecke auf. Verdrehungen können das Ergebnis von ungeeigneten Anfangswerten der Gewichte sein, da diese die Position jeder Bündeleinheit im Eingaberaum zu Beginn des Trainings festlegen.

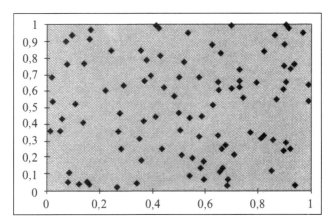

Abbildung 3.10: Zufallsgenerierte Daten. Die Datenmenge ist nicht gleichmäßig verteilt, und daher weist der Eingaberaum Lücken, d. h. Bereiche, die entschieden unterrepräsentiert sind, auf.

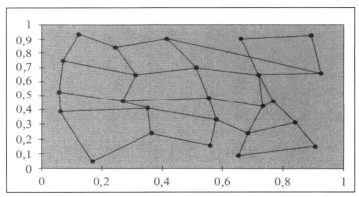

Abbildung 3.11: Die Positionen der Einheiten auf der Karte nach dem Training mit den Daten aus Abbildung 3.10. Nebeneinander liegende Einheiten sind durch Gitterlinien verbunden.

Wenn beispielsweise alle Einheiten zu Beginn in eine Richtung des Eingaberaums gewichtet werden, kann der Ordnungsvorgang behindert werden. Abbildung 3.12 zeigt dasselbe Experiment, doch diesmal besteht die Karte aus einem linearen Array von Einheiten. Das lineare Array verdreht sich, so dass es den Eingangsraum ausfüllt. Dieselben raumfüllenden Eigenschaften können mit anderen Formen auftreten. Wird die Trainingsdatenmenge beispielsweise gleichverteilt aus einem Dreieck gezogen, dann ordnet die quadratische Karte ihre Einheiten so an, dass das Dreieck ausgefüllt wird (siehe Abbildung 3.13).

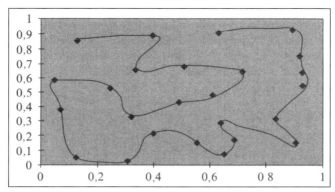

Abbildung 3.12: Eine lineare Karte mit 25 Einheiten, die Zufallsdaten aus einem Einheitsquadrat enthält.

Hecht-Nielsen (1990) gibt ein ähnliches Beispiel einer zweidimensionalen Abbildung, doch in diesem Fall besteht die Aufgabe darin, die Winkelbewegungen eines Roboterarmes auf (x, y)-Koordinaten abzubilden. Ein Experiment mit einem Roboterarm wird als Nächstes vorgestellt.

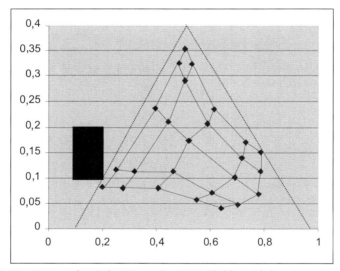

Abbildung 3.13: Das quadratische Gitter der SOFM bildet sich langsam zum dreieckigen Bereich heraus. Die Trainingsdaten wurden aus dem schraffierten Bereich entnommen und die Gewichte des Netzes wurden vor Beginn des Trainings zufällig generiert, so dass alle Einheiten innerhalb des schwarzen Rechtecks positioniert waren.

Für die Darstellung der Koordinaten (x, y) des Greifarms eines Roboters wird eine quadratische Karte mit nebeneinander liegenden Einheiten zur Darstellung nebeneinander liegender Koordinaten verwendet. Sie können sich die Karte vorstellen, als würde sie die Quadrate auf einem Schachbrett (oder Teile davon, je nach Anzahl der verwendeten Einheiten) widerspiegeln.

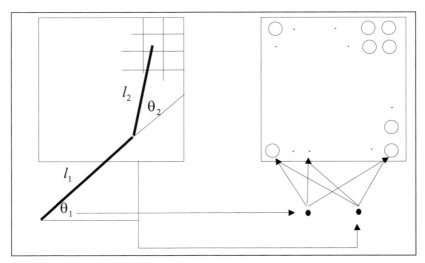

Abbildung 3.14: Die dargestellte Aufgabe besteht darin, den Winkel jedes Armsegments auf Positionen im Gitter abzubilden. Wenn der Arm beispielsweise in die obere rechte Ecke bewegt werden soll, dann wird der Gewichtsvektor der Einheit oben rechts die Winkel enthalten, mit denen der Arm positioniert werden kann. Stellen Sie sich vor, Sie würden die Einheit dahin drücken, wohin die Armspitze bewegt werden soll. Die Einheit erzeugt dann die entsprechenden Winkel.

Dieses Konzept wird in 3.14 gezeigt. Die Beziehung zwischen den Winkeln und den Koordinaten ergibt sich aus:

$$x = l_1 \cos\theta_1 + l_2 \cos(\theta_1 + \theta_2)$$
$$y = l_1 \sin\theta_1 + l_2 \sin(\theta_1 + \theta_2)$$
$$\theta_2 = \cos^{-1}\left(\frac{x^2 + y^2 + l_1^2 + l_2^2}{2l_1 l_2}\right)$$
$$\theta_1 = \tan^{-1}(y/x) - \tan^{-1}\left(\frac{l_2 \sin\theta_2}{l_1 + l_2 \cos\theta_2}\right)$$

Die Beziehung ist nichtlinear, doch nebeneinander liegende (x, y)-Koordinaten werden ähnliche Winkel aufweisen.

Die vorgestellten Ergebnisse stammen aus einem Einzelversuch, bei dem keine Verbesserung versucht wurde. Es ist jedoch zu erwarten, dass nach einer Reihe von Experimenten bessere Ergebnisse erzielt werden können. Der Arm des Roboters wurde positioniert, wie in Abbildung 3.15 gezeigt. Es wurde eine sehr kleine Trainingsmenge generiert, so dass folgende 25 Punkte enthalten waren: {(4, 1), (4, 2), (4, 3), (4, 4), (4, 5), (5, 1), (5, 2), (5, 3), (5, 4), (5, 5),..., (8, 5),..., (8, 5)}. Die Winkel zum Bewegen der Roboterarmspitze zu diesen Punkten wurden anschließend berechnet und dazu verwendet, eine SOFM zu trainieren. Es ist gängige Praxis, eine viel geringere Anzahl von Einheiten als Trainingspunkte zu verwenden, da die Grundidee einer SOFM darin besteht, den Eingaberaum mit einer Anzahl von Prototypen zusammenzufassen.

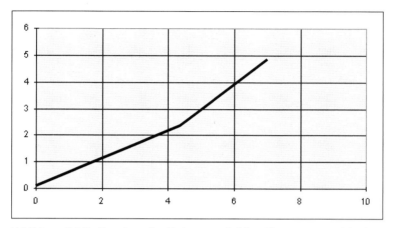

Abbildung 3.15: Der Arm des Roboters wird im Gitterraum positioniert.

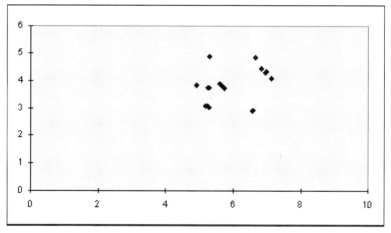

Abbildung 3.16: Die zu (x, y)-Koordinaten konvertierten Positionen der Gewichtsvektoren nach 5.000 Zyklen durch die gesamten Trainingsdaten.

Bei diesem Experiment wurde jedoch der umgekehrte Fall durchgeführt, d. h. es wurde eine quadratische Karte mit 49 Einheiten gewählt. Die Idee dabei war es zu versuchen und sicherzustellen, dass jeder bestimmten Einheit nicht mehr als ein einzelner Trainingspunkt zugewiesen wird und zu prüfen, wie die Einheiten sich verteilen würden, um den Eingaberaum zu überdecken. Dabei wurden die Gewichte mit niedrigen Zufallswerten initialisiert. Die Ergebnisse sind in den Abbildungen 3.16 bis 3.18 zusammengefasst. Abbildung 3.18 zeigt, dass für jedes Trainingsmuster eine repräsentative Einheit existiert. Außerdem haben sich viele der nicht zugewiesenen Einheiten verteilt, um Zwischenpositionen des Eingaberaums zu besetzen.

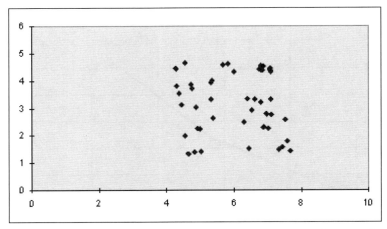

Abbildung 3.17: Die zu *(x, y)*-Koordinaten konvertierten Positionen der Gewichtsvektoren nach 10.000 Zyklen durch die gesamten Trainingsdaten.

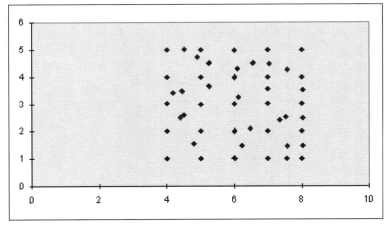

Abbildung 3.18: Die zu *(x, y)*-Koordinaten konvertierten Positionen der Gewichtsvektoren nach 20.000 Zyklen durch die gesamten Trainingsdaten.

BEISPIEL 3.3

Ein SOFM-Netz mit drei Eingabeeinheiten und vier Bündeleinheiten soll trainiert werden unter Verwendung der vier Trainingsvektoren:

[0,8 0,7 0,4], [0,6 0,9 0,9], [0,3 0,4 0,1], [0,1 0,1 0,3]
und den Startgewichten

$$\begin{bmatrix} 0,5 & 0,4 \\ 0,6 & 0,2 \\ 0,8 & 0,5 \end{bmatrix}$$

Dabei ist der Startradius 0 und die Lernrate η ist 0,5. Berechnen Sie die Gewichtsänderungen während des ersten Durchlaufs durch die Daten und mit den Trainingsvektoren in der gegebenen Reihenfolge.

LÖSUNG

Für den Eingabevektor 1 haben wir für Bündeleinheit 1,
$$d_1 = (0,5 - 0,8)^2 + (0,6 - 0,7)^2 + (0,8 - 0,4)^2 = 0,26$$
und für Bündeleinheit 2,
$$d_2 = (0,4 - 0,8)^2 + (0,2 - 0,7)^2 + (0,5 - 0,4)^2 = 0,42$$
Einheit 1 liegt am nächsten und daher
$$w_{ij}(n + 1) = w_{ij}(n) + 0,5[x_i - w_{ij}(n)]$$
Die neuen Gewichte sind

$$\begin{bmatrix} 0,65 & 0,4 \\ 0,65 & 0,2 \\ 0,6 & 0,5 \end{bmatrix}$$

Für den Eingabevektor 2 haben wir für Bündeleinheit 1,
$$d_1 = (0,65 - 0,6)^2 + (0,65 - 0,9)^2 + (0,60 - 0,9)^2 = 0,155$$
und für Bündeleinheit 2,
$$d_2 = (0,4 - 0,6)^2 + (0,2 - 0,9)^2 + (0,5 - 0,9)^2 = 0,69$$
Einheit 1 liegt am nächsten und daher sind die neuen Gewichte

$$\begin{bmatrix} 0,625 & 0,400 \\ 0,775 & 0,200 \\ 0,750 & 0,500 \end{bmatrix}$$

Für den Eingabevektor 3 haben wir für Bündeleinheit 1,
$$d_1 = (0,625 - 0,3)^2 + (0,775 - 0,4)^2 + (0,75 - 0,1)^2 = 0,67$$
und für Bündeleinheit 2,
$$d_2 = (0,4 - 0,3)^2 + (0,2 - 0,4)^2 + (0,5 - 0,1)^2 = 0,21$$

Einheit 2 liegt am nächsten und daher sind die neuen Gewichte

$$\begin{bmatrix} 0{,}625 & 0{,}350 \\ 0{,}775 & 0{,}300 \\ 0{,}750 & 0{,}300 \end{bmatrix}$$

Für den Eingabevektor 4 haben wir für Bündeleinheit 1,

$$d_1 = (0{,}625 - 0{,}1)^2 + (0{,}775 - 0{,}1)^2 + (0{,}75 - 0{,}3)^3 = 0{,}93$$

und für Bündeleinheit 2,

$$d_2 = (0{,}35 - 0{,}10)^2 + (0{,}30 - 0{,}10)^2 + (0{,}30 - 0{,}30)^2 = 0{,}10$$

Einheit 2 liegt am nächsten und daher sind die neuen Gewichte

$$\begin{bmatrix} 0{,}625 & 0{,}225 \\ 0{,}775 & 0{,}200 \\ 0{,}750 & 0{,}300 \end{bmatrix}$$

3.2.3 WEITERE PUNKTE ZU SOFMS

Manchmal ist es hilfreich, den Winkel zwischen Vektoren als Maße für die Ähnlichkeit zu verwenden. Betrachten Sie Abbildung 3.19. Der Vektor **a** ist näher zum Prototyp $\mathbf{p}_1$ bezüglich des euklidischen Abstands, doch näher zu Prototyp $\mathbf{p}_2$ bezüglich des Winkels. Das Punkt-Produkt, manchmal auch als inneres Produkt oder Skalarprodukt bezeichnet, der Vektoren

$$\mathbf{v} = [v_1 \; v_2 \; \ldots \; v_n] \quad \text{und} \quad \mathbf{w} = [w_1 \; w_2 \; \ldots \; w_n]$$

ist definiert durch:

$$\mathbf{v} \cdot \mathbf{w} = [v_1 w_1 \; v_2 w_2 \; \ldots \; v_n w_n]$$

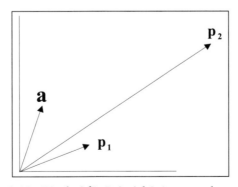

Abbildung 3.19: Die drei für Beispiel 3.4 verwendeten Vektoren.

Der Winkel zwischen den Nicht-Null-Vektoren **v** und **w** ist:

$$\cos^{-1}\left(\frac{\mathbf{v}\cdot\mathbf{w}}{\|\mathbf{v}\|\|\mathbf{w}\|}\right)$$

Die Norm oder Größe des Vektors ist $\|v\| = \sqrt{v_1^2 + v_2^2 + \cdots + v_n^2}$. Ein Vektor kann auf die Einheitslänge normalisiert werden, indem jedes seiner Elemente durch seine Norm dividiert wird. Werden die Vektoren normalisiert, ergibt sich der gewinnende Prototypenindex für ein Eingabemuster aus:

$$\text{index}(\mathbf{x}) = \max\{\mathbf{p}_j \cdot \mathbf{x}\} \qquad \text{for all } j$$

Die Vorgehensweise zum Trainieren einer SOFM, unter Verwendung des Punkt-Produkts zur Ermittlung der Ähnlichkeit, entspricht der vorherigen Vorgehensweise, mit Ausnahme der Gewichtsaktualisierungen, die sich folgendermaßen ergeben:

$$w_j(n+1) + \frac{w_j(n) + \eta x}{\|w_j(n) + \eta x\|}$$

Auf diese Weise werden die Gewichtsvektoren der Gewinnereinheit geändert, indem ein Bruchteil des Eingangsvektors hinzugefügt und anschließend die Gewinnereinheit normalisiert wird.

BEISPIEL 3.4

Angenommen, die Vektoren in Abbildung 3.19 sind:

$$\mathbf{a} = [1 \ 4]$$
$$\mathbf{p}_1 = [2 \ 1]$$
$$\mathbf{p}_2 = [6 \ 6]$$

a. Zeigen Sie, unter Verwendung des Punkt-Produkts, dass **a** näher zu $\mathbf{p}_2$ liegt.
b. Angenommen, $\mathbf{p}_2$ ist der Gewinnerprototyp in einer SOFM, zeigen Sie wie $\mathbf{p}_2$ sich bewegt, wenn **a** zweimal in Folge vorgestellt wird (d. h. behandeln Sie das Problem, als existiere kein weiteres Trainingsmuster). Dabei sei $\eta = 1$.

LÖSUNG

a. Die normalisierten Punkt-Produkte sind

$$\mathbf{a}\mathbf{p}_1^T = \frac{(1\times 2)+(4\times 1)}{\sqrt{1^2+4^2}\sqrt{2^2+2^2}} = 0{,}651$$

$$\mathbf{a}\mathbf{p}_2^T = \frac{(1\times 6)+(4\times 6)}{\sqrt{1^2+4^2}\sqrt{6^2+6^2}} = 0{,}857$$

Also ist $\mathbf{p}_2$ näher. Beachten Sie, dass **a**$\mathbf{p}$jT zur Darstellung des normalisierten Produkts verwendet wird, wobei der hochgestellte Index die Transposition eines Vektors darstellt.

b. Die normalisierten Vektoren sind

$$\mathbf{a} = [1/\sqrt{17} \quad 4/\sqrt{17}]$$
$$\mathbf{p}_2 = [6/\sqrt{72} \quad 6/\sqrt{72}]$$

Für die erste Präsentation

$$\mathbf{p}_2(n+1) = \frac{[6/\sqrt{72} + 1/\sqrt{17} \quad 6/\sqrt{72} + 4/\sqrt{17}]}{\sqrt{(6/\sqrt{72} + 1/\sqrt{17})^2 + (6/\sqrt{72} + 4/\sqrt{17})^2}}$$
$$= [0,493 \quad 0,870]$$

Für die zweite Vorstellung

$$\mathbf{p}_2(n+2) = \frac{[0,793 + 1/\sqrt{17} \quad 0,870 + 4/\sqrt{17}]}{\sqrt{(0,493 + 1/\sqrt{17})^2 + (0,870 + 4/\sqrt{17})^2}}$$
$$= [0,371 \quad 0,928]$$

Kohonen (1990) gibt eine Reihe praktischer Tipps zum Trainieren einer SOFM. Während der ersten 1.000 Iterationen sollte die Lernrate nahe bei Eins beginnen und sich anschließend schrittweise verringern. Die exakte Methode zum Verringern der Lernrate ist nicht entscheidend und kann linear, exponentiell oder umgekehrt proportional zur Anzahl der Iterationen sein. Das Ordnen der Karte geschieht während dieser Initialphase. Nach der Ordnungsphase sollte die Lernrate während einer langen Periode auf einem niedrigen Wert gehalten werden (sagen wir 0,1 oder weniger), während dabei die Feinabstimmung der Karte stattfindet.

Der Radius sollte bei einem hohen Wert beginnen (er kann z. B. größer sein als der halbe Durchmesser der Karte) und sollte während der ersten 1.000 Iterationen linear abnehmen. Danach kann der Radius bei Eins oder Null gehalten werden. Die Anzahl der Iterationen sollte hoch sein, typischerweise zwischen 10.000 und 100.000.

3.3 EIN EXPERIMENT

In Kapitel 2 hatten wir es unter Verwendung von überwachtem Training geschafft, ein vorwärtsgerichtetes Netz auf das Erkennen von vier Zeichen {A, B, C, D} zu trainieren. Die Trainingszeichen werden noch einmal in Abbildung 3.20 gezeigt. Wir werden nun ein Experiment unter Verwendung derselben neun Trainingsmuster betrachten.

Das Experiment wurde so konzipiert, dass es einfach nur demonstriert, wie eine SOFM die Trainingsinstanzen bündelt. Dazu wurde ein quadratisches Gitter mit insgesamt neun Einheiten gewählt. Der Startradius wurde auf 3 und die Lernrate auf 1 gesetzt. Das Netz wurde während 3.000 Durchläufen durch alle Muster trainiert. Tabelle 3.1 zeigt, wie die Zeichen zum Ende des Trainings gebündelt wurden. Jede Zelle in der Tabelle entspricht einer Einheit in dem Gitter.

Die Zeichenbilder sind Gitter der Größe 16 x 16, was insgesamt 256 Eingaben zu jeder Einheit ergibt. Nachdem das Netz konvergiert ist, erwarten wir von jeder Einheit, dass sie sich als Prototyp für die Muster erweist, die dieser Einheit zugewiesen werden. Wenn wir die Gewichtsvektoren als Bild zeichnen, könnten wir erwarten, dass das Bild einer Einheit ähnlich aussieht wie die Muster, für die es den Prototyp darstellt. Die Vorgehensweise zum Zeichnen ist einfach: Die originalen Bit-Raster verwendeten 0 zum Darstellen eines weißen Pixels und 1 zum Darstellen eines schwarzen Pixels. Daher werden alle Gewichte der Einheiten Werte zwischen 0 und 1 besitzen. Jedes Gewicht ist mit einem einzelnen Pixel in dem originalen Raster assoziiert, und wir können so jedes Gewicht als Graustufenwert zwischen 0 und 1 sehen (da Graustufen tatsächlich im Bereich zwischen 0 und 255 liegen, müssen die Gewichte in denselben Bereich skaliert werden).

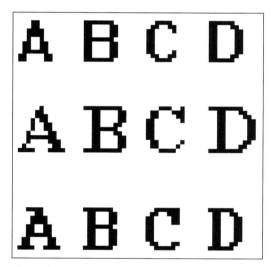

Abbildung 3.20: Jede Zeile von Zeichen wird mit einer anderen Schriftart gezeichnet.

A1		B1
A2		D1
A3		B3
		D3
B2		C1
D2		C2
		C3

Tabelle 3.1: Die Einheiten der SOFM, denen die Zeichen zugeordnet wurden: Die Zahlen stellen unterschiedliche Schriftarten dar.

Bei Betrachtung von Abbildung 3.21, die die Bilder der Gewichte jeder Einheit zeigt, werden Sie feststellen, welcher Einheit ein Muster wohl zugewiesen wird. In diesem Experiment haben sich sowohl alle A's als auch alle C's gebündelt. Die B's und D's weisen ähnliche Formen auf und haben sich ebenfalls gebündelt. Im Idealfall könnten wir hoffen, dass alle B's und D's sich ebenfalls bei getrennten Einheiten bündeln. Bei Problemen der realen Welt jedoch gibt das Bündeln lediglich einen Hinweis auf die Ähnlichkeit und ist keinesfalls als narrensichere Lösung zu verstehen.

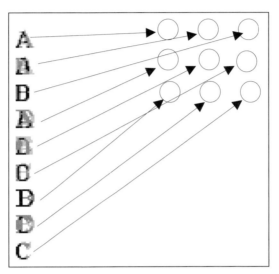

Abbildung 3.21: Diese Abbildung zeigt die Gewichte einer Einheit als Grauwert.

Noch dazu kategorisieren wir Objekte je nach Kontext unterschiedlich. Buchrücken können beispielsweise als Büroausrüstung oder vielleicht als Verzierungen angesehen werden, wenn bei ihrer Anfertigung der visuelle Aspekt im Vordergrund stand. Das Netz hat uns etwas über die Zeichen gezeigt, ohne dass wir dazu dem Netz irgendetwas über diese Zeichen mitteilen mussten (das Netz wurde nicht überwacht). Das Netz hat uns gezeigt, dass sechs der Muster (die A's und C's) in zwei völlig unterschiedliche Gruppen fallen. Als „Tiere mit gutem Sehvermögen" sind wir selbstverständlich in der Lage, die Ähnlichkeit von Bildern zu erkennen. Der Punkt ist jedoch, dass wir unter Umständen Daten analysieren, die sehr viele Merkmale aufweisen und deshalb nicht auf solch einfache Weise visualisiert werden können. Wenn wir nicht wissen, wie wir solche Daten klassifizieren sollen, dann kann sich ein Netz wie die selbstorganisierende Karte von Kohonen als sehr hilfreich erweisen.

3.4 ZUSAMMENFASSUNG

Ein neuronales Netz kann so konzipiert werden, dass es Daten in einem Wettbewerbsvorgang bündelt. Die Einheiten eines Netzes können auch einem selbstorganisierenden Vorgang unterzogen werden, so dass sie, wenn sie in den Eingaberaum gezeichnet werden, die Topologie der Trainingsdaten nachbilden. Gängigerweise werden zwei Formen von Ähnlichkeitsmaßen verwendet: Der euklidische Abstand zwischen Vektoren und der Winkel zwischen Vektoren.

Eine selbstorganisierende Merkmalskarte weist die folgenden Eigenschaften auf:

- Alle Bündeleinheiten sind mit den Eingabeeinheiten verbunden. Die Eingabeeinheiten haben die Funktion, die Eingabemerkmale eines Musters an alle Bündeleinheiten zu verteilen.
- Während des Trainings konkurrieren Einheiten um ein Muster. Die Gewinnereinheit, d. h. die dem Eingabemuster am nächsten gelegene Einheit, passt ihre Gewichte so an, dass sie dem aktuellen Eingabemuster näher liegt (oder ähnlicher wird).
- Es gibt zwei Lernphasen. Während der ersten Phase ist es den Einheiten, die Nachbarn der Gewinnereinheit sind, gestattet, ihre Gewichte zu aktualisieren. Die Nachbarschaft von Einheiten, die ihre Gewichte aktualisieren dürfen, verringert sich während der ersten Phase. Während der zweiten Phase werden alle Gewichte in kleinen Schritten angepasst, bis das Netz konvergiert.
- Ist das Training abgeschlossen, kann das Netz verwendet werden, um unbekannte Muster anhand ihrer Ähnlichkeit zu Mustern, mit denen das Netz trainiert wurde, zu klassifizieren.

3.5 WEITERFÜHRENDE LITERATUR

Kohonen (1990) bietet eine Reihe interessanter Beispiele für den selbstorganisierenden Vorgang und praktische Tipps für die Verwendung von SOFMs. Kohonens Artikel ist ebenfalls eine gute Quelle für andere Studien zu SOFMs. Hecht-Nielsen (1990) bietet einen guten Überblick über Wettbewerbs-Lernen. Eine weitere Form des bündelnden Netzes mit weitreichendem Anwendungsgebiet ist die adaptive Resonanztheorie. Sie wurde von Carpenter und Grossberg (1987) entwickelt, doch für eine gute Einführung sei der Leser auf Fausett (1994) verwiesen.

3.6 ÜBUNGEN

1. Die Vektoren **x**, $\mathbf{p}_1$ und $\mathbf{p}_2$ ergeben sich aus:
$$\mathbf{x} = [0{,}2 \ -1{,}4 \ \ 2{,}3]$$
$$\mathbf{p}_1 = [0{,}6 \ -4{,}0 \ \ 7{,}0]$$
$$\mathbf{p}_2 = [0{,}1 \ -1{,}0 \ \ 2{,}2]$$

   a. Welcher Prototyp liegt **x** am nächsten bezüglich des euklidischen Abstands?
   b. Welcher Prototyp liegt **x** am nächsten bezüglich des Punkt-Produkts?
   c. Passen Sie den Gewichtsvektor des Gewinnerprototyps in (a) gemäß dem SOFM-Lernalgorithmus mit einer Lernrate von 0,8 an.
   d. Passen Sie den Gewichtsvektor des Gewinnerprototyps in (b) gemäß dem SOFM-Lernalgorithmus für das Punkt-Produkt mit einer Lernrate von 0,8 an.
   e. Wiederholen Sie Frage 1 für die folgenden Vektoren:
$$\mathbf{x} = [0{,}2 \ -1{,}4 \ -0{,}3 \ \ 0{,}8]$$
$$\mathbf{p}_1 = [0{,}3 \ -3{,}0 \ \ 1{,}0 \ \ 0{,}2]$$
$$\mathbf{p}_2 = [0{,}4 \ -1{,}4 \ -2{,}0 \ \ 3{,}0]$$

2. Die Lernrate in einer SOFM verringert sich während der ersten 1.000 Iterationen nach dem Gesetz
$$\eta(n) = 0{,}15\left(1 - \frac{n}{1000}\right)$$

Hierbei ist n die Iteration.

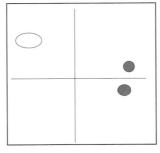

Abbildung 3.22: Zwei Datenbündel und Prototypen für eine SOFM.

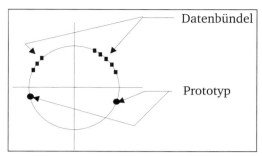

Abbildung 3.23: Vektoren auf dem Einheitskreis.

a. Wie viele Iterationen werden benötigt, um die Lernrate auf 0.003 fallen zu lassen?
b. Warum ist dieses Gesetz keine gute Wahl?
c. Abbildung 3.22 zeigt zwei Datenbündel (schattiert). Der nicht-schattierte Bereich im oberen linken Quadranten enthält eine Anzahl von Prototypen (Gewichtsvektoren der Einheiten) als Initialzustände für eine SOFM. Ausgehend von einem Radius von Null, beschreiben Sie was mit der Organisation der Merkmalskarte passiert, wenn sie mit diesen Daten trainiert wird.
d. Die Vektoren aus Abbildung 3.23 liegen alle auf dem Einheitskreis. Angenommen, die Vektoren werden immer so gewählt, dass sie auf dem Kreis liegen. Besteht ein Unterschied bei der Ermittlung des Gewinnerprototyps mit dem euklidischen Abstand oder mit dem Punkt-Produkt? Erläutern Sie Ihre Überlegung.
e. Zeigen Sie, dass für einen Vektor **x** das Herausfinden der Gewinnereinheit unter Verwendung des Kriteriums des minimalen euklidischen Abstands identisch ist mit der Verwendung des maximalen Kriteriums des Punkt-Produkts für normalisierte Vektoren. (*Tipp*: Die Gewinnereinheit unter Verwendung des euklidischen Abstands kann als min $\{\|\mathbf{x} - \mathbf{p}_j\|\}$ ausgedrückt werden.) Erweitern Sie den Ausdruck und vergleichen Sie ihn mit der normalisierten Definition des Punkt-Produkts).
f. Eine lineare SOFM mit drei Einheiten wurde auf dem XOR-Problem unter Verwendung von 0,1 und 0,9 für 0 bzw. 1 für die vier Trainingsmuster trainiert. Die SOFM wurde unter Verwendung des Punkt-Produkts trainiert und die resultierenden Gewichte sind unten aufgeführt. Finden Sie heraus, wie die Muster bündeln.

Einheit 1	Einheit 2	Einheit 3
0,110	0,707	0,994
0,994	0,707	0,110

3. Das MAXNET (siehe Lippmann, 1987) ist ein kompetitives neuronales Netz, das zum Ermitteln der Netzeinheit mit der größten Eingabe verwendet werden kann. Jede Einheit ist mit jeder anderen Einheit über bidirektionale Gewichte verbunden, und eine Einheit ist mit sich selbst verbunden. Alle Gewichte werden auf denselben Wert gesetzt. Davon ausgenommen sind die Selbstverbindungen, die auf 1 gesetzt werden:

$$w_{ij} = \begin{cases} 1 & if\ i = j \\ -\omega & if\ i \neq j \end{cases}$$

Hierbei ist $0 < \omega < 1/N$ und N ist die Anzahl der Netzeinheiten.

Die Aktivierung einer Einheit wird auf den gleichen Wert wie deren Eingabe gesetzt, insofern die Eingabe größer als Null ist, andernfalls wird die Aktivierung auf Null gesetzt. Eine Einheit empfängt ein gewichtetes Signal von jeder anderen Einheit und von sich selbst. Eine Einheit ändert ihre Aktivierung solange nicht, bis die Iteration beendet ist. Jede Einheit aktualisiert kontinuierlich, bis nicht mehr als eine Einheit eine von Null verschiedene Aktivierung aufweist.

Abbildung 3.24 zeigt die Aktivierungen von drei Einheiten, wobei die Gewichte gemäß der oben angegebenen Regel initialisiert wurden.

Bei der ersten Iteration ist die Eingabe zur ersten Einheit 0,5 + 0,20 × –0,5 + 0,6 × –0,5 = 0,1. Die neue Aktivierung ist 0,1, da der Eingang größer als Null ist. Die Einheit behält ihre Aktivierung von 0,5 bis zum Ende der ersten Iteration bei. Die Eingabe zur zweiten Einheit ist 0,2 + 0,5 × –0,5 + 0,6 × –0,5 = –0,35. Die neue Aktivierung ist Null, da die Eingabe kleiner als Null ist. Die Einheit behält seine Aktivierung von 0,2 bis zum Ende der ersten Iteration bei. Die Eingabe zur dritten Einheit ist 0,6 + 0,5 × –0,5 + 0,2 × –0,5 = 0,25. Die neue Aktivierung ist 0,25, da die Eingabe größer als Null ist. Alle Einheiten können nun ihre Aktivierung ändern.

Bei der zweiten Iteration ist die Eingabe zur ersten Einheit 0,1 + 0 + 0,25 × –0,5 = –0,025. Daher wird die neue Aktivierung nach Ende der Iteration Null sein. Die Eingabe zur zweiten Einheit muss kleiner als Null sein. Die Eingabe zur dritten Einheit ist 0,25 + 0,1 × –0,5 + 0 = 0,2. Die einzige Einheit mit einer Aktivierung ungleich Null ist Einheit 3. Daher stoppt der Vorgang, und der Gewinner heißt Einheit 3.

Wiederholen Sie das obige Beispiel unter Verwendung von Aktivierungen von 0,7, bzw. 0,6, bzw. 0,3.

4. Zeigen Sie, wie ein MAXNET auf Frage 8 angewandt werden könnte, um die Gewinnereinheit zu ermitteln.

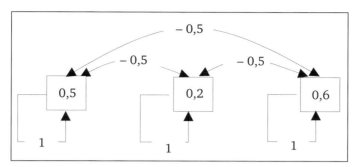

Abbildung 3.24: Die Aktivierungen der drei Einheiten.

5. Ein MAXNET besteht aus acht Einheiten. Skizzieren Sie das Netz und markieren Sie darauf entsprechende Gewichte. Zeigen Sie, dass das Netz für eine Kombination von Aktivierungen, die Sie festlegen, wie gewünscht funktioniert.

6. Wenn eine SOFM unter Verwendung eines hexagonalen Gitters konstruiert wird und die Gewinnereinheit eine Einheit in der Mitte des Gitters ist, wie viele Einheiten werden dann aktualisiert, wenn der Radius 1 ist, und wie viele Einheiten werden aktualisiert, wenn der Radius 2 ist?

4
MUSTERASSOZIATION

Lernziele
Einführung in Assoziativspeicher.

Sie sollten in der Lage sein:
- Den Unterschied zwischen autoassoziativen und heteroassoziativen Netze zu beschreiben.
- Das diskrete Hopfield-Netz und das bidirektionale assoziative Netz bis zu einem Grad zu verstehen, der Ihnen ermöglicht, diese Netze mithilfe eines Tabellenkalkulationsprogramms oder in einer Programmiersprache Ihrer Wahl zu simulieren.
- Zu beschreiben, wie ein Backpropagation-Netz für die Autoassoziation verwendet werden kann.
- Zu erläutern, wie Datenkomprimierung unter Verwendung des Autoassoziativnetzes durchgeführt werden kann.

Voraussetzungen
Grundlagen der linearen Algebra im Anhang A. Kapitel 1.

4.1 EINFÜHRUNG

Wir sind alle mit dem Konzept der Assoziation vertraut: Ein englisches Wort kann mit einem französischen Wort assoziiert sein. Wir können einen Namen mit dem Bild eines Freundes assoziieren, und wir können es sogar schaffen, das verschwommene Bild eines Objekts mit dem realen Objekt zu assoziieren. In Kapitel 2 wurde eine Form des assoziativen Lernens eingeführt, in der für jedes Trainingsmuster ein gewünschtes Ausgabemuster vorhanden ist. In diesem Kapitel werden wir uns mit dem Speichern von Musterpaaren befassen. Das Konzept dabei ist, dass wir ein vollständiges Muster aus dem Speicher wieder abrufen können, auch wenn wir nicht über die gesamten Informationen verfügen, die für das Suchen eines gespeicherten Musters erforderlich sind. Wenn Sie beispielsweise ein Buch in einer Bibliothek finden möchten, aber sich nicht an den Titel erinnern, können Sie statt dessen das assoziierte Element (hoffentlich!) wieder auffinden, wenn Sie lediglich über den Namen des Autors und eine Beschreibung des Themengebiets verfügen.

Wenn ein Paar von assoziierten Mustern gespeichert werden soll, und beide Muster identisch sind, wird der Speicher als *autoassoziativ* bezeichnet, wohingegen bei zwei unterschiedlichen Mustern der Speicher als *heteroassoziativ* bezeichnet wird. Dieses Kapitel ist drei neuronalen Netzen zur Assoziation von Mustern gewidmet.

4.2 DAS DISKRETE HOPFIELD-NETZ

Das Hopfield-Netz ist ein autoassoziatives Netz, das wie ein Speicher arbeitet, und ein gespeichertes Muster auch dann wieder auffinden kann, wenn es mit einer verrauschten Version dieses Musters aufgerufen (d. h. als Eingabe präsentiert) wird. Das Netz kann beispielsweise eine Reihe von Buchstaben speichern, und wenn dem Netz ein verrauschte Version eines gespeicherten Buchstabens präsentiert wird, sollte es in der Lage sein, die saubere Version abzurufen. Das diskrete Hopfield-Netz besitzt die folgenden Eigenschaften:

- Eine einzige Schicht mit Einheiten (Eingabeeinheiten, die ein initiales Eingangsmuster präsentieren, sind nicht enthalten).
- Alle Einheiten haben Verbindungen zu jeder anderen Einheit, aber die Einheiten sind nicht mit sich selbst verbunden.
- Zu jedem Zeitpunkt wird nur eine Einheit aktualisiert – im Gegensatz zum Backpropagation-Netz beispielsweise, bei dem jede Einheit in einer Schicht bei der Implementierung von paralleler Hardware gleichzeitig aktualisiert werden kann.
- Die Einheiten werden in einer zufälligen Reihenfolge aktualisiert, doch jede Einheit muss mit der gleichen mittleren Häufigkeit aktualisiert werden. Mit anderen Worten, bei einem Netz mit 10 Einheiten sollte jede Einheit nach 100 Aktualisierungen ca. 10-mal aktualisiert worden sein.
- Die Ausgabe einer Einheit ist auf 0 oder 1 beschränkt.

Das Hopfield-Netz ist rekurrent, d. h. dass für ein bestimmtes Eingabemuster die Ausgabe des Netzes wieder als Eingabe eingespeist wird, bis ein stabiler Zustand erreicht ist. Ein Beispiel für ein Hopfield-Netz wird in Abbildung 4.1 gezeigt. Es ist einfacher, sich ein Hopfield-Netz ohne Eingabeeinheiten vorzustellen, da ein Eingabevektor einfach die initiale Aktivierung jeder Einheit definiert. Wenn beispielsweise die Eingänge binär sind, dann bedeutet der Eingabevektor [1 1 0 1], dass die Aktivierungen für die Einheiten {l, 2, 4} und {3} 1 bzw. 0 sind. Eine Einheit wird aktualisiert, wenn alle anderen Einheiten ihre Aktivierungen über die ankommenden gewichteten Verbindungen übertragen, und anschließend die übliche Aufsummierung der Produkte berechnet worden ist (mithilfe des Punkt-Produkts). Die Aktivierung einer Einheit wird unter Verwendung einer Aktivierungsregel berechnet. Jede Einheit in einem Hopfield-Netz besitzt einen Zustand, der einfach dem an andere Einheiten zu sendende Aktivierungswert entspricht. Der Zustand des Netzes besteht zu jedem Zeitpunkt aus dem Vektor der Zustände aller Einheiten.

Mit dem Hopfield-Netz können binäre Eingaben verwendet werden, doch die hier präsentierte Form verwendet +1, um den Zustand „ein", und –1 um den Zustand „aus" darzustellen. Die Netzeingabe zu einer Einheit wird folgendermaßen berechnet:

$$net_j = \sum_{i=1}^{n} s_i w_{ij}$$

Hierbei ist s_i der Zustand der Einheit i. Wird eine Einheit aktualisiert, muss ihr Zustand entsprechend der folgenden Regel aktualisiert werden:

$$s_j = \begin{cases} +1 & \text{if } net_j > 0 \\ -1 & \text{if } net_j < 0 \end{cases}$$

Die obige Relation wird als *Signum*-Funktion bezeichnet und kann folgendermaßen abgekürzt werden:

$$s_j = \operatorname{sgn}(net_j)$$

Wenn die Netzeingabe gleich Null ist, dann verbleibt die Einheit in dem Zustand, in dem sie sich vor der Aktualisierung befand.

Die Funktionsweise des Netzes ist sehr einfach. Ein Eingabevektor stellt den initialen Zustand jeder Einheit dar. Eine Einheit wird zufällig zum Aktualisieren ausgewählt. Die ausgewählte Einheit empfängt ein gewichtetes Signal von allen anderen Einheiten und aktualisiert ihren Zustand. Anschließend wird eine andere Einheit ausgewählt und der Vorgang wiederholt. Das Netz hat konvergiert, wenn keine Einheit beim Aktualisieren ihren Zustand ändert.

Die Gewichte eines Hopfield-Netzes werden direkt anhand von Trainingsdaten bestimmt, ohne dass dafür ein Training im konventionellen Sinne erforderlich wäre. Das Hopfield-Netz funktioniert wie ein Speicher, und zum Speichern eines einzelnen Vektors wird das äußere Produkt des Vektors mit sich selbst genommen. Diese Operation erzeugt eine Matrix, die die Gewichte für ein Hopfield-Netz definiert, insofern alle Diagonal-Elemente auf Null gesetzt wurden (weil die Diagonal-Elementen die Verbindungen der Einheiten mit sich selbst definieren, und eine Einheit keine Verbindungen mit sich selbst hat). Daher ergibt sich die Gewichtsmatrix zum Speichern eines Vektors **x** aus:

$$\mathbf{W} = \mathbf{x}^T \mathbf{x}$$

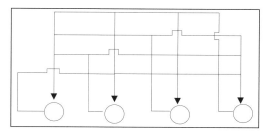

Abbildung 4.1: Ein Hopfield-Netz mit vier Einheiten. Für jedes Element im Eingabevektor ist eine Einheit vorhanden. Jede Einheit stellt eine Verbindung zu jeder anderen Einheit her, doch eine Einheit stellt keine Verbindung zu sich selbst her. Die Verbindungen sind bidirektional.

BEISPIEL 4.1

Bestimmen Sie die Gewichte eines Hopfield-Netzes zum Speichern des folgenden Musters heraus:

[1 −1 1 1]

LÖSUNG

$$\begin{bmatrix} 1 \\ -1 \\ 1 \\ 1 \end{bmatrix} \begin{bmatrix} 1 & -1 & 1 & 1 \end{bmatrix} = \begin{bmatrix} 1 & -1 & 1 & 1 \\ -1 & 1 & -1 & -1 \\ 1 & -1 & 1 & 1 \\ 1 & -1 & 1 & 1 \end{bmatrix}$$

Die Gewichte sind daher:

$$\mathbf{W} = \begin{bmatrix} 0 & -1 & 1 & 1 \\ -1 & 0 & -1 & -1 \\ 1 & -1 & 0 & 1 \\ 1 & -1 & 1 & 0 \end{bmatrix}$$

Die erste Spalte führt alle Gewichte auf, die eine Verbindung zur ersten Einheit herstellen, Spalte 2 zur zweiten Einheit etc. Wenn das Netz mit dem Muster [1 −1 1 1] aufgerufen wird, verbleiben alle Einheiten in dieser Instanz nach der Aktualisierung auf demselben Zustand. Der Aufruf definiert den initialen Zustand jeder Einheit, daher besitzt die zweite Einheit in diesem Beispiel den Zustand −1, und alle anderen Einheiten besitzen den Zustand 1. Die erste Einheit wird aktualisiert, indem der Eingabevektor mit der ersten Spalte in der Gewichtsmatrix multipliziert wird:

$$\begin{bmatrix} 1 & -1 & 1 & 1 \end{bmatrix} \begin{bmatrix} 0 \\ -1 \\ 1 \\ 1 \end{bmatrix} = 3, \quad \mathrm{sgn}(3) = 1$$

Daher verbleibt die erste Einheit in demselben Zustand, und alle anderen Einheiten würden nach einer Aktualisierung ebenfalls in demselben Zustand verbleiben.

BEISPIEL 4.2

Bestimmen Sie den stabilen Zustand des Hopfield-Netzes aus Beispiel 4.1, wenn es mit folgendem Muster aufgerufen wird:

$$[-1\ -1\ 1\ 1]$$

LÖSUNG

Die Einheiten sollen in einer zufälligen Reihenfolge aktualisiert werden. Als Beispiel werden die Einheiten in der Reihenfolge 3, 4, 1, 2 aktualisiert. Zuerst Einheit 3:

$$\begin{bmatrix}-1 & -1 & 1 & 1\end{bmatrix}\begin{bmatrix}0\\-1\\0\\1\end{bmatrix}=1,\ \mathrm{sgn}(1)=1$$

Daher verbleibt Einheit 3 in demselben Zustand. Anschließend Einheit 4:

$$\begin{bmatrix}-1 & -1 & 1 & 1\end{bmatrix}\begin{bmatrix}0\\-1\\1\\0\end{bmatrix}=1,\ \mathrm{sgn}(1)=1$$

Daher verbleibt Einheit 4 in demselben Zustand. Jetzt ist Einheit 1 an der Reihe:

$$\begin{bmatrix}-1 & -1 & 1 & 1\end{bmatrix}\begin{bmatrix}0\\-1\\1\\1\end{bmatrix}=3,\ \mathrm{sgn}(3)=1$$

Daher ändert Einheit 1 ihren Zustand von 1 auf 1. Schließlich Einheit 2:

$$\begin{bmatrix}-1 & -1 & 1 & 1\end{bmatrix}\begin{bmatrix}-1\\0\\-1\\-1\end{bmatrix}=-3,\ \mathrm{sgn}(-3)=-1$$

Daher verbleibt Einheit 2 in demselben Zustand. Wir sehen, dass der ursprünglich gespeicherte Vektor, der einen stabilen Zustand des Netzes darstellt, wiederhergestellt wurde. Wir sollten nochmals sicher gehen, dass es sich um einen stabilen Zustand handelt, indem wir alle Einheiten noch einmal aktualisieren und überprüfen, ob eine Zustandsänderung erfolgt.

Die Vorgehensweise zum Speichern von mehr als einem Muster in einem Hopfield-Netz ist selbsterklärend: Es wird das äußere Produkt für jeden Vektor ermittelt und alle sich daraus ergebende Matrizen aufaddiert.

BEISPIEL 4.3

Definieren Sie die Hopfield-Gewichtsmatrix zum Speichern der folgenden 2 Vektoren:

$$[-1\ 1\ -1]$$
$$[1\ -1\ 1]$$

LÖSUNG

Die Gewichtsmatrix ist:

$$\mathbf{W} = \begin{bmatrix} -1 \\ 1 \\ -1 \end{bmatrix} [-1\ 1\ -1] + \begin{bmatrix} 1 \\ -1 \\ 1 \end{bmatrix} [1\ -1\ 1]$$

$$= \begin{bmatrix} 1 & -1 & 1 \\ -1 & 1 & -1 \\ 1 & -1 & 1 \end{bmatrix} + \begin{bmatrix} 1 & -1 & 1 \\ -1 & 1 & -1 \\ 1 & -1 & 1 \end{bmatrix}$$

$$= \begin{bmatrix} 0 & -2 & 2 \\ -2 & 0 & -2 \\ 2 & -2 & 0 \end{bmatrix}$$

Die Diagonal-Elemente wurden auf Null gesetzt.

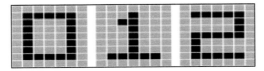

Abbildung 4.2: Drei von einem Hopfield-Netz gespeicherte Muster. Ein schwarzes Pixel wird als 1 und ein graues als –1 aufgezeichnet.

EXPERIMENT

Zum Speichern der drei Muster aus Abbildung 4.2 wurde ein Hopfield-Netz verwendet. Jedes Muster wurde als Folge von bipolaren Werten behandelt, dabei stellt 1 schwarz und −1 grau dar. Eine Folge besitzt 63 Elemente, und daher enthielt das Netz 63 Einheiten und 63 x 63 − 63 Gewichte (die Anzahl an Gewichten aus dem äußeren Produkt abzüglich der auf Null gesetzten Diagonal-Elemente). Nach dem Definieren der Gewichte wurde eine verrauschte Version der Ziffer „1" zum Aufrufen des Netzes verwendet. Die Muster, die aus einer Reihe von Iterationen entstanden sind, sind in Abbildung 4.3 dargestellt.

Das obige Experiment hat demonstriert, wie ein gespeichertes Muster korrekt wiederhergestellt wird, wenn eine verzerrte Version dieses Musters präsentiert wurde. Manchmal kommt es auch vor, dass ein Hopfield-Netz einen inkorrekten Zustand erreicht, z. B. wenn es ein falsches Muster wiederherstellt oder eine verrauschte Version des korrekten Musters ermittelt (so dass das wiederhergestellte Muster unter Umständen wieder erkennbar, aber immer noch verrauscht ist).

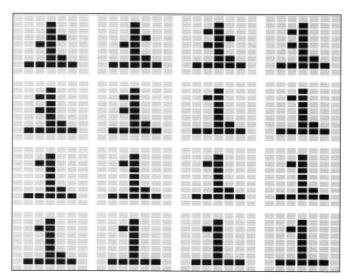

Abbildung 4.3: Das Aufrufmuster erscheint im ersten Kasten in der oberen linken Ecke. Jeder Kasten stellt zehn Iterationen des Netzes dar (d. h. zehn zufällige Aktualisierungen). Die fortlaufende Reihenfolge ist von links nach rechts und von oben nach unten.

Altes s_j	$\sum s_i w_{ij}$	Neues s_j	Δs_j	Energieänderung
pos	pos	pos	pos	neg
pos	neg	neg	neg	neg
neg	neg	neg	neg	neg
neg	pos	pos	pos	neg

Tabelle 4.1: Die Energie ändert sich, wenn der Zustand einer Einheit sich ändert.

Eine Reihe von Autoren haben Richtlinien für die Anzahl von Mustern hergeleitet, die in einem Hopfield-Netz gespeichert werden können. Eine dieser Richtlinien wird von Haykin (1994) folgendermaßen angegeben:

$$p_{max} = \frac{N}{2 \ln N}$$

Hierbei handelt es sich um die maximale Anzahl von Mustern, die gespeichert werden kann, wenn die meisten Muster eindeutig wiederhergestellt werden sollen. N ist die Anzahl der Netzeinheiten.

4.2.1 DIE ENERGIEFUNKTION

Hopfield (1984) hat durch Definieren einer Energiefunktion für das System bewiesen, dass sein Netz zu einem stabilen Aktivierungsmuster konvergiert. In unserer Präsentation ändert sich der Zustand einer Einheit anhand einer Schwelle von Null, und daher können wir eine vereinfachte Version der Energiefunktion von Hopfield vorstellen, die mit der von Haykin (1994) gegebenen Ähnlichkeiten aufweist:

$$E = -\frac{1}{2} \sum_j \sum_i s_j s_i w_{ij}$$

Wenn eine Einheit j ihren Zustand durch Δs_j ändert, ist die Energieänderung:

$$\Delta E = -\Delta s_j \sum_i s_i w_{ij}$$

Wir können diese Energieänderungen als eine Funktion von Δs_j und $\sum s_i w_{ij}$ betrachten. Tabelle 4.1 zeigt, dass das Vorzeichen von Δs_j dasselbe ist wie das von $\sum s_i w_{ij}$ und sich daher die Energie bei nachfolgenden Iterationen immer weiter verringern wird. Die erste Zeile zeigt beispielsweise, dass, wenn eine Einheit sich in einem positiven Zustand befindet und deren Netzeingabe größer als Null (positiv) ist, der neue Zustand positiv bleibt und daher die Energieänderung negativ sein wird.

4.3 BIDIREKTIONALER ASSOZIATIVSPEICHER

Ein Netz, das mit dem Hopfield-Netz viel gemeinsam hat, ist der von Kosko (1988) entwickelte bidirektionale Assoziativspeicher (bidirectional associative memory, BAM). Ein BAM ist ein heteroassoziatives rekurrentes Netz.

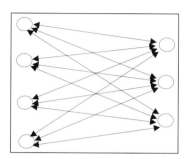

Abbildung 4.4: Ein bidirektionaler Assoziativspeicher. Die Einheiten auf der linken Seite stellen Muster der Dimension 4 dar, während die auf der rechten Seite die assoziierten Muster der Dimension 3 darstellen.

Das Netz speichert Musterpaare und ist in der Lage ein Muster abzurufen, wenn es mit einem assoziierten Muster aufgerufen wird. Es gibt zwei Schichten von Einheiten, eine für jedes Muster in einem Paar, und beide Schichten sind mit Gewichten verbunden, die bidirektional sind (d. h. sie können Aktivierungen in beiden Richtungen übertragen)(siehe Abbildung 4.4).

Wir werden uns hier nur mit dem diskreten bipolaren BAM befassen, doch es gibt auch eine Version, die kontinuierliche Werte verarbeiten kann. Um ein Muster **s** mit einem assoziierten Muster **t** zu speichern, wird das äußere Produkt zum Bestimmen der Gewichte herangezogen. Die Vorgehensweise entspricht der für das Hopfield-Netz, mit der Ausnahme dass die Matrix nicht quadratisch sein muss und die Diagonal-Elemente nicht auf Null gesetzt werden müssen. Die Gewichtsmatrix für ein Einzelpaar lautet:

$$\mathbf{W} = \mathbf{s}^T \mathbf{t}$$

Die Gewichte aus jedem Produkt werden aufsummiert und so wird mehr als ein Einzelpaar auf dieselbe Weise gespeichert wie im Hopfield-Netz.

Die Vorgehensweise zum Wiederauffinden eines Elements ist ähnlich wie beim Hopfield-Netz: In der folgenden Beschreibung ist i die eine Schicht von Einheiten und j die assoziierte Schicht von Einheiten.

❖ Die Aktivierungen von Schicht i mit dem Aufrufmuster festlegen.
❖ Die Aktivierung zu Schicht j propagieren. Die Netzeingabe zu einer Einheit in Schicht j ist

$$net_j = \sum_i s_i w_{ij}$$

- Den neuen Zustand für jede Einheit in Schicht j berechnen:

$$t_j = f(net_j)$$

- Die Aktivierung zu Schicht i propagieren. Die Netzeingabe zu einer Einheit in Schicht i ist:

$$net_i = \sum_j s_i w_{ij}$$

- Den neuen Zustand für jede Einheit in Schicht i berechnen:

$$s_i = f(net_i)$$

- Die bidirektionale Propagierung der Aktivierungssignale wiederholen, bis ein stabiler Zustand erreicht ist. Die Aktivierung für jede Schicht wird relativ zu einem Schwellenwert θ definiert:

$$t_j = f(net_j) = \begin{cases} 1 & \text{if } net_j > \theta_j \\ t_j & \text{if } net_j = \theta_j \\ -1 & \text{if } net_j < \theta_j \end{cases}$$

$$s_i = f(net_i) = \begin{cases} 1 & \text{if } net_i > \theta_i \\ s_i & \text{if } net_i = \theta_i \\ -1 & \text{if } net_i < \theta_i \end{cases}$$

Alle Einheiten im Netz beginnen mit einer Aktivierung von Null. Beachten Sie, dass die Propagierung in jeder Schicht beginnen kann, da **s** zum Wiederauffinden von **t** und umgekehrt verwendet werden kann.

BEISPIEL 4.4

1. Die drei in Abbildung 4.5 gezeigten Muster (die Bilder für 1, 2 und 3) sollen in einem bipolaren BAM gespeichert werden. Die assoziierten Muster sind die Zahlen im binären 3-Bit-Format (in das bipolare Format konvertiert). Tabelle 4.2 zeigt die assoziierten Muster. Bestimmen Sie die Gewichte für den BAM.
2. Zeigen Sie, dass jedes assoziierte Muster wiederaufgefunden werden kann.

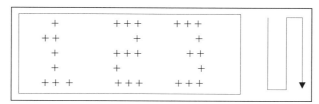

Abbildung 4.5: Jede Ziffer befindet sich auf einem 5 x 3-Gitter. Ein leeres Feld wird durch –1 und ein „+" durch 1 dargestellt. Die Ziffern werden durch ein lineares Array dargestellt, das von oben nach unten und von links nach rechts verläuft.

Muster	Assoziiertes Muster		
1	–1	–1	1
2	–1	1	–1
3	–1	1	1

Tabelle 4.2: Die Ziffern {1, 2, 3} werden mit bipolaren Mustern assoziiert.

LÖSUNG

1.

$$\mathbf{W} = \begin{bmatrix} -1 \\ 1 \\ -1 \\ -1 \\ 1 \\ 1 \\ 1 \\ 1 \\ 1 \\ 1 \\ -1 \\ -1 \\ -1 \\ -1 \\ -1 \end{bmatrix} \begin{bmatrix} -1 & -1 & 1 \end{bmatrix} + \begin{bmatrix} 3 \\ -3 \\ 1 \\ 1 \\ 1 \\ 1 \\ -3 \\ 1 \\ -3 \\ 1 \\ 3 \\ 3 \\ 3 \\ 1 \\ 1 \end{bmatrix} \begin{bmatrix} -1 & 1 & -1 \end{bmatrix} + \begin{bmatrix} 1 \\ 1 \\ -3 \\ -3 \\ 1 \\ 1 \\ 1 \\ 1 \\ 1 \\ 1 \\ -1 \\ -1 \\ -1 \\ 1 \\ 1 \end{bmatrix} \begin{bmatrix} -1 & 1 & 1 \end{bmatrix}$$

$$\therefore \mathbf{W} = \begin{bmatrix} -1 & 3 & -1 \\ 1 & -3 & 1 \\ 1 & 1 & -3 \\ 1 & 1 & -3 \\ -3 & 1 & 1 \\ -3 & 1 & 1 \\ 1 & -3 & 1 \\ -3 & 1 & 1 \\ 1 & -3 & 1 \\ -3 & 1 & 1 \\ -1 & 3 & -1 \\ -1 & 3 & -1 \\ -1 & 3 & -1 \\ -1 & 3 & -1 \\ 1 & 1 & 1 \\ -3 & 1 & 1 \end{bmatrix}$$

2. Das binäre Muster für das Ziffernmuster von „2" sollte zuerst wiederaufgefunden werden:

Netzeingaben zur Schicht j = [1 −1 1 1 1 1 −1 1 −1 1 1 1 1 −1 1]

$$\times \begin{bmatrix} -1 & 3 & -1 \\ 1 & -3 & 1 \\ 1 & 1 & -3 \\ 1 & 1 & -3 \\ -3 & 1 & 1 \\ -3 & 1 & 1 \\ 1 & -3 & 1 \\ -3 & 1 & 1 \\ 1 & -3 & 1 \\ -3 & 1 & 1 \\ -1 & 3 & -1 \\ -1 & 3 & -1 \\ -1 & 3 & -1 \\ -1 & 3 & -1 \\ 1 & 1 & 1 \\ -3 & 1 & 1 \end{bmatrix}$$

= [−21 27 −9]

Nimmt man den Schwellenwert, erhält man [–1 1 –1], das assoziierte Muster.

Das Muster [–1 1 –1] kann zum Aufruf verwendet werden:

Netzeingänge zur Schicht j = [–1 1 –1]

$$\times \begin{bmatrix} -1 & 3 & -1 \\ 1 & -3 & 1 \\ 1 & 1 & -3 \\ 1 & 1 & -3 \\ -3 & 1 & 1 \\ -3 & 1 & 1 \\ 1 & -3 & 1 \\ -3 & 1 & 1 \\ 1 & -3 & 1 \\ -3 & 1 & 1 \\ -1 & 3 & -1 \\ -1 & 3 & -1 \\ -1 & 3 & -1 \\ 1 & 1 & 1 \\ -3 & 1 & 1 \end{bmatrix}^T = \begin{bmatrix} 5 \\ -5 \\ 3 \\ 3 \\ 3 \\ 3 \\ -5 \\ 3 \\ -5 \\ 3 \\ 5 \\ 5 \\ 5 \\ -1 \\ 3 \end{bmatrix}^T$$

Das ursprüngliche Bildmuster erhält man, sobald der Vektor durch die Aktivierungsfunktion gereicht wird.

Wird derselbe Vorgang für die anderen Vektoren wiederholt, sieht man, dass alle Assoziierungen wiederaufgefunden werden.

4.4 AUTOASSOZIATIVE BACKPROPAGATION

Die Standardversion eines vorwärtsgerichteten Backpropagation-Netzes, wie sie in Kapitel 2 eingeführt wurde, kann autoassoziativ trainiert werden, um Aufgaben wie z. B. Bildkomprimierung durchzuführen. Die Technik besteht darin, ein Zielmuster zu erzeugen, das mit dem Trainingsmuster identisch ist, so dass das Netz lernt, an der Ausgabeschicht zu reproduzieren, was der Eingabeschicht präsentiert wird. Abbildung 4.6 beschreibt die Basisarchitektur. Das Netz wird mit der Standardmethode trainiert, außer dass die Aufgabe darin besteht, jedes Trainingsmuster mit sich selbst zu assoziieren. Nach erfolgreichem Abschluss des Trainings kann das Netz wie zwei Maschinen arbeiten: Die erste Schicht der Gewichte kann dazu dienen, ein Muster zu komprimieren, und die zweite Schicht dazu, das Muster vollständig anhand der komprimierten Darstellung zu rekonstruieren. Selbstverständlich ist bei der Rekonstruktion ein Verlust zu erwarten, da das Netz nicht alle Trainingsinstanzen perfekt an der Ausgabeschicht wiederherstellen wird. Ein Muster wird komprimiert, indem es der

Eingabeschicht präsentiert wird und die Signale zum Berechnen der Aktivierungen für jede verborgene Einheit propagiert werden. Bei einem Netz mit einer 20-10-20-Architektur (20 Eingabeeinheiten, 10 verborgene Einheiten und 20 Ausgabeeinheiten) ist das Kompressionsverhältnis 2-1, da die verborgenen Aktivierungen den komprimierten Vektor für den Eingangsvektor ergeben. Um den Eingabevektor wiederherzustellen, wird der komprimierte Vektor der verborgenen Schicht präsentiert, und die Aktivierungen werden an die Ausgangschicht propagiert.

Es kann manchmal hilfreich sein, ein Autoassoziativnetz auf Daten anzuwenden, bevor sie mit einem anderen Netzmodell verarbeitet werden (sogar für ein anderes vorwärtsgerichtetes Netz zum Durchführen einer Klassifikation). Es ist beispielsweise bekannt, dass ein vorwärtsgerichtetes Autoassoziativnetz mit einer einzelnen verborgenen Schicht im Wesentlichen die Hauptkomponenten berechnet.

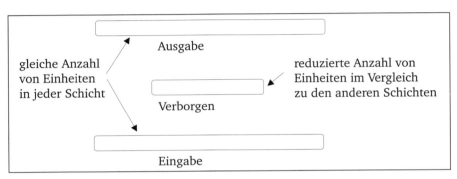

Abbildung 4.6: Ein vorwärtsgerichtetes Autoassoziativnetz.

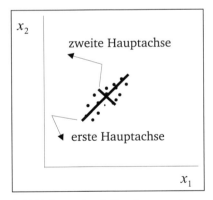

Abbildung 4.7: Die PCA kann durch Bestimmen einer neuen Menge von Hauptachsen zum Darstellen der Daten verwendet werden.

Die Hauptkomponentenanalyse (principal component analysis, PCA) ist ein statistisches Standardverfahren, das zum Reduzieren von Redundanz in Daten und zum Bündeln verwendet wird. PCA dekorreliert die Vektormerkmale (ein Merkmal entspricht einer Elementposition), was manchmal beim Trainieren eines weiteren vorwärtsgerichteten Netzes hilfreich sein kann. Die Idee besteht darin, die Trainingsdaten in eine reduzierte Beschreibung umzuwandeln, wobei jede verborgene Einheit eine Komponente der reduzierten Beschreibung darstellt.

Die PCA kann zum Durchführen einer verlustbehafteten Kompression verwendet werden. Abbildung 4.7 zeigt beispielsweise eine Wolke von zweidimensionalen Daten. Es wurde ein neues Achsenpaar durch die Daten gezeichnet, mit jeder Achse im rechten Winkel zur anderen.

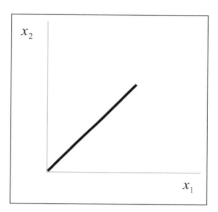

Abbildung 4.8: Diese Gerade wird unter Verwendung einer Menge von zwei Koordinatenwerten gezeichnet, kann jedoch durch eine Menge von Einzelwerten (eindimensional) repräsentiert werden.

x_1	x_2	**Einzelner Koordinatenwert**
1	1	1,414
3	3	4,243
4	4	5,657
8	8	11,314

Tabelle 4.3: Eine Reihe von Beispielpunkten für die Linie $x_2 = x_1$ wurden einem einzelnen Koordinatenwert zugeordnet.

Diesen Datenpunkten können jetzt Koordinaten in Bezug auf diese neuen „Hauptachsen" zugeordnet werden. Die längste Achse gibt die Richtung der größten Streuung oder Varianz der Daten an. Entspricht die Varianz in Richtung der längsten Hauptachse 85% der Streuung der Daten und die auf der zweiten Achse 15%, dann werden 85% der Varianz der Daten beibehalten, wenn die zweite Hauptkoordinate fallengelassen wird. Mit anderen Worten, wenn jeder Datenpunkt in Bezug auf die längste Hauptkomponente beschrieben wird, dann bleibt der größte Anteil der Informationen über die Daten erhalten, einige Informationen gehen jedoch verloren. Manchmal weisen die Daten eine Redundanz auf (siehe Abbildung 4.8). Die Datenpunkte liegen auf der Geraden $x_2 = x_1$. Jeder Datenpunkt kann anhand einer einzelnen „Hauptkoordinate" ohne Informationsverlust beschrieben werden. Wenn die Daten auf die Hauptkoordinate abgebildet werden, wird jedes Muster durch eine einzelne Zahl statt durch zwei beschrieben. Auf den ersten Blick mag diese Vorstellung, dass Muster durch eine einzelne Koordinate statt durch zwei beschrieben werden (nur im Falle von Redundanz, denken Sie daran!), etwas eigenartig erscheinen. Betrachten Sie hierzu Tabelle 4.3, die eine Anzahl von zweidimensionalen Punkten als eine Einzelkoordinate beschreibt. Die Umwandlung der zweidimensionalen Muster in eine einzelne Dimension wird folgendermaßen bewerkstelligt:

$$\begin{bmatrix} 1 & 1 \\ 3 & 3 \\ 4 & 4 \\ 8 & 8 \end{bmatrix} \begin{bmatrix} \frac{1}{\sqrt{2}} \\ \frac{1}{\sqrt{2}} \end{bmatrix} = [1{,}414 \quad 4{,}243 \quad 5{,}567 \quad 11{,}314]$$

Die umgekehrte Zuordnung für 1,414 ergibt sich aus:

$$[1{,}414] \begin{bmatrix} \frac{1}{\sqrt{2}} & \frac{1}{\sqrt{2}} \end{bmatrix} = [1 \quad 1]$$

Die anderen Koordinaten können auf dieselbe Weise wiederhergestellt werden.

Eine höhere Form der Komprimierung kann manchmal durch das Einführen zusätzlicher verborgener Schichten erreicht werden. Eine Netzarchitektur von 40-20-8-20-40 beispielsweise könnte ein Kompressionsverhältnis von 40 zu 8 bieten. Dies setzt selbstverständlich voraus, dass es erfolgreich trainiert wird.

4.5 ZUSAMMENFASSUNG

Ein Assoziativnetz arbeitet wie ein Speicher:

- Autoassoziation verknüpft ein Muster mit sich selbst. Ein Autoassoziativspeicher kann beispielsweise verwendet werden, um die saubere Version eines gespeicherten Musters anhand der verrauschten Version dieses Musters abzurufen.

- Heteroassoziation ist eine Beziehung zwischen zwei verschiedenen Mustern. Ein Muster kann als Aufruf verwendet werden, um das andere Muster aus dem Speicher wiederaufzufinden.

- Wenn autoassoziatives Lernen erreicht wird, indem Signale durch einen engen Kanal wie die verborgene Schicht eines vorwärtsgerichteten Autoassoziativnetzes gezwungen werden, wird eine Form der Datenkomprimierung erreicht. Die Komprimierung kann zum Vorverarbeiten der Daten dienen, bevor diese zum Trainieren einer anderen Netzarchitektur verwendet werden.

- Das Hopfield-Netz kann zur Autoassoziation, und der bidirektionale Assoziativspeicher zur Heteroassoziation verwendet werden.
- Die Gewichte für ein diskretes Hopfield-Netz und einen bidirektionalen Assoziativspeicher können mithilfe einfacher Matrixoperationen ermittelt werden, so dass kein langwieriges Training erforderlich ist.
- Die Anzahl an Einheiten in einem Assoziativspeicher wirkt sich auf die Anzahl an Mustern aus, die gespeichert werden können.

4.6 WEITERFÜHRENDE LITERATUR

Haykin (1994) behandelt umfassend das Hopfield-Netz und das autoassoziative Backpropagation-Netz.

4.7 ÜBUNGEN

1. Bestimmen Sie die Gewichte eines Hopfield- Netzes zum Speichern des Musters [1 1 1 –1]:
2. Rufen Sie das Netz aus Frage 1 mit dem Muster [1 1 1 –1] auf, um zu testen, ob es bei dem gespeicherten Muster einen stabilen Zustand erreicht.
3. Wiederholen Sie Übung 2 für das Muster [–1 –1 1 –1].
4. Wie viele Muster können Ihrer Meinung nach erfolgreich aus einem Hopfield-Netz wiederaufgefunden werden, wenn jeder gespeicherte Vektor 10 Elemente umfasst?
5. a. Bestimmen Sie die Gewichte eines Hopfield-Netzes zum Speichern der folgenden Muster:

   [–1 1 –1 –1 1 –1 –1 –1]
   [–1 –1 1 –1 –1 –1 1 –1]

   b. Testen Sie die Stabilität des Netzes, wenn es mit den gespeicherten Mustern aufgerufen wird.

   c. Testen Sie die Stabilität des Netzes, wenn es mit den folgenden Mustern aufgerufen wird:

   [–1 1 –1 –1 1 –1 –1 1]
   [–1 1 1 –1 1 –1 –1 –1]

6. a. Bestimmen Sie die Gewichte eines Hopfield-Netzes zum Speichern der folgenden Muster:

   [–1 1 –1 –1 1 –1 –1 1]
   [–1 –1 1 –1 –1 –1 1 –1]
   [1 –1 –1 1 –1 1 –1 –1]

   b. Testen Sie die Stabilität des Netzes, wenn es mit dem ersten gespeicherten Muster aufgerufen wird.

7. a. Definieren Sie einen BAM für Beispiel 4.4, nehmen Sie diesmal jedoch die folgenden Vektoren als die assoziierten Muster für jedes Bild:

Muster	Assoziiertes Muster	
1	–1	1
2	1	–1
3	1	1

   b. Vergleichen Sie die Ergebnisse mit denen aus Beispiel 4.4.

5 EINIGE BEISPIELE FÜR REKURRENTE NETZE

Lernziele
Einführung in Netze mit rekurrenten Verbindungen.

Sie sollten in der Lage sein:
- Zu beschreiben, warum rekurrente Netze hilfreich sind, und ihre Vorteile gegenüber nicht-rekurrenten Netzen bei bestimmten Problemtypen kennen.
- Die Architektur eines nicht-rekurrenten Netzes zu beschreiben, dessen Leistung der Leistung eines rekurrenten Netzes für diese spezifische Aufgabe entspricht.
- Den Backpropagation-Algorithmus so zu ändern, dass er ein einfaches rekurrentes Netz implementiert.

Voraussetzungen
Kapitel 1 und 2.

5.1 EINFÜHRUNG

In diesem Kapitel werden wir uns kurz mit einer Reihe von Architekturen befassen, die zum Verarbeiten von Sequenzen konzipiert sind. Eine *Sequenz* ist eine Folge von Mustern, die sich auf dasselbe Objekt beziehen. Eine Sequenz kann beispielsweise aus Buchstaben bestehen, die ein Wort ausmachen, oder aus Wörtern, die einen Satz ausmachen. Sequenzen sind eine Herausforderung, da ihre Länge variieren kann. Die Anzahl der Wörter, die einen Satz bilden, kann sehr stark variieren. Wenn die Anzahl der Elemente in einem Trainingsmuster jedoch variieren kann, wie viele Eingabeeinheiten sollte es geben? Ein Ansatz zum Verarbeiten eines Satzes mit einer festen Anzahl von Eingabeeinheiten besteht darin, ein gleitendes Fenster zu verwenden (siehe Abbildung 5.1). Der Nachteil bei diesem Ansatz ist jedoch, dass eine Sequenz segmentiert werden muss und jegliche Abhängigkeiten zwischen entfernten Wörtern in der Sequenz verloren gehen. Um die gesamte Sequenz in einem Durchgang zu verarbeiten, wird eine neuronale Architektur mit einer Größe benötigt, die in der Lage ist, den längsten vorauszusehenden Satz zu verarbeiten. Dieses Problem kann umgangen werden, indem man ein Netz mit rekurrenten Verbindungen verwendet.

5.2 BACKPROPAGATION IM ZEITVERLAUF

Das in Kapitel 2 eingeführte Backpropagation-Netz ist ein vorwärtsgerichtetes Netz, was bedeutet, dass alle Verbindungen zwangsläufig in eine Richtung, von der Eingabeschicht zur Ausgabeschicht, verlaufen.

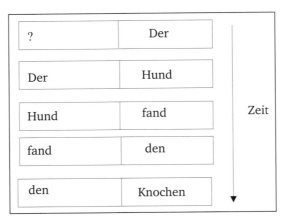

Abbildung 5.1: Der Satz „Der Hund fand den Knochen", wird der Eingabeschicht eines Netzes vorgestellt. Die Eingabeschicht besitzt zwei Felder, um jederzeit zwei Wörter aufnehmen zu können. Das Netz nimmt vier Präsentationen mit je zwei Wörtern (aktuelles plus vorheriges) auf, bevor es das letzte Wort, „Knochen", sieht.

Ein Backpropagation-Netz muss nicht notwendigerweise strikt vorwärts gerichtet sein und kann über rekurrente Verbindungen verfügen, so dass eine Einheit die Aktivierung an sich selbst oder an andere Einheiten auf derselben oder einer anderen Ebene zurückleiten kann. Tatsächlich aber ist jede Kombination von Rückkoppelung erlaubt. Die Rückkoppelung mit einer rekurrenten Verbindung darf nicht mit der Rückkoppelung von Fehlern beim Anpassen von Gewichten verwechselt werden. Die Rückkoppelung von Fehlern ist eine Prozedur zum Anpassen der Gewichte, wohingegen eine rekurrente Verbindung die Aktivierung zurückleitet, die die Ausgabe des Netzes bei nachfolgenden Iterationen beeinflusst.

Die Methode zum Verarbeiten mit einem rekurrenten Backpropagation-Netz stellt eine relativ einfache Erweiterung der vorwärtsgerichteten Version dar. Diese Erweiterung beruht auf der Beobachtung, dass für jedes rekurrente Netz ein vorwärtsgerichtetes Netz mit identischem Verhalten existiert. Abbildung 5.2 zeigt ein Netz mit Verbindungen, die von der Ausgabeschicht zur Eingabeschicht rückkoppeln, und Abbildung 5.3 zeigt dieses Netz beim Verarbeiten während zwei Zeitschritten.

Beachten Sie, dass die zusätzlichen vorwärtsgerichteten Schichten Gewichte besitzen, die die Vorwärts-Verbindungen der rekurrenten Version duplizieren. Mit anderen Worten, das Netz wird dupliziert, um die rekurrente Version bei der Verarbeitung in zwei Zeitschritten nachzubilden.

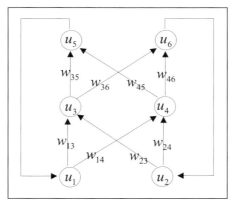

Abbildung 5.2: Ein rekurrentes Backpropagation-Netz.

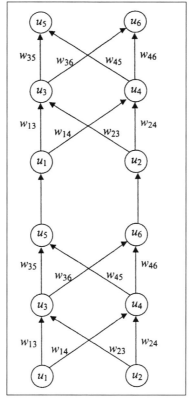

Abbildung 5.3: Eine erweiterte Version des Netzes aus Abbildung 5.2. Das Netz soll eine Sequenz verarbeiten.

Während des Trainings wird dem Netz ein Muster präsentiert und ein Vorwärtsdurchlauf ausgeführt. Jede Netzkopie entspricht einem Zeitschritt, und für jeden Zeitschritt werden auf dieselbe Weise Fehler berechnet wie bei der Standard-Backpropagation. Die für jede Netzkopie berechneten Gewichtsänderungen werden aufsummiert, bevor die einzelnen Gewichte angepasst werden. Die Gewichtsmenge für jede Kopie (oder jeden Zeitschritt) bleibt immer konstant.

Rumelhart *et al.* (1986a) haben eine Reihe von Experimenten mit rekurrenten Verbindungen durchgeführt. Ein Experiment umfasste das Trainieren eines Netzes zum Durchführen einer Sequenzvervollständigung. Eine Sequenz bestand aus sechs Zeichen, wobei die ersten zwei Zeichen Buchstaben aus der Menge {A, B, C, D, E} und die restlichen vier aus der Ganzzahlmenge {1, 2, 3} gewählt wurden.

Die ersten zwei Buchstaben legen den Rest der Sequenz fest. Wenn „A" beispielsweise die Sequenz „12", und „C" die Sequenz „13" darstellt, dann lautet die gesamte mit „AC" beginnende Sequenz „AC1213", und die mit „AA" beginnende Sequenz lautet „AA1212". Das Netz bestand aus fünf Eingabeeinheiten (eine für jeden Buchstaben), drei Ausgabeeinheiten (eine für jede Zahl) und 30 verborgenen Einheiten. Jede verborgene Einheit war mit sich selbst verbunden, und jede andere verborgene Einheit, sowie jede Ausgabeeinheit, war mit sich selbst und mit jeder anderen Ausgabeeinheit verbunden. Das Training zum Voraussagen der vollständigen Sequenz verlief in folgenden Schritten:

Zeitschritt 1. Festlegen der Aktivierung der Eingabeeinheit für den ersten Buchstaben auf 1 und aller anderen Eingangseinheiten auf „aus".

Zeitschritt 2. Festlegen der Aktivierung der Eingabeeinheit für den zweiten Buchstaben auf 1 und aller anderen Eingangseinheiten auf „aus".

Alle Eingabeeinheiten werden dann ausgeschaltet.

Zeitschritt 3. Die Zielausgabe ist das dritte Zeichen (d. h. die erste Zahl).

Zeitschritt 4. Die Zielausgabe ist das vierte Zeichen (d. h. die zweite Zahl).

Zeitschritt 5. Die Zielausgabe ist das fünfte Zeichen (d. h. die dritte Zahl).

Zeitschritt 6. Die Zielausgabe ist das sechste Zeichen (d. h. die vierte Zahl).

Alle verborgenen Einheiten und alle Aktivierungen der Ausgabeeinheiten begannen bei 0,2. Das Netz wurde mit 20 Sequenzen trainiert. Es wurde gezeigt, dass das Netz die Sequenzen für fünf Testfälle vervollständigen konnte, wenn die ersten zwei Zeichen eingegeben wurden. Ein weiteres Experiment demonstrierte ebenfalls, dass Sequenzen vervollständigt werden können, auch wenn beim Präsentieren des ersten und zweiten Buchstabens Verzögerungen auftraten (z. B. „C *Verzögerung* A *Verzögerung* 1312").

BEISPIEL 5.1

Ein vollständig verbundenes, vorwärtsgerichtetes 3-2-2-Netz besitzt rekurrente Verbindungen, wobei eine verborgene Einheit mit sich selbst und mit jeder anderen verborgenen Einheit, und eine Ausgabeeinheit mit sich selbst und mit jeder anderen Ausgabeeinheit verbunden ist. Skizzieren Sie für einen einzelnen Zeitschritt das Netz und das entsprechende vorwärtsgerichtete Netz ohne rekurrente Verbindungen. Der einzelne Zeitschritt in diesem Beispiel bedeutet, dass ein Eingabemuster zwei verborgene Einheiten und zwei Ausgabeeinheiten durchlaufen haben wird.

LÖSUNG

Die Lösung wird in den Abbildungen 5.4 und 5.5 skizziert.

Neuronale Netzmodelle, die keine Einschränkung bezüglich der Anzahl und Ebene der rekurrenten Verbindungen haben, können auf den ersten Blick etwas einschüchternd wirken. Das im nächsten Abschnitt besprochene Netz ist leichter zu verstehen und erfordert lediglich eine einfache Änderung der Standardversion des Backpropagation-Netzes. Dieses Netz, das einfache rekurrente Netz, verfügt zwar über eine vereinfachte Architektur, findet jedoch breite Anwendung.

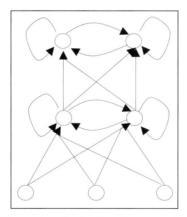

Abbildung 5.4: Ein Netz mit vollständig rekurrenten Verbindungen auf der verborgenen und der Ausgabeschicht.

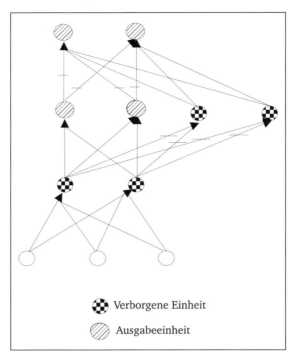

Abbildung 5.5: Die durchkreuzten Gewichte sind die rekurrenten Verbindungen aus Abbildung 5.4. Die zwei Gewichtsmengen zwischen den verborgenen und den Ausgangseinheiten behalten dieselben Werte.

5.3 DAS EINFACHE REKURRENTE NETZ

Jordan (1989) führte eine frühe Form eines rekurrenten Netzes ein. Das Jordan-Netz besitzt Verbindungen, die von der Ausgabe- zur Eingabeschicht rückkoppeln, und einige der Einheiten der Eingabeschicht koppeln zu sich selbst zurück. Die Architektur ist in Abbildung 5.6 dargestellt. Das Netz ist in der Lage, das Verarbeiten von Aufgaben zu lernen, die von einer Sequenz aufeinander folgender Zustände abhängen. Das Netz kann unter Verwendung von Backpropagation trainiert werden.

Die rekurrenten Verbindungen im Netz von Jordan ermöglichen, das Verhalten des Netzes durch vorherige Eingaben zu formen. Das Netz besitzt eine Form von Kurzzeitgedächtnis. Ein weiteres, sehr beliebtes rekurrentes Netz mit einer ähnlichen Form von Kurzzeitgedächtnis ist das *einfache rekurrente Netz (simple recurrent network, SRN)*.

Elman (1990) hat demonstriert, dass ein SRN das nächste Element in einer Sequenz anhand der aktuellen und der vorangegangenen Eingabe voraussagen kann. In einem SRN werden die verborgenen Einheiten in die Eingabeschicht zurückgekoppelt (siehe Abbildung 5.7).

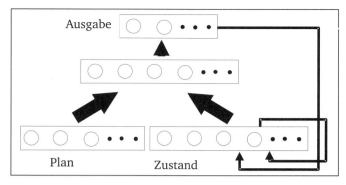

Abbildung 5.6: Das Jordan-Netz.

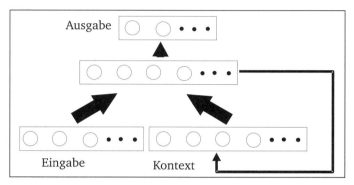

Abbildung 5.7: Ein einfaches rekurrentes Netz. Die Anzahl der Kontexteinheiten ist dieselbe wie die Anzahl der verborgenen Einheiten.

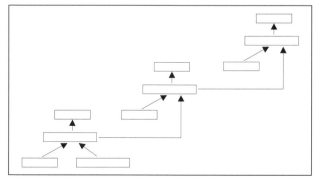

Abbildung 5.8: Eine expandierte Version des SRN aus Abbildung 5.7 über drei Zeitschritte.

Eine expandierte Version eines SRN für drei Zeitschritte wird in Abbildung 5.8 gezeigt. Die verborgenen Einheiten stellen eine interne reduzierte Darstellung der Daten in der Sequenz dar, die der aktuellen Eingabe vorausging. Diese reduzierte Darstellung stellt einen Kontext zur Verfügung, der für bestimmte Aufgaben eine wesentliche Rolle spielt. Das dritte Element in der Sequenz {110, 000, 101, 011} kann beispielsweise nicht unabhängig anhand des ersten oder des zweiten Elements eindeutig vorausgesagt werden. Stattdessen hängt das dritte Element sowohl vom ersten als auch vom zweiten Element in der Sequenz ab. Die ersten zwei Elemente in diesen Sequenzen entsprechen den Bitmustern des XOR-Problems, und Elman hat demonstriert, dass ein SRN das XOR lernen kann.

Für das XOR-Problem wird ein ESN mit einer langen Sequenz von Bits trainiert. In dieser Sequenz werden das erste und das zweite Bit per XOR verknüpft und ergeben so das dritte Element, das vierte und fünfte Element werden per XOR verknüpft und ergeben so das sechste Element usw. Das Netz musste lernen, das nächste Element in der Sequenz zu erzeugen. Ein Beispiel für eine Eingabe und eine Ausgabe wird wie folgt angegeben:

Eingabe: 1 0 1 0 0 0 0 1 1 1 1 0 1 0 1...

Ausgabe: 0 1 0 0 0 0 1 1 1 1 0 1 0 1 ?...

Im Rahmen eines Experiments wurde ein SRN, bestehend aus einer Eingabeeinheit, zwei Kontexteinheiten (und daher zwei verborgenen Einheiten) und einer Ausgabeeinheit mit einer Sequenz von 3000 Bits trainiert. Das Trainingsergebnis zeigte, dass das Netz die Zeitstruktur der Sequenz gelernt hatte, so dass bei jedem dritten Bit der quadrierte Fehler abnahm. Dieser Fehlerabnahme steht im Einklang mit der Zeitstruktur. Das Netz versucht beispielsweise immer, die vorherigen zwei Bits per XOR zu verknüpfen, doch der Erfolg dieser Operation kann nur bei jedem dritten Bit garantiert werden. Betrachten Sie die folgende Sequenz: 1 0 1 1 1 0. Das dritte und das sechste Bit stellen das Ergebnis der XOR-Operation der vorherigen zwei Bits dar, und daher wird der Fehler beim Voraussagen des dritten und sechsten Bits gering sein.

5.3.1 ANWENDUNG DES SRN

LERNEN EINER EINFACHEN GRAMMATIK

Cleeremans (1993) hat eine Reihe interessanter Experimente mit SRNs durchgeführt. Eine Aufgabe bestand darin, ein SRN dazu zu bringen, die Reber-Grammatik aus Abbildung 5.9 zu lernen. Die Grammatik wird als endlicher Automat ausgedrückt. Mithilfe dieses Automaten kann eine Zeichenkette erzeugt werden, die dieser Grammatik entspricht. Außerdem kann geprüft werden, ob eine Zeichenkette zu der Grammatik gehört.

Um eine Zeichenkette zu erzeugen, müssen Sie im Startknoten, B, beginnen und einen Pfeil nehmen, der auf einen anderen Knoten verweist. Jedes Mal, wenn Sie einen Pfeil entlang gehen, notieren Sie sich dessen Markierung (Zeichen). Erreichen Sie den Endknoten, E, können Sie nirgendwo weiter hin, und die Zeichenkette ist beendet. Damit eine Zeichenkette zur Grammatik gehört, muss es möglich sein, diese Zeichenkette durch Verfolgen dieser Pfeile im Automaten zu erzeugen. Beispiele für Zeichenketten sind:

B P V P X T V P X V V E
B P V P X V V E
B T X S E
B P V V E
B T S S X S E
B P T T T V V E

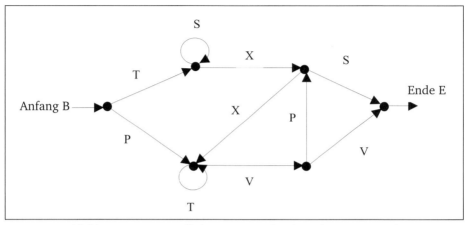

Abbildung 5.9: Ein endlicher Automat für die Reber-Grammatik.

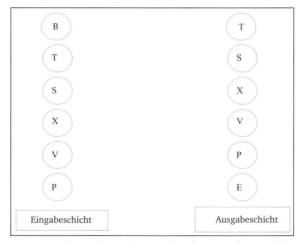

Abbildung 5.10: Die Darstellung der Einheiten für die Eingabe- und die Ausgabeschicht.

Wir haben eines der Experimente von Cleeremans mit einigen geringfügigen Änderungen wiederholt. Nicht vergessen, die Aufgabe besteht darin, ein SRN dazu zu bringen, die Grammatik zu lernen. Es wurden sechs Eingabeeinheiten und sechs Ausgabeeinheiten mit einer einzelnen Einheit zum Darstellen eines einzelnen Zeichens verwendet. Die Einheiten für die Eingabe- und die Ausgabeschicht wurden wie in Abbildung 5.10 gezeigt angeordnet. Es wurde ein Programm geschrieben, das per Zufall 20 000 Zeichenketten erzeugt, die zur Reber-Grammatik gehören (Cleeremans verwendete 60 000). Während des Trainings wurde der Eingabeschicht ein einzelnes Zeichen aus der Zeichenkette präsentiert, und das nächste Zeichen in der Sequenz wurde als Zielausgabe vorgelegt.

Die Kontexteinheiten begannen für jede Sequenz mit 0,5. Nachdem das erste Zeichen durch das Netz propagiert worden war, wurde das zweite Zeichen mit dem dritten als Zielausgabe vorgelegt. Die Aktivierungen der verborgenen Einheiten, die durch das erste Zeichen erzeugt wurden, wurden auf die Kontexteinheiten kopiert, bevor die nächste Eingabe präsentiert wurde. Dieser Vorgang wurde für alle Zeichen in der Sequenz, und die Vorgehensweise für alle der 20 000 Muster wiederholt. Die Lern- und Trägheitsraten wurden auf 0,1 gesetzt und das Netz während drei Durchgängen durch alle Muster trainiert. Nach jeder Präsentation eines Zeichens wurden die Gewichte aktualisiert.

Die Trainingsergebnisse zeigen, dass das Netz die Wahrscheinlichkeit modelliert, mit der ein Zeichen einem anderen folgt. An jedem Knoten in der Reber-Grammatik können beispielsweise ein oder zwei Pfeile mit gleicher Wahrscheinlichkeit genommen werden (die Trainingszeichenketten wurden so generiert, dass jeder Pfad mit gleicher Wahrscheinlichkeit gewählt werden konnte). Eine interessante Eigenschaft der Grammatik besteht darin, dass jedes Zeichen durch zwei Pfeile repräsentiert wird, und dass der zulässige Nachfolgezustand davon abhängt, welcher Pfeil durchlaufen wird. Dem aus dem Startzustand hervorgehenden P kann beispielsweise T oder V folgen, aber dem anderen P in der Grammatik kann S oder X folgen. Daher können einem Zeichen wie P vier unterschiedliche Zeichen folgen, doch nur zwei sind an jeder Position der Sequenz zulässig.

Abbildung 5.11 zeigt den nachfolgenden Netzzustand für alle Einheiten beim Verarbeiten der Sequenz B P V P X V V. Für jeden Zustand werden zwei Ausgabeeinheiten stark aktiviert, da zwei mögliche Zustände folgen können.

Der erste Zustand, B, aktiviert T und P auf der Ausgabeschicht, da beide zulässige Nachfolger sind und mit gleicher Wahrscheinlichkeit vorkommen. Das erste P zeigt T und V als mögliche nachfolgende Zustände, doch das zweite P zeigt erwartungsgemäß X und S.

Cleeremans verwendete sein trainiertes SRN zum Testen, ob es 20 000 per Zufall generierte Zeichenketten akzeptieren würde, die zu dieser Grammatik gehören. Das Netz akzeptierte korrekterweise sämtliche 20 000 Zeichenketten. Das Netz wurde dann mit 130 000 per Zufall generierten Zeichenketten getestet, die jedoch nicht alle zu der Grammatik gehörten. D. h. eine Zeichenkette wurde generiert, indem eins der fünf Zeichen (T, S, X, V, P) als nächstes Zeichen in der Sequenz zufällig gewählt wurde. Aus den 130 000 Zeichenketten waren 260 grammatisch und der Rest (99,8%) nicht-grammatisch. Das Netz führte die Aufgabe einwandfrei durch, lehnte nicht-grammatische Zeichenketten ab und akzeptierte grammatische Zeichenketten. Das Netz arbeitete auch bei extrem langen Zeichenketten korrekt (in der Größenordnung von 100 Zeichen).

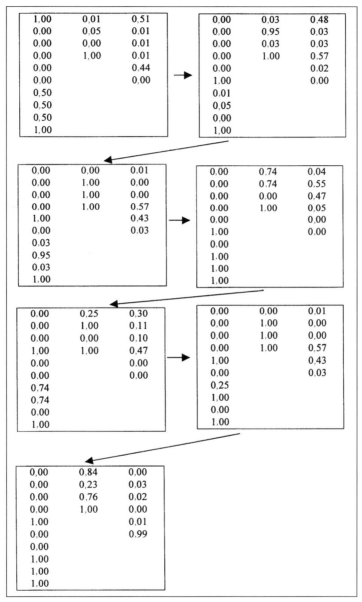

Abbildung 5.11: Die Aktivierungen der Netzeinheiten beim Verarbeiten von BPVPXVV. Die ersten sechs Einheiten der Eingabeschicht stellen die Zeichen dar und die nächsten drei sind die Kontexteinheiten. Die letzten Einheiten in der Eingabeschicht und der verborgenen Schicht sind Verschiebungseinheiten und daher immer auf 1 gesetzt.

ADDIEREN VON ZAHLEN LERNEN

Als Nächstes werden wir uns damit befassen, ein SRN zum Addieren von Zahlen zu verwenden. Der Einfachheit halber werden wir uns auf das Addieren von ganzen Zahlen beschränken. Ausgehend von einer Darstellung mit acht Bits, entspricht die Zahl 11 der Binärzahl 00001011, und die Zahl 9 der Binärzahl 00001001. Die Addition im Binärformat ergibt sich aus:

$$\begin{array}{r} 00001011 \\ 00001001 \\ \hline 00010100 \end{array}$$

Die Addition binärer Zahlen ist ähnlich wie die Addition dezimaler Zahlen. Die Ziffern werden in jeder Spalte von rechts nach links addiert. Ist die Summe größer als 1, wird 0 notiert und eine 1 in die nächste Spalte übertragen. Es werden nur zwei Ziffern gleichzeitig verarbeitet, und die Kombinationen sind:

$$\begin{bmatrix} 1 & 1 & 0 & 0 \\ 1 & 0 & 1 & 0 \\ 0 & 0 & 0 & 0 \end{bmatrix}$$

Hierbei stellt die unterste Reihe die Summe der zwei darüber liegenden Ziffern dar. Das Ergebnis der untersten Reihe kann als das XOR der zwei zu addierenden Ziffern angesehen werden. Ein Übertrag von 1 tritt auf, wenn zwei zu addierende Ziffern den Wert 1 besitzen. Das AND der beiden Bits ist 1. Daher kann die zu notierende Summe mit einem XOR-Gatter (*Gatter* ist die Bezeichnung einer logischen Hardwareeinheit), und der Übertrag mit einem AND-Gatter (siehe Abbildung 5.12) ausgedrückt werden. Dieser Schaltkreis wird als Halbaddierer bezeichnet, und wenn er durch eine Reihe weiterer logischer Gatter ergänzt wird, ermöglicht er eine vollständige binäre Addition. Wir wissen, dass ein neuronales Netz so trainiert werden kann, dass es XOR implementiert, und das Implementieren des AND-Schaltkreises wäre sogar noch trivialer.

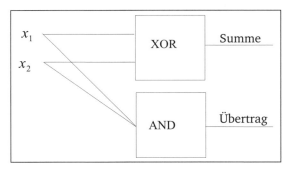

Abbildung 5.12: Ein als Halbaddierer bezeichneter logischer Schaltkreis.

Daher ist es möglich, ein modulares neuronales Netz so zu konzipieren, dass es binäre Additionen durchführen kann. Da logische Gatter die Basis für Berechnungen auf der Hardwareebene bilden, können wir mit den Komponenten eines neuronalen Netzes ähnliche Hardware erzeugen, um einen konventionellen Computer nachzubilden. Weil es jedoch wenig Sinn macht, konventionelle Hardware mit neuronalen Netzen zu simulieren, werden wir uns um eine Implementierung bemühen, die gelernt wird.

Wenn wir lange Zahlen addieren, verwenden wir, außer wenn wir besonders begabt sind, ein Blatt Papier und einen Stift, um Zwischenergebnisse zu notieren. Wir beginnen das Summieren in der rechten Spalte, notieren die Summe der ersten zwei Ziffern und das Übertragsbit (Abbildung 5.13).

Noelle and Cottrell (1995) haben einen neuronalen Netzaddierer implementiert, bei dem keine explizite Notierung des Übertrags von einer Spalte zur anderen stattfindet. Stattdessen wird der Übertrag in einem internen Zustand des Netzes gespeichert. Noelle and Cottrell verwendeten zwei Typen von neuronalen Netzmodellen: das einfache rekurrente Netz und ein Jordan-Netz. Wir werden uns auf das SRN konzentrieren, doch dieselbe Vorgehensweise wurde auch für das Jordan-Netz verwendet. Die Basisarchitektur wird in Abbildung 5.14 gezeigt.

Die Einheit „Schreiben" signalisiert, wenn ein Ergebnis geschrieben werden soll, „Übertrag" zeigt an, wenn Übertragsinformationen relevant sind, „Nächste" wenn das nächste Ziffernpaar vorgelegt werden soll, und „Fertig" wenn die Summierung abgeschlossen ist. Die Schritte zum Addieren von 865 und 327 sind in Tabelle 5.1 aufgeführt. In allen Experimenten wurde eine Basis von 4 verwendet (d. h. ein Bit wird übertragen, wenn die Summe von zwei Ziffern größer oder gleich 4 ist). Jede Ziffer wurde durch zwei Einheiten dargestellt.

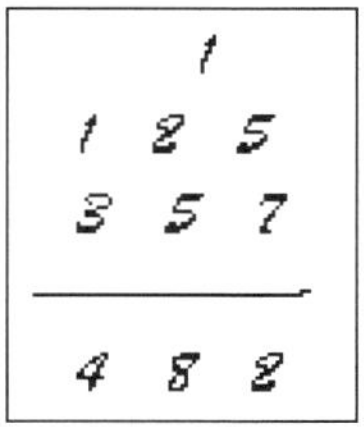

Abbildung 5.13: Die Addition von zwei Zahlen unter Verwendung von Stift und Papier.

Die Trainingsdaten bestanden aus Zahlen mit nicht mehr als drei Ziffern. Ein Anfangstraining mit einer kleinen zufälligen Teilmenge der gesamten Trainingsmenge führte zu einer schlechten Generalisierung: das Netz speicherte die Trainingsdaten. Es wurde eine kombinierte *Teilmengen-Trainingstechnik* verwendet, wobei zu Anfang eine kleine zufällige Teilmenge der Trainingsdaten gelernt wird, deren Größe dann verdoppelt wird, bis die gesamte Trainingsmenge repräsentiert werden kann. Die Ergebnisse waren beeindruckend. Das Netz konnte auf allen Trainingspaaren generalisieren, nachdem ihm nur 8% der gesamten Trainingsmenge vorgelegt worden war. Ferner konnte das Netz nach einigem „Clean-up"-Training (Training unter Verwendung einer kleinen Teilmenge von schweren Beispielen) auf Problemen generalisieren, die Zahlen mit bis zu 14 Ziffern enthielten.

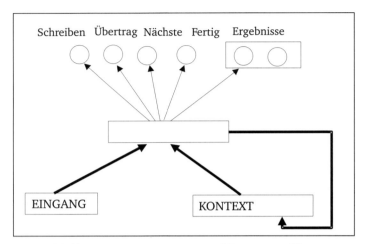

Abbildung 5.14: Ein SRN zum Addieren von Ziffern.

Noelle and Cottrell entdeckten einen Leistungsunterschied des Jordan-Netzes im Vergleich zum SRN. Das Jordan-Netz scheiterte bei der Aufgabe, wenn die Reihenfolge der Ausgabeoperationen geringfügig geändert wurde, so dass die Übertragsinformation erst angezeigt wurde, nachdem die Summe für die nächste Spalte notiert worden war.

Zeit-schritt	1. Ziffer	2. Ziffer	Schreiben	Übertrag	Nächste	Fertig	Ergebnis
1	7	5	✓				2
2	7	5		✓			-
3	7	5			✓		-
4	2	6	✓				9
5	2	6			✓		
6	3	8	✓				1
7	3	8		✓			
8	3	8			✓		
9	0	0	✓				1
10	0	0				✓	

Tabelle 5.1: Die Sequenz von Schritten für das SRN aus Abbildung 5.14 zum Addieren von 865 und 327.

Sowohl das Jordan-Netz als auch das SRN sind rekurrente Architekturen, doch das SRN lässt Zustände rezirkulieren, die als interne Darstellungen hergeleitet werden.

Durch Analysieren der Zustände der verborgenen Einheiten zeigten Noelle und Cottrell, dass das SRN als eine Art endlicher Automat arbeitete (eine Struktur zum Simulieren von Rechenmaschinen, die oben zum Repräsentieren einer Grammatik verwendet wurde). Es ist bekannt, dass SRNs jeden endlichen Automaten implementieren können (siehe Kremer, 1995). Im Prinzip sollte das SRN also für das Simulieren vieler Typen von Rechenmaschinen hilfreich sein. Wie hilfreich das SRN ist, wird durch seine Anwendung auf eine Reihe anderer Aufgaben in Kapitel 8 noch deutlicher gemacht.

5.4 ZUSAMMENFASSUNG

Die Netze in diesem Kapitel erfordern einfache Änderungen des Backpropagation-Algorithmus. Diese Änderungen ermöglichen eine rekurrente Verarbeitung:

- Für jedes rekurrente Netz existiert ein vorwärtsgerichtetes Netz mit identischem Verhalten.
- Rekurrente Netze werden zum Verarbeiten von Mustern variabler Länge verwendet. Diese Muster variabler Länge werden als Sequenzen behandelt. Die Sequenz wird in Datenabschnitte aufgeteilt, und jeder Abschnitt wird dem Netz zu einem anderen Zeitschritt präsentiert.
- Einfache rekurrente Netze (SRNs) weisen die Fähigkeit auf, den nächsten Datenabschnitt in der Sequenz anhand des vergangenen Datenverlaufs vorauszusagen.

5.5 WEITERFÜHRENDE LITERATUR

In Cleeremans' (1993) Werk über implizites Lernen finden Sie eine Reihe interessanter Beispiele unter Verwendung von SRNs mit einigen beeindruckenden Ergebnissen. Andere Beispiele für die Verwendung rekurrenter Netze finden Sie in Kapitel 8 dieses Buchs.

5.6 ÜBUNGEN

1. Ein SRN hat fünf Eingabeeinheiten, acht Kontexteinheiten und vier Ausgabeeinheiten. Wie viele Gewichte besitzt das Netz?
2. Ein SRN wurde mit einer Menge von Zeichenketten variabler Länge trainiert. Die Zeichen erscheinen immer in alphabetischer Reihenfolge. Zum Beispiel:

   B C D E Ende

   B C D E F G Ende

   E F G H Ende

   Das Netz wurde darauf trainiert, die nächsten Zeichen in der Sequenz vorauszusagen. Skizzieren Sie, ohne sich um die Anzahl der Einheiten zu kümmern, das äquivalente vorwärtsgerichtete Netz für das SRN, wenn es die Sequenz E F G H Ende verarbeitet. Geben Sie bei jeder Stufe die Eingabe und die gewünschte Ausgabe an.
3. Wie viele Eingabeeinheiten würden Sie für Frage 2 verwenden? Begründen Sie Ihre Antwort.
4. Ein SRN soll anhand einer Sequenz aus acht Zeichen plus NIL {B, R, A, E, T, N, S, I, NIL} trainiert werden. Die Reihenfolge, in der die Zeichen in einer Sequenz erscheinen, hat keine Bedeutung, doch jede Sequenz muss mindestens einen Vokal und einen Konsonanten enthalten und mit NIL enden. Die Zeichen in einer Sequenz werden dem ERN in der Reihenfolge von links nach rechts vorgelegt, aber die Zielausgabe ist immer die gesamte Sequenz: Das Netz wird so trainiert, dass es versuchen wird, die vollständige Sequenz aus den bisher gesehenen Zeichen vorauszusagen.

   a. Entwerfen Sie eine Reihe von Trainingsinstanzen.
   b. Spezifizieren Sie eine Netzarchitektur für das SRN und begründen Sie, warum Sie sich für diese Architektur entschieden haben.

6
WEITERE NETZMODELLE UND EINIGE PRAKTISCHE PUNKTE

Lernziele
Einführung weiterer Netzmodelle und Erläuterung einer Reihe praktischer Probleme.

Sie sollten in der Lage sein:
- Das Prinzip des simulierten Abkühlens und dessen Verwendung in neuronalen Netzen zu beschreiben.
- Das grundlegende probabilistische neuronale Netz bis zu einem Grad zu verstehen, so dass Sie in der Lage sind, es in einem Tabellenkalkulationsprogramm zu simulieren.
- Die Boltzmann-Maschine mit einfachen Begriffen zu erklären.
- Einige der praktischen Probleme zu diskutieren, die beim Verwenden eines neuronalen Netzes auftreten.

Voraussetzungen
Kapitel 1-5. Es wird ein sehr elementares Statistikwissen vorausgesetzt.

6.1 EINFÜHRUNG

In den vorherigen Kapiteln wurden die wesentlichen Modelle für den Aufbau eines Grundwissens zur Technologie von neuronalen Netzen eingeführt. Das Lernziel dieses Kapitels ist die Einführung weiterer Netzmodelle und einer Reihe praktischer Probleme, die beim Verwenden von neuronalen Netzen beachtet werden sollten. Das Kapitel beginnt mit Netzmodellen, die aus statistischen Methoden entstehen. Der Schwerpunkt dieses Abschnitts wird das probabilistische Netz bilden; Simuliertes Abkühlen und die Boltzmann-Maschine werden eigentlich nur behandelt, damit der Leser weiß, dass sie sie gibt. Diesem Abschnitt folgt ein Beispiel einer modularen Architektur, die anhand von Modellen konstruiert wird, die in vorherigen Kapiteln vorgestellt wurden. Damit soll gezeigt werden, wie neue Modelle konstruiert werden können, und dem Leser einen Eindruck davon vermittelt werden, dass Lösungen für Probleme existieren können, die zunächst unlösbar erscheinen.

6.2 NETZE UNTER VERWENDUNG VON STATISTIK

Bisher verwendeten alle neuronalen Netze, mit denen wir uns befasst haben, *deterministische* Lernalgorithmen. Unter „deterministisch" verstehen wir, dass wenn die Gewichte einer Einheit oder die Aktivierung einer Einheit geändert werden sollen, wir die Höhe der Änderung mittels direkter Berechnung bestimmen können. Sogar in einem Hopfield-Netz, wo die zu aktualisierende Einheit per Zufall ausgewählt wird, ist die Änderung deterministisch, da, sobald eine Einheit ausgewählt ist, wir deren neue Aktivierung sicher berechnen können. Im Gegensatz dazu wissen wir bei einem *stochastischen* Lernalgorithmus zu keinem Zeitpunkt, wie sich der Zustand des Netzes ändern wird (unter „Zustand" verstehen wir die aktuellen Gewichtswerte und Aktivierungen der Einheiten). Mit anderen Worten, wir können nicht den nächsten Zustand anhand des aktuellen Zustands voraussagen. Wenn wir beispielsweise einen stochastischen Algorithmus zum Aktualisieren des Zustands einer Einheit in einem Hopfield-Netz verwenden, müssen wir eine Wahrscheinlichkeitsverteilungsfunktion verwenden, um zu bestimmen, ob die Einheit zu dem neu berechneten Wert wechseln sollte oder nicht. Daher wird der Zustand einer Einheit, die zum Aktualisieren ausgewählt worden ist, unter Umständen gar nicht aktualisiert. Obwohl wir das Verhalten eines stochastischen Netzes zu keinem Zeitpunkt voraussehen können, wissen wir allgemein, wie sich das Netz nach einer langen Arbeitsperiode verhalten wird.

6.2.1 SIMULIERTES ABKÜHLEN

Simuliertes Abkühlen ist eine Technik, die oft zum Lösen von Optimierungsproblemen eingesetzt wird. Die Lösung zu dem Problem wird auf eine Weise formuliert, die das Minimieren einer Kostenfunktion erfordert. Die Kostenfunktion wird anhand der globalen Energie des Netzes definiert. Es sind beispielsweise Kosten mit jeder Route verknüpft, die ein Vertreter beim Besuchen seiner Kunden in verschiedenen Städten wählt. Die Kosten können anhand der zurückgelegten Distanz ausgedrückt werden, wobei die Kostenfunktion dann die Distanz für eine ausgewählte Route angeben könnte. Jene Routen mit kürzeren Distanzen weisen geringere Kosten auf. Die optimale Route ist eine Route mit der kürzesten Distanz. Obwohl wir nicht erwarten können, die optimale Lösung zu finden, können wir schon erwarten, eine nahezu optimale Lösung zu finden.

Simuliertes Abkühlen basiert auf der Analogie des Abkühlens von Metall. Wird ein Metall abgekühlt, wird es fast bis zum Schmelzpunkt erhitzt und dann allmählich zurück auf Raumtemperatur gekühlt. Der Vorgang des Abkühlens macht das Metall geschmeidiger, so dass es geformt werden kann, ohne zu brechen. Wenn das Metall auf eine hohe Temperatur erhitzt wird, bewegen sich die Atome sehr heftig in einer zufälligen Weise umher. Wird das Metall plötzlich gekühlt, werden die Atome in ihren zufälligen Positionen arretiert. Wird das Metall jedoch langsam gekühlt, tendieren sie dazu, sich zu ordnen. Der Knackpunkt dieses Vorgangs liegt darin, wie die Temperatur während des Abkühlens gesteuert wird.

Die Analogie zur Funktionsoptimierung wird mithilfe der Abbildungen 6.1 und 6.2 deutlich. Abbildung 6.1 zeigt die Kurve einer hypothetischen Funktion mit einer Variablen. Die Funktion ist nicht glatt und lässt mehrere Minima erkennen. Die Vorgehensweise zum Bestimmen des globalen Minimums ist einfach: Es wird ein Bereich gewählt, anhand dessen die Funktion ausgewertet wird. Die Funktion wird an einer Reihe von zufällig gewählten Punkten ausgewertet, und der niedrigste Punkt wird festgehalten. Anschließend wird der Bereich verkleinert und die Funktion erneut an einer Reihe von Zufallspunkten ausgewertet.

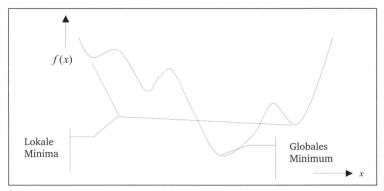

Abbildung 6.1: Illustration lokaler und globaler Minima.

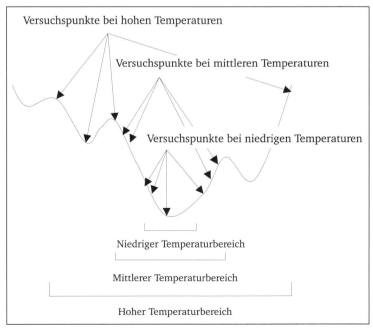

Abbildung 6.2: Bestimmen eines globalen Minimums unter Verwendung von simuliertem Abkühlen.

Auch hierbei wird wieder der niedrigste Punkt festgehalten. Der Vorgang wird wiederholt und dabei der Bereich schrittweise verkleinert.

Die Auswahl des Bereichs und dessen Verkleinerung entspricht dem Festlegen einer hohen Anfangstemperatur und dem anschließenden schrittweise Reduzieren dieser Temperatur. Da der Bereich zu Anfang groß ist, kann ein Punkt sich wild von einem Ende der Kurve zum anderen bewegen. Dies geschieht erneut in Analogie zu den wilden Bewegungen der Atome in einem auf hohe Temperatur erhitzten Metall.

Ein weiterer Anwendungsbereich für das simulierte Abkühlen ist das Entkommen aus lokalen Minima. Ein deterministischer Algorithmus wie Backpropagation, der Gradientenabstieg verwendet, wird oft in einem lokalen Minimum gefangen. Einmal gefangen, kann das Netz sich nicht weiter entlang der Fehleroberfläche zu einer optimaleren Lösung bewegen. Algorithmen wie Gradientenabstieg versuchen immer, sich bergab zu bewegen und so den Gesamtfehler zu reduzieren, doch manchmal ist es erforderlich, die Situation weiter zu verschlechtern, bevor ein Fortschritt erzielt werden kann. Das simulierte Abkühlen ermöglicht einem Netz, seine Leistung zu verschlechtern, bevor es sie verbessern kann. Wird beispielsweise ein Punkt auf der Kurve ausgewertet, wird dieser Punkt in der Regel immer akzeptiert, wenn eine Verbesserung vorliegt. Gelegentlich jedoch wird der Punkt auch akzeptiert, wenn er eine Verschlechterung darstellt.

Es gibt keinen maßgeblichen Algorithmus für das simulierte Abkühlen, doch das Prinzip, das dem simulierten Abkühlen zugrunde liegt, findet sich im Metropolis-Algorithmus. Die grundlegende Vorgehensweise dieses Algorithmus besteht darin, per Zufall einen Teil des Systems auszuwählen, der geändert werden soll (z. B. ein Komponentenelement eines Vektors). Die Änderung wird immer akzeptiert, wenn die globale Systemenergie abnimmt, doch wenn eine Energiezunahme vorliegt, dann wird die Änderung mit der Wahrscheinlichkeit p akzeptiert, die sich aus Folgendem ergibt:

$$p = \exp(-\frac{\Delta E}{T}) \qquad (6.1)$$

Hierbei ist ΔE der Energiebereich und T die Temperatur.

BEISPIELALGORITHMUS FÜR DIE FUNKTIONSMINIMIERUNG

Wir wenden uns nun einem einfachen Algorithmus für das simulierte Abkühlen zu, der zur Minimierung einer reellwertigen Funktion $f(\mathbf{x})$ eines binären Vektors $\mathbf{x}$ verwendet wird. Die Vorgehensweise entspricht der von Geman und Hwang (1986).

Eine einzelne Komponente des binären Vektors wird per Zufall ausgewählt, und das Bit wird getauscht (so dass 0 zu 1 und 1 zu 0 wird). Die Funktion wird ausgewertet, um festzustellen, welcher Wert zurückgegeben wird, falls die vorgeschlagene Änderung (das getauschte Bit) akzeptiert wird. Außerdem wird die Energieänderung berechnet. Nimmt die Energie ab, wird die Änderung akzeptiert, andernfalls wird die Änderung mit der in Gleichung (6.1) angegebenen Wahrscheinlichkeit akzeptiert. Die Vorgehensweise ist im Einzelnen:

1. Wählen Sie per Zufall einen initialen Vektors **x** und einen initialen Wert für *T*.
2. Erzeugen Sie eine Kopie von **x** mit dem Namen $\mathbf{x}_{neu}$, und wählen Sie per Zufall eine Komponente von $\mathbf{x}_{neu}$, die sich ändern soll. Tauschen Sie das Bit der gewählten Komponente.
3. Berechnen Sie die Energieänderung.
4. Ist die Energieänderung kleiner als 0, dann $\mathbf{x} = \mathbf{x}_{neu}$. Andernfalls wählen Sie eine Zufallszahl zwischen 0 und 1 unter Verwendung einer uniformen Wahrscheinlichkeitsdichtefunktion. Ist die Zufallszahl kleiner als exp(-$\Delta E/T$), dann $\mathbf{x} = \mathbf{x}_{neu}$.
5. Wenn eine bestimmte Anzahl (M) von Änderungen in **x** stattfand für die der Wert von *f* abgenommen hat, oder in **x** seit der letzten Temperaturänderung *N* Änderungen stattgefunden haben, dann setzen Sie $T = \alpha T$.
6. Wenn sich der Minimalwert von *f* in den letzten *L* Iterationen nicht um mehr als eine bestimmte Konstante verringert hat, dann stoppen Sie, andernfalls gehen Sie zurück, und wiederholen Sie ab Schritt 2.

M ist kleiner als *N*, und *L* ist in der Regel viel größer als *N*. Die Temperaturabnahme wird durch α, einer kleinen Konstante üblicherweise mit einem Wert zwischen 0,8 und 0,9999, bestimmt. Der Initialwert von *T* wird so gewählt, dass für alle Energieänderungen exp(-$\Delta E/T$) > 0.9999 gilt.

DIE BOLTZMANN-MASCHINE

Der von Ackley *et al.* (1985) eingeführte Boltzmann-Automat ist ein neuronales Netz, welches das Konzept des simulierten Nachglühens zum Aktualisieren des Netzzustands einsetzt. In seiner Basisform ist der Boltzmann-Automat ein Hopfield-Netz (siehe Kapitel 4), das einen stochastischen Prozess zum Aktualisieren des Zustandes einer Netzeinheit verwendet. Die hier vorgestellte Version setzt bipolare Aktivierungszustände (+1 und −1) voraus. Die Energie eines Hopfield-Netzes wurde in Kapitel 4 folgendermaßen angegeben:

$$E = -\frac{1}{2}\sum_j \sum_i s_j s_i w_{ij}$$

Hierbei ist s der Zustand einer Netzeinheit. Wenn eine Einheit *j* ihren Zustand durch Δs_j ändert, ist die Energieänderung:

$$\Delta E = -\Delta s_j \sum_i s_i w_{ij}$$

Alternativ kann die Energieänderung auch folgendermaßen ausgedrückt werden:

$$\Delta E = -2 s_j \sum_i s_i w_{ij}$$

Dies wird auf einfache Weise durch Betrachten der möglichen Zustandsänderung einer Einheit deutlich. Wenn der Zustand von s_j derzeit −1 ist und sich zu +1 ändert, ist die Änderung +2 oder (-2s_j). Wenn s_j derzeit +1 ist und sich zu −1 ändert, ist die Änderung −2 oder (-2s_j). Zum Berechnen der Wahrscheinlichkeit des Akzeptierens einer vorgeschlagenen Zustandsänderung wird üblicherweise eine sigmoid-förmige Funktion eingesetzt:

$$p = \frac{1}{1 + exp\left(-\frac{\Delta E}{T}\right)}$$

Daher ergibt sich die Wahrscheinlichkeit, dass eine Einheit in einen neuen Zustand wechselt, aus:

$$p = \frac{1}{1 + exp\left(2s_j \frac{\sum_i s_i w_{ij}}{T}\right)} \tag{6.2}$$

Die Boltzmann-Maschine wurde bei einer Reihe von Optimierungsproblemen einschließlich des Problems des Handlungsreisenden angewendet (Finden einer optimalen Route zwischen eine Reihe von Städten).

Eine Boltzmann-Maschine kann auch mit verborgenen Einheiten konstruiert werden. Die sichtbaren Einheiten (jene, die als Schnittstelle zur Umgebung verwendet werden) können in Eingabe- und Ausgabeeinheiten aufgeteilt werden. Eine Beispielarchitektur wird in Abbildung 6.3 gezeigt. Alle Einheiten besitzen bidirektionale Verbindungen zu jeder anderen Einheit, außer den Einheiten in der Eingabeschicht, die keine direkte Verbindung zu den Einheiten in der Ausgabeschicht haben. Mit dieser Architektur kann das Netz dazu gebracht werden, überwacht zu lernen. Während des Trainings werden die Eingabe- und Ausgabeeinheiten festgehalten (auf die Eingabe- und die assoziierten Zielvektoren gesetzt). Nach dem Training werden nur die Eingabeeinheiten festgehalten und das Netz arbeitet während einiger Iterationen, bis die Aktivierungen der Ausgabeeinheiten sich beruhigen.

Bei einem überwachten Boltzmann-Netz gibt es zwei Trainingsphasen: eine Festhaltephase, während der die Eingabe- und Ausgabeeinheiten auf Eingabe- und Zielmuster festgesetzt werden, und eine Freilaufphase, während der nur die Eingabeeinheiten festgehalten werden. Während der beiden Phasen werden Netzstatistiken ermittelt, die dann zum Aktualisieren der Gewichte des Netzes verwendet werden.

Das Anpassen der Gewichte zwischen den Einheiten i und j ergibt sich aus:

$$\Delta w_{ij} = \eta(p_{ij}^+ - p_{ij}^-)$$

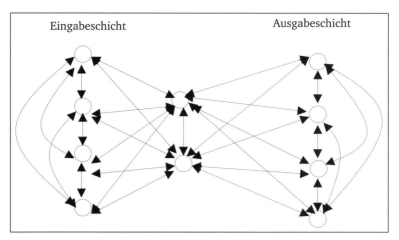

Abbildung 6.3: Ein Beispiel für eine Boltzmann-Maschine mit Eingabe- und Ausgabeschichten. In diesem Fall besitzt das Netz dieselbe Anzahl von Eingabe- und Ausgabeeinheiten und könnte für die Autoassoziation verwendet werden.

Hierbei ist ρ_{ij}^+ die Korrelation zwischen den Einheiten *i* und *j* während der Festhaltephase, und ρ_{ij}^- die Korrelation während der Freilaufphase. Für unsere Zwecke bezieht sich die Korrelation auf die Wahrscheinlichkeit, dass zwei Einheiten sich in demselben „an"-Zustand befinden. Wir werden uns hier nicht mit den Details des Algorithmus befassen, doch im Grunde genommen werden für jedes Eingabe-Ausgabemuster die sichtbaren Einheiten festgehalten und simuliertes Abkühlen durchgeführt. Das Netz wird bei jeder Temperatur entspannt, indem die Zustände der verborgenen Einheiten entsprechend der Wahrscheinlichkeitsregel aus Gleichung (6.2) aktualisiert werden. Bei der Endtemperatur werden die Statistiken zusammengestellt, um die Korrelationen p_{ij}^+ auszuwerten. Die Vorgehensweise wird für die Freilaufphase wiederholt und im Anschluss daran werden die Gewichte aktualisiert. Der gesamte Vorgang wird wiederholt, bis keine Änderungen mehr an den Gewichten auftreten (d. h. wenn das Netz konvergiert ist).

6.2.2 PROBABILISTISCHE NEURONALE NETZE

In diesem Abschnitt lernen wir ein neues Netz kennen, das für die Klassifikation von Mustern verwendet werden kann: das *probabilistische neuronale Netz* (PNN). Ein PNN ist eigentlich eine parallele Implementierung einer alten statistischen Methode. Es war Specht (1990), der zeigte, wie ein neuronales Netz zum Implementieren einer statistischen Methode für die Durchführung von Musterklassifizierungen verwendet werden kann. Bevor wir uns jedoch mit dieser Netzarchitektur im Detail befassen, werfen wir einen kurzen Blick auf das Funktionsprinzip dieser Netze.

In einem PNN wird ein Muster anhand seiner Nähe zu einem benachbarten Muster klassifiziert. Der Abstand zum benachbarten Muster ist ein wichtiger Faktor bei der Klassifizierung eines neuen Musters, aber die Art, wie die benachbarten Muster verteilt sind, ist ebenfalls wichtig. Statistische Methoden verwenden eine Reihe von Entscheidungstechniken für das Zuordnen nicht klassifizierter Muster zu einer Klasse. Betrachten Sie Abbildung 6.4. Eine einfache Metrik zum Klassifizieren eines neuen Beispielmusters besteht darin, den Zentroiden für jede Klasse zu berechnen (die Durchschnittsposition für alle Muster in einer Klasse). Dies funktioniert gut bei Verteilungen wie in Abbildung 6.4(a), könnte jedoch in Abbildung 6.4(b) zu der falschen Klassenzuordnung führen. Eine alternative, einfache und oft verwendete Metrik besteht darin, die Klassifizierung auf den nächsten Nachbarn zu gründen: Sie finden heraus, welches Muster einer bekannten Klasse am nächsten liegt und weisen das unbekannte Muster derselben Klasse zu. Auch diese Metrik funktioniert nicht immer, wie aus Abbildung 6.4(c) hervorgeht. Eine etwas verfeinerte Technik besteht darin, zusätzlich zum Abstand die Dichte der benachbarten Muster zu berücksichtigen.

Das PNN basiert auf der Klassifikationstechnik von Bayes. Die Idee dabei ist, dass wir bei einem Beispielmuster eine Entscheidung darüber treffen können, zu welcher Klasse dieses Muster am wahrscheinlichsten gehört. Die Entscheidung erfordert, dass wird für jede Klasse eine Wahrscheinlichkeitsdichtefunktion schätzen. Diese Schätzung erfolgt anhand der Trainingsdaten. Die Formulierung der Regel besagt, dass die Klasse mit einer sehr dichten Population in der Region eines unbekannten Beispielmusters vor anderen Klassen bevorzugt wird.

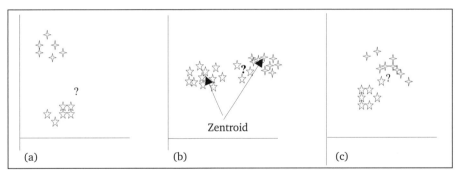

Abbildung 6.4: Techniken für das unüberwachte Klassifizieren eines Punktes. In (a) scheint das unbekannte Muster mit der Bezeichnung '?' zur Klasse ☆ zu gehören. In diesem Fall liefert die Zentroidmethode die korrekte Klasse. In (b) scheint das unbekannte Muster mit der Bezeichnung zur Klasse ☆ zu gehören. In diesem Fall liefert die Zentroidmethode jedoch die falsche Klasse. In (c) scheint das unbekannte Muster mit der Bezeichnung zur Klasse ☆ zu gehören. Dessen nächster Nachbar ist nicht wirklich repräsentativ für die anderen zur Klasse ☆ gehörenden Muster. In diesem Fall beruht die korrekte Klassifizierung auf der Verteilung aller benachbarten Muster.

Außerdem wird eine Klasse mit einer hohen a priori-Wahrscheinlichkeit oder mit hohen Kosten bei Fehlklassifizierung anderen Lösungen bevorzugt.

Für zwei Klassen A und B selektiert die Regel die Klasse A, wenn

$$h_A c_A f_a(\mathbf{x}) > h_B c_B f_B(\mathbf{x})$$

Hierbei ist h die a priori-Wahrscheinlichkeit, c die Kosten der Fehlklassifizierung und $f(x)$ die Dichtefunktion. Die Schätzung der Kosten der Fehlklassifizierung erfordert Wissen über die Anwendung, doch bei vielen Anwendungen werden die Kosten der Fehlklassifizierung und die a priori-Wahrscheinlichkeiten als identisch für jede Klasse betrachtet.

Auch wenn wir die Kosten und die a priori-Wahrscheinlichkeiten ignorieren, bleibt uns immer noch die Aufgabe, die Wahrscheinlichkeitsdichtefunktion (*probability density function*, PDF) zu schätzen. Die Schätzung kann mithilfe des PDF-Schätzers von Parzen durchgeführt werden, der eine auf einen Trainingspunkt zentrierte Gewichtsfunktion verwendet. Diese Gewichtsfunktion wird als *Potentialfunktion oder Kernel* bezeichnet. Ein üblicherweise verwendeter Kernel ist eine *Gaußsche* Funktion.

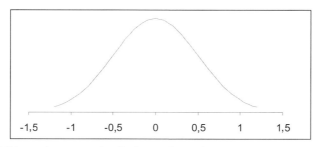

Abbildung 6.5: Eine *Gaußsche* Funktion für eine einzelne Variable.

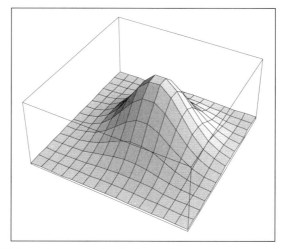

Abbildung 6.6: Eine *Gaußsche* Funktion für zwei Variablen.

Die Form dieser Funktion für eine einzelne Variable ist in Abbildung 6.5 dargestellt. Bei zwei Variablen (zwei Dimensionen) ist die Funktion glockenförmig (siehe Abbildung 6.6). Um die PDF für eine Klasse zu schätzen, wird an jedem Trainingsvektor eine Gaußsche Funktion zentriert. Die Gaußschen Funktionen für jeden Vektor werden dann aufsummiert und ergeben so die PDF. Die geschätzte PDF für eindimensionale Daten, die zu einer einzelnen Klasse gehören ist in Abbildung 6.7 illustriert. Dieses Mal wird eine vereinfachte Form einer Gaußschen Funktion verwendet:

$$g(\mathbf{x}) = \sum_{i=1}^{n} \exp\left(\frac{-\|\mathbf{x} - \mathbf{x}_i\|^2}{\sigma}\right)$$

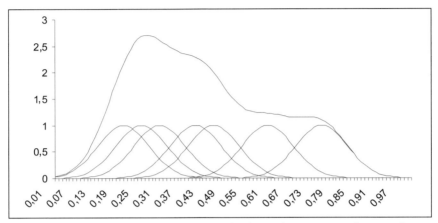

Abbildung 6.7: Die geschätzte PDF entspricht der Aufsummierung der einzelnen an jedem Beispielpunkt zentrierten Gaußschen Funktionen. Hier ist $\sigma = 0{,}1$.

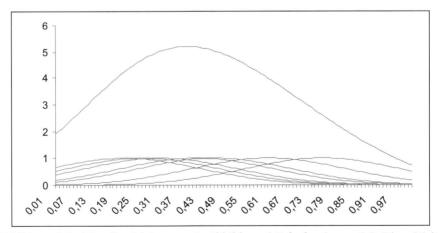

Abbildung 6.8: Dieselbe Schätzung wie Abbildung 6.7 doch mit $\sigma = 0{,}3$. Diese Weite ist zu groß, und es besteht die Gefahr, dass die Klassen unscharf werden (eine hohe Wahrscheinlichkeit von Fehlklassifizierung).

Der Parameter σ steuert die Breite jeder Funktion und sein Einfluss ist in den Abbildungen 6.7-6.9 illustriert.

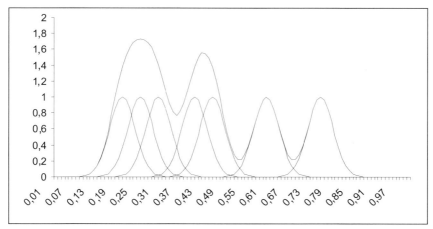

Abbildung 6.9: Dieselbe Schätzung wie Abbildung 6.7 doch mit σ = 0,05. Wenn die Weite zu gering wird, besteht die Gefahr einer schlechten Generalisierung: Der Raum um die Trainingsbeispiele wird zu eng.

BEISPIEL 6.1

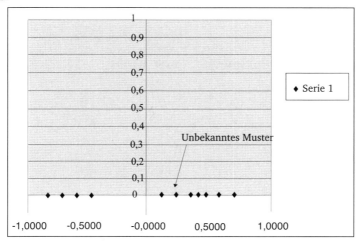

Abbildung 6.10: Das unbekannte Muster, das unter Verwendung einer PDF klassifiziert werden soll (Beispiel 6.1).

Wie in Abbildung 6.10 gezeigt, gibt es zwei Klassen von Daten einer einzelnen Variablen. Ein in 0,2 positioniertes Muster gehört zu einer unbekannten Klasse. Bestimmen Sie unter Verwendung einer PDF mit einem Gaußschen Kernel zu welcher Klasse ein Muster gehört.

LÖSUNG

Der Wert für σ wird als 0,1 gewählt. Tabelle 6.1 zeigt das Ergebnis der Dichteschätzung. Obwohl das unbekannte Muster am nächsten zu einem Punkt in Klasse A liegt, bevorzugt die Berechnung Klasse B. Der Grund für diese Bevorzugung liegt in der hohen Dichte der Punkte um 0,35.

DIE NEURONALE NETZARCHITEKTUR FÜR EIN PNN

Eine Beispielarchitektur für ein kleines Problem wird in Abbildung 6.11 gezeigt. Die Funktion der Eingabeschicht besteht darin, ein Eingabemuster auf die Musterschicht zu verteilen. In diesem Fall besitzt jede Eingabe vier Merkmale. Die Musterschicht enthält eine einzelne Einheit für jedes Muster in der Trainingsdatenmenge. Die Eingabe- und die Musterschichten sind vollständig verbunden. Die in eine Mustereinheit eingehenden Gewichte sind auf die Elemente des entsprechenden Mustervektors gesetzt. Beim ersten Mustervektor werden beispielsweise die eingehenden Gewichte der ersten Mustereinheit auf das erste Element gesetzt, die Gewichte des zweiten auf das zweite Element etc. Die Aktivierung einer Mustereinheit ergibt sich aus:

$$O_j = \exp(\frac{-\sum (w_{ij} - x_i)^2}{\sigma^2}) \tag{6.3}$$

Hierbei ist **x** ein unbekanntes Eingabemuster. Der obige Ausdruck verwendet den quadrierten euklidischen Abstand zwischen einem unbekannten Muster und einer Mustereinheit.

Klasse	Trainingspunkt	Abstand von unbekannt	PDF
A	-0,2000	0,1600	0,0000
A	-0,5000	0,4900	0,0000
A	-0,6000	0,6400	0,0000
A	-0,7000	0,8100	0,0000
A	-0,8000	1,0000	0,0000
A	0,1000	0,0100	0,3679
			0,3679
B	0,3500	0,0225	0,1054
B	0,3600	0,0256	0,0773
B	0,3800	0,0324	0,0392
B	0,3650	0,0272	0,0657

Tabelle 6.1: Die Berechnung der Dichteschätzung für Beispiel 6.1

Klasse	Trainingspunkt	Abstand von unbekannt	PDF
B	0,3550	0,0240	0,0905
B	0,4000	0,0400	0,0183
B	0,5000	0,0900	0,0001
B	0,6000	0,1600	0,0000
B	0,7000	0,2500	0,0000
			0,3965

Tabelle 6.1: Die Berechnung der Dichteschätzung für Beispiel 6.1 (Forts.)

Die Summierungsschicht besitzt eine Einheit für jede Klasse in der Trainingsmenge. Eine Summierungseinheit verfügt lediglich über Verbindungen von den Mustereinheiten, die zu seiner Klasse gehören. Die Gewichte vom Muster zu den Summierungseinheiten werden auf 1 festgelegt. Eine Summierungseinheit summiert einfach nur die Ausgaben von den Mustereinheiten. Diese Summe ist der Wert der geschätzten Dichtefunktion für die Population der Beispielmuster der entsprechenden Klasse. Die Ausgabeeinheit ist ein Schwellendiskriminator, der die Summierungseinheit mit der höchsten Aktivierung anzeigt (d. h., signalisiert zu welcher Klasse ein unbekanntes Beispielmuster gehört).

Beim PNN gibt es kein Training im Sinne eines Backpropagation-Netzes, da alle Netzparameter eines PNN (Anzahl der Einheiten und Gewichte) direkt anhand der Trainingsdaten festgelegt werden.

Die Vorgehensweise zum Verwenden eines PNN ist relativ einfach. Die Netzarchitektur wird anhand der Trainingsdaten festgelegt.

Anzahl der Eingabeeinheiten = Anzahl der Merkmale

Anzahl der Mustereinheiten = Anzahl der Trainingsmuster

Anzahl der Summierungseinheiten = Anzahl der Klassen

Die erste Gewichtsschicht wird anhand der Trainingsmuster festgelegt. Die zweite Schicht ist vollständig auf Eins gesetzt. Die Gewichte in der letzten Schicht werden so gesetzt, dass die Ausgabe als Diskriminator agieren kann und die Summierungseinheit mit der höchsten Aktivierung anzeigt.

Für die Aktivierungsfunktion der Mustereinheit muss eine Wahl getroffen werden. Eine typische Wahl ist die Verwendung eines Gaußschen Kernels von dem Typ aus Gleichung (6.3). Der Wert von σ steuert die Weite der Aktivierungsfunktion. Der Wert von σ ist entscheidend und wird oft nach Experimentieren mit verschiedenen Werten bestimmt, um zu sehen, welcher die besten Ergebnisse liefert.

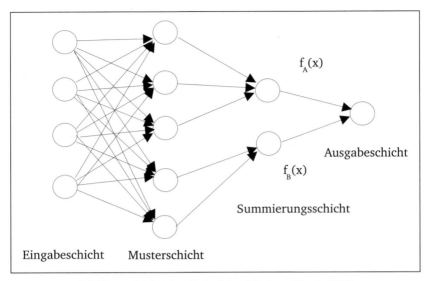

Abbildung 6.11: Eine Beispielarchitektur für ein PNN.

Ist das Netz einmal aufgebaut, kann ein unbekanntes Muster in die Eingabeschicht gespeist und ein Vorwärtsdurchlauf durch das Netz durchgeführt werden. Anschließend wird von der Ausgabeschicht mitgeteilt, zu welcher Klasse das Muster am wahrscheinlichsten gehört.

Das hier vorgestellte PNN erfordert, dass der euklidische Abstand zwischen dem unbekannten Beispielmuster und allen Trainingsmustern berechnet wird. Besitzen alle Eingangsvektoren die Länge Eins, kann die Form der Aktivierungsfunktion für eine Mustereinheit so modifiziert werden, dass sie mit der bequemeren Summe von Produkten arbeitet:

$$o_j = \exp\left(\frac{\sum x_i w_{ij} - 1}{\sigma^2}\right)$$

BEISPIEL 6.2

Abbildung 6.12 zeigt eine Reihe von Trainingspunkten aus drei Klassen und ein unbekanntes Beispiel. Normalisieren Sie die Eingaben auf Einheitslänge und ermitteln Sie unter Verwendung eines PNN die Klasse, zu der das unbekannte Beispiel gehört.

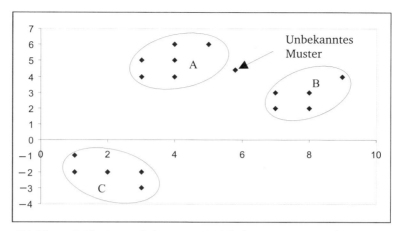

Abbildung 6.12: Das unbekannte Beispiel, das unter Verwendung eines PNN klassifiziert werden soll (Beispiel 6.2).

LÖSUNG

Die normalisierten Vektoren werden in Abbildung 6.13 gezeigt. Tabelle 6.2 führt die Trainingsdaten vor und nach der Normalisierung auf. Tabelle 6.3 zeigt das unbekannte Muster. Tabelle 6.4 fasst einen Durchgang durch das Netz zum Klassifizieren eines unbekannten Mustervektors zusammen. Der Wert von σ ist 0,1. Die Berechnungen platzieren das unbekannte Muster in Klasse A.

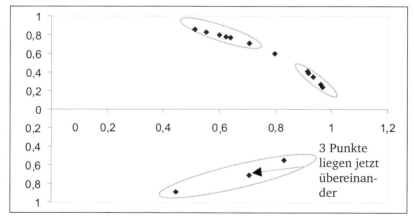

Abbildung 6.13: Die in Abbildung 6.12 gezeigten Vektoren werden hier nach ihrer Normalisierung gezeigt.

Unnormalisiert		Normalisiert	
x_1	x_2	x_1	x_2
3,0000	5,0000	0,5145	0,8575
4,0000	4,0000	0,7071	0,7071
3,0000	4,0000	0,6000	0,8000
5,0000	6,0000	0,6402	0,7682
4,0000	6,0000	0,5547	0,8321
4,0000	5,0000	0,6247	0,7809
7,0000	2,0000	0,9615	0,2747
7,0000	3,0000	0,9191	0,3939
8,0000	2,0000	0,9701	0,2425
8,0000	3,0000	0,9363	0,3511
9,0000	4,0000	0,9138	0,4061
1,0000	-1,0000	0,7071	-0,7071
1,0000	-2,0000	0,4472	-0,8944
2,0000	-2,0000	0,7071	-0,7071
3,0000	-2,0000	0,8321	-0,5547
3,0000	-3,0000	0,7071	-0,7071

Tabelle 6.2: Die auf Einheitslänge normalisierten Trainingsdaten

Es ist möglich, kompliziertere PNNs als die hier vorgestellten zu konstruieren. Wir könnten beispielsweise einen anderen Wert von σ für jedes Eingabemerkmale verwenden. Es wird so möglich, die Form der Klassifizierungsoberfläche, die zu den Trainingsmustern passt, in beträchtlichem Maße zu steuern.

PNNs sind nützliche Klassifizierer. Sie sind schnell zu trainieren und können fehlerhafte Daten tolerieren, sowie nützliche Ergebnisse bei kleinen Trainingsmengen liefern. PNNs sind teuer, was Ressourcen angeht. Manche Probleme besitzen Hunderte oder sogar Tausende Trainingsmuster, was zu einer langen Rechenzeit beim Klassifizieren eines unbekannten Musters führt. Dabei sollten wir jedoch nicht vergessen, dass, wenn das Netz in Hardware implementiert wird, die meisten Berechnungen parallel durchgeführt werden können.

Das PNN ist nicht so allgemein wie einige andere neuronalen Netze. Im Gegensatz zu einem mehrschichtigen vorwärtsgerichteten Backpropagation-Netz, das beispielsweise auch allgemeine Funktionsabbildungen durchführen kann, ist ein PNN in unveränderter Form auf Klassifikationsaufgaben beschränkt. Nichtsdestotrotz ist Klassifikation eine weit angewendete Technik, und das PNN beherrscht diese Aufgabe sehr gut. Tatsächlich behauptet Masters (1995), das PNN sei sein bevorzugtes neuronales Netzmodell.

Unnormalisiert		Normalisiert	
X_1	X_2	X_1	X_2
5,8000	4,4000	0,7967	0,6044

Tabelle 6.3: Ein unbekanntes Muster

Mustereinheit	W_1	W_2	Aktivierung	Aktivierung der summierten Einheit
1	0,5145	0,8575	0,0008	
2	0,7071	0,7071	0,3950	
3	0,6000	0,8000	0,0213	
4	0,6402	0,7682	0,0768	
5	0,5547	0,8321	0,0040	
6	0,6247	0,7809	0,0480	0,5459
7	0,9615	0,2747	0,0011	
8	0,9191	0,3939	0,0516	
9	0,9701	0,2425	0,0003	
10	0,9363	0,3511	0,0153	
11	0,9138	0,4061	0,0706	0,1389
12	0,7071	-0,7071	0,0000	
13	0,4472	-0,8944	0,0000	
14	0,7071	-0,7071	0,0000	
15	0,8321	-0,5547	0,0000	
16	0,7071	-0,7071	0,0000	0,0000

Tabelle 6.4: Berechnung des PNN zum Klassifizieren des in Tabelle 6.3 aufgeführten Musters

6.3 Ein Beispiel für ein modulares neuronales Netz

Das BP-SOM-Netz ist ein Netz, das ein mit Backpropagation trainiertes mehrschichtiges vorwärtsgerichtetes Netz (*multilayered feedforward network*, MFN) und eine selbstorganisiernde Karte (self-organizing map, SOM) kombiniert. Die Motivation zur Einführung der BP-SOM besteht darin zu zeigen, wie mit ein wenig Erfindungsgeist neue Netzarchitekturen abgeleitet werden können, und zu betonen, dass neuronale Netze nicht sofort verworfen werden sollten, wenn sie an einer Aufgabe zuerst scheitern.

Die Architektur einer BP-SOM (weitere Informationen erhalten Sie bei Weijters *et al.* (1997)) ist ein vorwärtsgerichtetes Standardnetz mit einer oder mehreren verborgenen Schichten. Mit jeder verborgenen Schicht ist eine SOM verknüpft. In der folgenden Beschreibung gehen wir von einer einzelnen verborgenen Schicht aus, aber die Verwendung von mehr als einer verborgenen Schicht erfolgt auf dieselbe Weise.

Die Anzahl der SOM-Einheiten wird willkürlich gewählt, und die Anzahl der Eingaben zu jeder SOM-Einheit wird auf die Anzahl der Einheiten in der entsprechenden verborgenen Schicht festgelegt. Das MFN und die SOM werden parallel trainiert. Die Aktivierungen der verborgenen Schicht dienen als Eingänge zur SOM. Während des Trainings organisiert die SOM sich selbst, und diese Selbstorganisation wird in Klassifizierungsinformationen übersetzt, indem jeder SOM-Einheit eine Klassenbezeichnung zugewiesen wird. Die Klassenbezeichnung einer SOM-Einheit wird folgendermaßen festgelegt: Nach einer Reihe von Trainingszyklen werden alle Trainingsmuster (zusammen mit ihren bekannten Ausgabeklassen) nacheinander dem MFN präsentiert. Die Aktivierungen der verborgenen Schicht für ein Trainingsmuster werden in die SOM gespeist, und die gewinnende SOM-Einheit (die Einheit mit dem geringsten euklidischen Abstand zum Aktivierungsvektor der verborgenen Schicht) identifiziert. Mit jeder SOM-Einheit ist ein Zähler für jede der Ausgabeklassen verknüpft. Jedes Mal wenn eine SOM-Einheit den Wettbewerb um ein Trainingsmuster gewinnt, wird ihr Klassenzähler entsprechend der Musterklasse um Eins erhöht. Nachdem alle Trainingsmuster vorgelegt worden sind, wird jede SOM-Einheit entsprechend dem höchsten Klassenzähler bezeichnet. Bei der Klassenbezeichnung befindet sich ein Verlässlichkeitswert, der einfach das Verhältnis des Klassenbezeichnungszählers zur Gesamthäufigkeit darstellt, mit der die Einheit einen Wettbewerb gewonnen hat. Eine Beispielarchitektur ist in Abbildung 6.14 gezeigt.

Es werden zwei Fehlervektoren zum Anpassen der Gewichte des MFN während des Trainings verwendet. Der erste Fehlervektor wird unter Verwendung der Standard-Backpropagationtechnik berechnet. D. h. dem MFN wird ein Muster vorgestellt, und die Ist-Ausgabe mit dem Soll-Ausgabe verglichen. Der Ausgabefehler wird anschließend zum Berechnen eines Fehlerwerts für jede verborgene Einheit verwendet ($\mathbf{V}_{bp\_fehler}$). Der zweite Fehler wird aus der SOM abgeleitet. Die vom aktuellen Eingabemuster generierten Aktivierungen der verborgenen Einheiten werden der SOM-Gewinnereinheit gegenübergestellt, die die Klassenbezeichnung für das aktuelle Muster besitzt. Mit anderen Worten, die SOM-Einheiten konkurrieren um den verborgenen Aktivierungsvektor, doch nur jene Einheiten mit der korrekten Klassenbezeichnung nehmen am Wettbewerb teil. Der Unterschied zwischen dem verborgenen Aktivierungsvektor und dem Gewichtsvektor der SOM-Gewinnereinheit wird als SOM-Fehler ($\mathbf{V}_{som\_fehler}$) betrachtet. Ist keine SOM-Einheit mit der Klasse des aktuellen Musters gekennzeichnet, werden alle Elemente des Vektors von $\mathbf{V}_{som\_fehler}$ auf Null gesetzt. Der Fehler für eine verborgene Einheit wird dann folgendermaßen berechnet:

$$V\text{bp\_som\_fehler}_j = \begin{cases} ((1-\alpha) \times V\text{bp\_fehler}_j) + (r \times \alpha \times V\text{som\_fehler}_j) & \textit{if } r > t \\ V\text{bp\_fehler}_j & \textit{andernfalls} \end{cases}$$

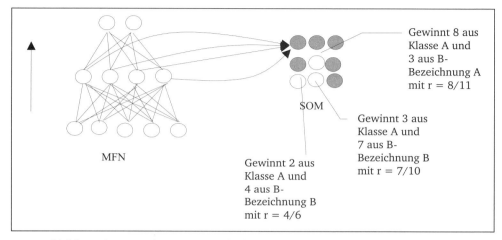

Abbildung 6.14: In diesem Beispiel gibt es 27 Trainingsmuster, 13 aus Klasse A und 14 aus Klasse B. Zwecks Illustration wird nur eine SOM-Einheit mit Verbindungen aus dem MFN gezeigt.

Hierbei stellt α den Einfluss des SOM-Fehlers dar und wird typischerweise auf 0,25 gesetzt (würde er auf Null gesetzt, wäre das Ergebnis Standard-Backpropagation), r ist die Verlässlichkeit und t ist der üblicherweise auf 0,95 gesetzte Schwellenwert.

Das Training ist dasselbe wie für das standardmäßige Backpropagation-Netz, außer dass für jede verborgene Einheit ein zusätzlicher Fehlerterm addiert wird:

1. Setzen Sie die MFN- und SOM-Gewichte auf Zufallswerte. Setzen Sie für alle SOM-Einheiten die Klassenbezeichnung auf unbekannt, sowie die Klassenzähler und die Verlässlichkeit auf Null.
2. Trainieren Sie das MFN während einer festgelegten Anzahl von Epochen (m). Während jeder Epoche:
   a. Für jedes Trainingsmuster und assoziierte Ausgabeklasse: Berechnen Sie für jedes Muster die Aktivierungsvektoren der verborgenen Schicht, und verwenden Sie diese Vektoren zum Trainieren der SOM. Berechnen Sie $\mathbf{V}_{\text{bp\_som\_fehler}}$ und aktualisieren Sie die MFN-Gewichte.
   b. Berechnen Sie nach jedem n-ten Zyklus ($1 \leq n \leq m$) die Klassenbezeichnungen und die Verlässlichkeit der SOM-Einheiten neu.

Einmal trainiert, kann das MFN selbständig arbeiten.

Ein interessantes Merkmal des BP-SOM ist die angebliche verbesserte Generalisierung. Wir wissen, dass eine gute Generalisierung für jeden Anwendungsbereich eine wesentliche Rolle spielt, da ein Netz nur von geringem Nutzen ist, solange es nicht gut mit Daten arbeitet, die ihm nicht während des Trainings vorgelegt worden sind. Es ist durchaus üblich, dass beispielsweise ein mit Backpropagation trainiertes Netz eine Aufgabe mit Leichtigkeit lernt, bei der Generalisierung jedoch keine akzeptable Leistung erzielt. Manchmal können einfache Maßnahmen eine schlechte Generalisierung verbessern (z. B. auf Übertraining prüfen), doch oft ist die Lösung nicht so einfach. Wenn ein Netz nicht zufrieden stellend arbeitet, wird es schnell als ungeeignet für die Aufgabe eingestuft und deshalb verworfen. Clark (1993) beschreibt eine Reihe von Experimenten, die von verschiedenen Forschern durchgeführt wurden, deren Netze nicht die gewünschte Leistung erbrachten, später jedoch durch Verändern des Trainingsaufbaus verbessert werden konnten. Der Aufbau wird in der Regel durch Zerlegen der Aufgabe verändert. Dies kann erfolgen durch Zerlegen der Präsentation der Trainingsdaten in Phasen (anhand einer Teilmenge der Trainingsdaten trainieren, bevor die verbleibenden Trainingsinstanzen eingeführt werden) oder durch Unterteilen der Aufgabe in Unteraufgaben, die von getrennten Netzen durchgeführt werden können.

Eines der von Clark beschriebenen Experimente ist der Versuch von Norris (1989), ein MFN dazu zu trainieren, den Wochentag für ein bestimmtes Datum auszugeben. Beispielsweise anhand der Angabe 24. Februar 1998 sollte das Netz „Dienstag" ausgeben.

Im ursprünglichen Experiment von Norris handelte es sich um ein mit Backpropagation trainiertes Netz. Obwohl die Aufgabe erlernt werden konnte, scheiterte das Netz beim Generalisieren, auch wenn die Anzahl der Schichten und die Anzahl der Einheiten variierten. Norris griff darauf zurück, einen logischen Algorithmus zum Berechnen der Wochentage anhand eines bestimmten Datums zu analysieren. Die Vorgehensweise zum Berechnen des Datums kann in drei Schritte aufgeteilt werden. Zuerst wird beispielsweise ein Basismonat (z. B. November 1957) gewählt, und jeder Tag für jedes Datum des Basismonats angegeben. Es wird beispielsweise ein Basismonat (z. B. November 1957) gewählt, und jeder Tag für jedes Datum des Basismonats angegeben. Zweitens kann jeder Tag für jeden Monat im Basisjahr (1957) gelernt werden, indem man Verschiebungen auf den Basismonat anwendet. Schließlich werden die Verschiebungen zwischen den Jahren gelernt (z. B. bei Folgejahren den Tag um Eins verschieben). Jeder Schritt wurde durch ein Unternetz modelliert. Das erste Unternetz schloss das Training ab, bevor das Training in zweiten Unternetz begann, und das zweite Unternetz schloss sein Training vor dem dritten ab. Die Generalisierung war zu 90% genau, und die meisten Fehler traten bei Schaltjahren auf.

Obwohl Norris schließlich ein Netz mit respektabler Leistung konstruierte, war dazu erhebliches menschliches Eingreifen erforderlich. Die Lösung beruhte auf aufgabenspezifischem Wissen. Während in der Praxis Probleme der realen Welt unter Verwendung von aufgabenspezifischem Wissen gelöst werden, ist es wichtig zu ermitteln, wie die Leistung eines neuronalen Netzes verbessert werden kann. Oft werden neuronale Netze blind eingesetzt: Wir wissen nicht, wie wir ein bestimmtes Problem lösen können, und setzen daher ein neuronales Netz ein. Wenn das Netz unter diesen blinden Bedingungen scheitert, wissen wir nicht, ob das Netz die Aufgabe nicht erlernen konnte oder ob der Aufbau des Trainings falsch war. Erfahrene Praktiker bei der Arbeit mit neuronalen Netzen wissen, dass Lösungen für Probleme der realen Welt in der Regel zahlreiche Experimente erfordern, doch wir versuchen andauernd, uns zu verbessern, indem wir neue neuronale Netzmodelle und unser Wissen darüber weiterentwickeln, wie neuronale Netze bestimmte Probleme lösen.

Weijters *et al.* (1997) lösten die Datumsaufgabe unter Verwendung einer BP-SOM. Die berichtete Leistung ist beeindruckend. Zum Vergleich haben Sie ein Standard-MFN unter Verwendung von Backpropagation trainiert. Bei den Tests scheiterte das Backpropagation-Netz in 61% der Testfälle, wohingegen die BP-SOM nur bei 3% scheiterte.

In Kapitel 8 werden wir uns mit einer Reihe weiterer modularer Architekturen befassen.

6.4 EINIGE PRAKTISCHE ÜBERLEGUNGEN ZUM TRAINIEREN NEURONALER NETZE

6.4.1 WAHL DES NETZMODELLS

Die erste bei der Wahl eines Netzmodells zu treffende Entscheidung ist der Modelltyp, und dieser hängt davon ab, ob die Klassifizierung der Daten bekannt ist oder nicht. Das Trainieren eines Systems zum Erkennen von Kunden mit geringer Kreditwürdigkeit wäre beispielsweise ein Beispiel, das überwachtes Lernen erfordert, da ein Kreditinstitut Aufzeichnungen darüber hat, ob die Schulden eines alten Kunden bereits bezahlt worden sind. Manchmal gibt es keine Informationen über die Klasse, zu denen die Daten gehören, und manchmal ist die Klassifizierung unscharf. Es ist beispielsweise oft schwierig, den Betriebszustand einer Maschine, z. B. eines Hubschraubers, mit Genauigkeit zu bestimmen. An der Überwachung des Betriebszustands von Hubschraubern wird zurzeit mit Hochtouren gearbeitet. Bordsensoren protokollieren Informationen, die später zur Analyse in eine Datenbank auf dem Boden heruntergeladen werden. Davon ausgehend, dass ein Hubschrauber meistens in einem guten Betriebszustand arbeitet, können die heruntergeladenen Informationen daraufhin analysiert werden, ob sie wesentliche Abweichungen gegenüber vorherigen Flügen aufweisen. Sind Unterschiede zu erkennen, könnte es an der Zeit sein, den Hubschrauber genauer auf Fehler zu inspizieren. In solchen Situationen wird of die Bündelanalyse (cluster analysis) eingesetzt. Die von Kohonen entwickelte selbstorganisierende Merkmalskarte (Self-organizing feature map, SOFM) ist ein unüberwachtes neuronales Netz, das mit statistischer Bündelung viel gemeinsam hat.

Die Natur des Problems schränkt dann die Wahl des Netzes auf ein oder zwei Modelle ein. Manchmal hängt die letztendliche Wahl von persönlichen Vorlieben oder Vertrautheit ab. In anderen Situationen schränkt das zu lösende Problem wiederum die Wahl ein. Angenommen, ein als Software implementiertes neuronales Netz wird beispielsweise mithilfe einer überwachten Methode trainiert, und nach dem Training erfordert die Aufgabe eine schnelle Ausführungszeit. Das Backpropagation-Netz und das probabilistische neuronale Netz können beide für das überwachte Lernen eingesetzt werden. Wenn jedoch das Problem das Analysieren einer sehr umfangreichen Datenmenge mit eine hohen Anzahl von Merkmalen beinhaltet, kann das probabilistische Netz unter Umständen zu restriktiv für ein als Software implementiertes einsatzfähiges System werden. Gehen Sie beispielsweise von einer aus 2 000 Mustern bestehenden Trainingsmenge mit jeweils 30 Merkmalen aus. Die erste Gewichteschicht im Backpropagation-Netz mit 15 verborgenen Einheiten benötigt 30 x 15 Multiplikationsoperationen zum Verarbeiten eines unbekannten Musters, wohingegen ein probabilistisches Netz 30 x 2 000 benötigt.

6.4.2 DIE ARCHITEKTUR

Die Eigenschaften einer Netzarchitektur (wie z. B. die Anzahl der Einheiten) werden oft durch das Problem bestimmt. Ein probabilistisches neuronales Netz wird in der Regel eine Architektur aufweisen, die mehr oder weniger direkt von den Trainingsdaten bestimmt wird. Bei einem vorwärtsgerichteten Backpropagation-Netz wird die Anzahl von Eingabe- und Ausgabeeinheiten durch das Problem diktiert (Anzahl von Eingabemerkmalen und Anzahl von bekannten Klassen). Die Größe der verborgenen Schicht wird meistens durch Experimentieren bestimmt. Eine Faustregel besteht darin, mit einer einzigen verborgenen Schicht zu beginnen, die 30-50% der Anzahl der Einheiten in der Eingabeschicht enthält. Bei der selbstorganisierenden Kohonen-Karte können die Kenntnisse über das Problem eine anfängliche Vorstellung über die Anzahl der Netzeinheiten vermitteln. Obwohl beispielsweise keine bekannte Beziehung zwischen der Datenmenge und dessen Klassifizierung vorliegen kann, ist es hilfreich, Kenntnisse darüber zu besitzen, wie viele Klassen von Interesse existieren (z. B. die Fehlertypen, die bei einer Maschine auftreten können). In der Regel wird es mehr als eine Einheit pro Klasse geben, um das Aufteilen von Klassen auf unterschiedliche Regionen des Eingangsmusterraums zu ermöglichen.

6.4.3 DIE DATEN

Die Verfügbarkeit und die Integrität der Daten stellen den wichtigsten Faktor beim Trainieren von neuronalen Netzen dar. Die Daten sollten vollständig alle möglichen Zustände des zu lösenden Problems repräsentieren, und es sollten ausreichende Daten vorliegen, um das Extrahieren der Test- und Validierungsdatenmengen zu ermöglichen.

Die für das Training gewählten Daten müssen für den gesamten Raum, den eine Klasse einnehmen kann, repräsentativ sein. Wenn beispielsweise zwei Klassen sich nahe beieinander befinden (wie in Abbildung 6.15), ist es wichtig, die Daten aus dem Grenzbereich zwischen den Klassen mit einzubeziehen. Auf diese Weise wird sichergestellt, dass das Netz Ressourcen für diese Region bereitstellt, da andernfalls die Muster aus dieser Region falsch klassifiziert werden könnten.

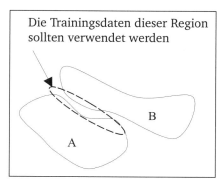

Abbildung 6.15: Zum erfolgreichen Klassifizieren unbekannter Daten sollte das Netz anhand repräsentativer Daten trainiert werden. Um den Grenzbereich zwischen den Klassen A und B einzubeziehen, sollte das Netz anhand von Beispielpunkten aus dem markierten Bereich trainiert werden.

Die Daten müssen außerdem auf Konsistenz überprüft werden. In einer umfangreichen Datenmenge sind Inkonsistenzen und Fehler durchaus üblich. Es könnte sein, dass ein Bediener falsche Informationen eingegeben hat oder dass manche Werte für ein Muster fehlen. Manchmal gibt es Ausreißer in den Daten. Ausreißer sind Punkte, die vom Rest der Daten abweichen und auf eine Form von Fehlern aufgrund fehlerhafter Datenerfassung hinweisen können. Manchmal ist Vorsicht geboten, da Ausreißer auch repräsentativ für nützliche Informationen sein können (z. B. für einen Maschinenfehler). Auch wenn überwachtes Lernen verwendet werden soll, kann es nützlich sein, die Daten zuerst unter Verwendung einer unüberwachten Methode zu bündeln oder eine anderen Typ von statistischer Analyse zu verwenden, um potentielle Probleme mit den Daten zu identifizieren. Es kann unter Umständen möglich sein, problematische Daten anzupassen oder sie einfach aus der Trainingsmenge herauszufiltern.

Die Test- und Validierungsmengen sollten per Zufall gewählt werden und auch hierbei wieder repräsentativ für das Problem sein. Validierungsdaten sind oft hilfreich, da Testdaten manchmal zum Überwachen des Netztrainings verwendet werden (siehe Abschnitt 6.4.5).

Die Daten müssen in der Regel skaliert werden, damit sie innerhalb des Operationsbereichs des Netzes liegen. Die Zieldaten für ein Backpropagation-Netz mit sigmoiden Aktivierungseinheiten müssen beispielsweise zwischen 0 und 1 liegen, da dies der Wertebereich der sigmoiden Funktion ist. Individuelle Merkmale müssen unter Umständen anders skaliert werden. Angenommen, ein Merkmal liegt im Bereich zwischen 300 und 2 000 und ein anderes zwischen 5 und 130 (z. B. Höhe in Millimeter und Gewicht in Kilogramm). In diesem Fall wird das erste Merkmal dazu tendieren, das zweite zu dominieren, da sein Einfluss auf die Eingabe zu einer Einheit größer ist. Eine brutale Methode zum Skalieren besteht darin, jeden Merkmalswert durch den Maximalwert für dieses Merkmal zu dividieren. Dies begrenzt den größten Wert auf 1. Es kann wünschenswert sein, die Daten so zu skalieren, dass sie innerhalb eines bestimmten Bereichs liegen. Der Bereich zwischen 0,1 und 0,9 wird beispielsweise oft für die sigmoide Aktivierungsfunktion verwendet, um zu verhindern, dass das Netz zum Stillstand kommt, weil es außerhalb seines Operationsbereichs arbeitet. Ein Merkmal kann unter Verwendung der folgenden Formel in den Bereich zwischen 0,1 und 0,9 skaliert werden:

$$y = \frac{0,9 - 0,1}{x_{max} - x_{min}} x + \left(0,9 - \frac{0,9 - 0,1}{x_{max} - x_{min}} x_{max}\right)$$

Hierbei ist y der neue Wert und x der originale Wert. Gehen wir beispielsweise davon aus, dass ein Merkmal im Bereich zwischen 2 und 20 liegt. Der Wert 2 wird zu

$$y = \frac{0,9 - 0,1}{20 - 2} 2 + \left(0,9 - \frac{0,8}{20 - 2} 20\right) = 0,1$$

Dies stellt den Minimalwert dar. Der Wert 20 auf 0,9 abgebildet, und der Wert 5 auf:

$$y = \frac{0,9 - 0,1}{20 - 2} 5 + \left(0,9 - \frac{0,8}{20 - 2} 20\right) = 0,23$$

Die Werte 0,9 und 0,1 können auch geändert werden, so dass die Daten innerhalb eines anderen Bereichs skaliert werden.

Unterschiedliche Merkmale könnten unter Umständen auch signifikant unterschiedliche Variationen bei der Verteilung der Werte mit sich bringen. Es kann beispielsweise vorkommen, dass zwei Merkmale einen ähnlichen Bereich aufweisen, und dass eines der Merkmale die meisten Werte am oberen Ende des Bereichs, das andere dagegen eine gleichmäßigere Verteilung über den gesamten Bereich aufweist. Dies wird in Abbildung 6.16 für 10 Beispielpunkte illustriert. Eine weitere Skalierungsform besteht darin, die Standardabweichung und den Mittelwert für jedes Merkmal zu berechnen.

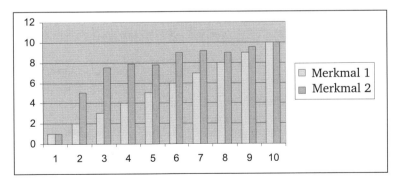

Abbildung 6.16: Zwei Merkmale mit demselben Bereich aber unterschiedlichen Verteilungen.

x	y	Transformiert
1,0000	1,0000	1,4142
2,0000	2,0000	2,8284
3,0000	3,0000	4,2426
4,0000	4,0000	5,6569
5,0000	5,0000	7,0711
6,0000	6,0000	8,4853
7,0000	7,0000	9,8995
8,0000	8,0000	11,3137
9,0000	9,0000	12,7279

Tabelle 6.5: Die von zwei Variablen, x und y, beschriebenen Daten werden so transformiert, dass eine einzelne Variable dieselbe Information übermittelt.

Individuelle Werte werden dann skaliert, indem man den Durchschnitt subtrahiert und durch die Standardabweichung für dieses Merkmal dividiert.

Bei Problemen mit vielen Merkmalen wird es oft Redundanz in den Daten geben. Redundanz bedeutet, dass es möglich ist, die Daten unter Verwendung von weniger Merkmalen zu beschreiben und doch die gesamte Information beizubehalten. Diese Idee mag eigenartig erscheinen, doch das Prinzip kann anhand eines einfachen Beispiels illustriert werden. Die x- und y-Daten aus Tabelle 6.5 sind in Abbildung 6.17 gezeichnet. Diese Daten sind gut geeignet, da sie auf einer Geraden liegen. Wenn Sie sich jetzt vorstellen, die Achse zu drehen, bis die x-Achse entlang der Geraden liegt, können Sie sich die x-Achse als neue Achse denken, deren Datenpunkte alle 0 als y-Komponente aufweisen.

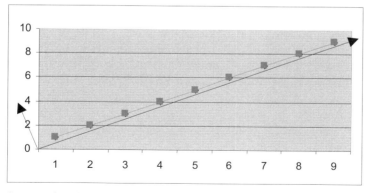

Abbildung 6.17: Anhand der (x, y)-Daten aus Tabelle 6.15 wurde eine Gerade gezeichnet. Werden die Daten durch die neue Menge der gezeigten Pfeilachsen dargestellt, ist nur eine Koordinate erforderlich.

Mit anderen Worten, wir brauchen lediglich die neue *x*-Achse, um die Daten zu beschreiben. Die Transformation kann durchgeführt werden, indem jede *x*- und *y*-Komponente mit $1/\sqrt{2}$ multipliziert und aufsummiert wird. Statt die Daten mit zwei Merkmalen zu beschreiben, haben wir jetzt nur noch eines. Die Transformation bewahrt die räumlichen Verhältnisse in den Daten. Der euklidische Abstand zwischen dem Punkt (3, 3) und dem Punkt (7, 7) ist beispielsweise identisch mit dem Abstand zwischen den transformierten Punkten bei 4,2426 bzw. 9,8995.

Die Redundanz kann mithilfe der Hauptkomponentenanalyse (principal component analysis, PCA) identifiziert werden. Wir haben PCA in Kapitel 4 eingeführt, doch da es sich um ein wichtiges Konzept handelt, werden wir sie an dieser Stelle erneut vorstellen. Die PCA findet eine alternative Menge von Achsen, über der eine Datenmenge dargestellt werden kann. Außerdem gibt sie an, entlang welcher Achse die stärkste Variation auftritt. In der obigen Illustration befindet sich die gesamte Varianz beispielsweise entlang der neuen *x*-Achse, und entlang der neuen *y*-Achse gibt es gar keine Variation (daher wird sie nicht benötigt). Nach Entfernen der redundanten Informationen kann es sich manchmal lohnen, einige der unbedeutenden Komponenten zu eliminieren (eine neue Achse wird üblicherweise als Komponente bezeichnet). Das sind die Komponenten mit einer sehr geringen Variation. Etwas Information geht verloren, wenn unbedeutende Komponenten entfernt werden, doch die PCA gibt an, wie viel Information beibehalten wird. Sie könnten sich beispielsweise dazu entscheiden, unbedeutende Komponenten zu entfernen, doch genügend Komponenten beizubehalten, um 95% der Daten zu beschreiben. In Abbildung 6.18 weisen die zwei Hauptkomponenten eine unterschiedliche Variation (oder Länge) auf. Die erste Komponente befindet sich in Richtung der stärksten Streuung, und die zweite Komponente wurde mit 90 Grad zur ersten platziert. Die zweite Komponente beschreibt die Restvariation, d.h. die Variation, die nach Berücksichtigen der ersten Komponente übrig bleibt.

Ein autoassoziatives Backpropagation-Netz führt eine Art von Hauptkomponentenanalyse durch. Bei manchen Problemen kann es sich als hilfreich erweisen, die Daten unter Verwendung eines autoassoziativen Netzes vorzuverarbeiten, bevor das Problem mit einem anderen Netz angegangen wird. Das zweite Netz nimmt Eingaben von den Aktivierungen der verborgenen Einheiten des ersten Netzes. Beim Entfernen von unbedeutenden Komponenten müssen Sie Vorsicht walten lassen, da bei manchen Problemen diese unbedeutenden Komponenten unter Umständen Informationen enthalten, die für eine Lösung von entscheidender Bedeutung sind.

Außerdem muss darauf geachtet werden, durch unangemessene Repräsentation der Merkmale keine Voreingenommenheit in die Trainingsmenge einzuführen. Bei dem in Abschnitt 6.3 beschriebenen BP-SOM-Netz, verwendeten Weijters et al. (1997) 12 Eingangseinheiten zum Darstellen der Jahresmonate. Unterschiedliche Einheiten repräsentierten unterschiedliche Monate. Ein naiver Ansatz hätte darin bestanden, eine einzige Einheit und die Monate mit 1 bis 12 zu nummerieren. Diese Nummerierung verursacht eine Voreingenommenheit, da sie eigentlich mitteilt, dass ein Monat einen höheren Einfluss hat als ein anderer. Doch in welcher Beziehung ist Dezember wichtiger als Januar, wenn es darum geht, die Daten zu berechnen?

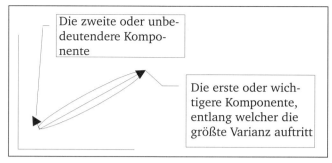

Abbildung 6.18: Die innerhalb eines elliptischen Bereichs verstreuen Daten können durch eine neue Menge von Hauptachsen repräsentiert werden.

6.4.4 UMGANG MIT LOKALEN MINIMA

Es ist nicht unüblich, dass ein Backpropagation-Netz in lokalen Minima stecken bleibt. Ein lokales Minimum kann einer Lösung sehr nahe kommen, doch nicht nahe genug, um das Problem zufrieden stellend zu lösen. Gradientenabstieg funktioniert gut, solange die Fehlerfunktion bergab verläuft, doch in der Praxis weist die Fehleroberfläche für ein großes Netz zahlreiche Täler, Hügel und Faltungen auf. Somit gibt es viele Stellen, an denen das Netz stecken bleiben kann.

Der Trägheitsterm kann dabei helfen, das Problem der lokalen Minima zu überwinden, da die Änderung eines Gewichtse einen Bruchteil der vorherigen Gewichtsänderung umfasst. Hatte die vorherige Gewichtsänderung zu einer Abwärtsverschiebung beim Fehler geführt, und befindet sich das Netz jetzt in einem lokalen Minimum, kann die vorherige Gewichtsänderung unter Umständen dazu dienen, das Netz dazu zu bringen, auf dem Gefälle zu bleiben, da ausreichend Trägheit zum Überwinden des kleinen Tals vorliegt.

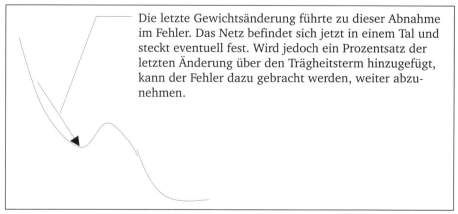

Abbildung 6.19: Versuch zum Vermeiden lokaler Minima durch die Verwendung von Trägheit.

Die Idee bei der Trägheit ist in Abbildung 6.19 illustriert.

Wenn es so aussieht, als wäre das Netz stecken geblieben, besteht eine einfache Lösung darin, den aktuellen Trainingsdurchlauf zu verwerfen, und ihn mit neuen Zufallsgewichten wieder zu starten. Bei großen Netzen, die mit hohem Aufwand bis zu einer bestimmten Leistungsstufe trainiert wurden, ist ein Neustart entmutigend. In manchen Fällen kann die Position auf der Fehleroberfläche durch kleine Zufallsänderungen an den Netzgewichten vom lokalen Minimum wegbewegt werden. Es könnten beispielsweise die Minimal- und Maximalwerte der Gewichte ermittelt werden, und ein zufälliger Prozentsatz dieses Bereichs (typischerweise kleiner als 10%) zu den Gewichten hinzugefügt werden.

Eine alternative Methode zum Vermeiden lokaler Minima in Backpropagation-Netzen ist das Verwenden des simulierten Abkühlens. Ist das Netz stecken geblieben, übernimmt das simulierte Abkühlen die Aufgabe, das Netz zurück auf das Gefälle der Fehleroberfläche zu bewegen. Befindet sich das Netz wieder auf dem Gefälle, übernimmt die Backpropagation wieder die Aufgabe.

6.4.5 GENERALISIERUNG

Ein neuronales Netz ist nichts wert, wenn es nicht generalisieren kann. Mit Generalisierung wird die Fähigkeit eines Netzes bezeichnet, mit Daten korrekt zu arbeiten, die es während des Trainings nicht gesehen hat. Bei einem Backpropagation-Netz kann eine schlechte Generalisierung durch zu viele verborgene Einheiten oder Übertraining bedingt sein.

Zu viele verborgene Einheiten sind keine guten Bedingungen für eine Generalisierung. Verfügt das Netz über zu viele Ressourcen, kann es unter Umständen die gesamte Trainingsmenge speichern. Stellen Sie sich beispielsweise einen Extremfall vor, bei dem die Anzahl an verborgenen Einheiten in einem vorwärtsgerichteten Netz der Anzahl der Trainingsmuster entspricht. Mit dieser Menge an Ressourcen kann das Netz die Trainingsmenge speichern, indem es eine einzige verborgene Einheit für jedes Muster abstellt. Die Leistung mit ungesehenen Daten wird wahrscheinlich schlecht sein. Manchmal ist es möglich, die Speicherung zu vermeiden, indem die Trainingsmuster bei jeder Vorstellung ständig durch Hinzufügen von 10% Zufallsrauschen (d. h. einen zufälligen Bruchteil) geändert werden. Das Rauschen sollte zum Originalvektor hinzugefügt werden, da andernfalls der originale Trainingsvektor im Laufe der Zeit nicht mehr repräsentativ für das zu lösende Problem sein dürfte.

Ein Übertraining mit zu vielen verborgenen Einheiten bedeutet, dass das Netz sich zu sehr an die Trainingsdaten angepasst hat und neue Muster, die von den Trainingsmustern abweichen, nicht ausreichend berücksichtigt werden. Um ein Übertraining zu verhindern, kann das Training in periodischen Abständen angehalten und die Testdaten durchgereicht werden. Wenn der Gesamtfehler der Testmenge weiter fällt, kann das Training fortgesetzt werden. Sobald der Fehler bei der Testmenge zu steigen beginnt, sollte das Training beendet werden. Auch wenn zu viele verborgene

Einheiten vorhanden sind, ist es manchmal möglich, eine zu starke Anpassung zu verhindern, indem das Training unter Verwendung der Testmenge überwacht wird. Wird die Trainingsmenge zur Überwachung der Testmenge verwendet, sollte eine Validierungsdatenmenge vorhanden sein, die wie ein weiterer Test fungiert. Der Unterschied besteht jedoch darin, dass sie in keiner Form (d. h. nicht zum Überwachen) während des Trainings dem Netz präsentiert wird.

6.5 ZUSAMMENFASSUNG

Das Interesse, stochastische Methoden einzusetzen, hat stark zugenommen. Eine Reihe von Netzmodellen setzen das Konzept des simulierten Abkühlens für Optimierungsaufgaben ein. Simuliertes Abkühlen kann auch dazu verwendet werden, Gradientenabstiegsverfahren bei der Umgehung lokaler Minima zu unterstützen.

Das probabilistische neuronale Netz (PNN) in seiner Grundform kann zur Musterklassifikation eingesetzt werden.

- Das PNN ist ein überwachtes Modell.
- Das Klassifizieren eines unbekannten Musters basiert auf der Wahrscheinlichkeit, dass dieses Muster aus einer existierenden Klasse stammt.
- Die Schätzung der Wahrscheinlichkeit wird anhand der Wahrscheinlichkeitsverteilung der Trainingsmuster ermittelt.
- Das Training umfasst das Festlegen der Netzparameter (Gewichte) anhand der Trainingsinstanzen und das Experimentieren zum Anpassen Die Verfügbarkeit und Qualität der Trainingsdaten beeinflussen die Leistung von neuronalen Netzen in entscheidendem Maße. Die Daten müssen oft vorverarbeitet werden, bevor sie dem neuronalen Netz vorgelegt werden. Ein neuronales Netz ist nichts wert, wenn es nicht in der Lage ist, auf unbekannte Instanzen zu generalisieren.

6.6 WEITERFÜHRENDE LITERATUR

Die meisten Bücher zu neuronalen Netzen enthalten etwas Diskussion des simulierten Abkühlens und der Boltzmann-Maschine. Wenige befassen sich mit dem probabilistischen neuronalen Netz. Masters (1995) enthält eine detaillierte aber praktische Behandlung des probabilistischen neuronalen Netzes. Der Leser benötigt Grundkenntnisse in C++ (oder mindestens C), um den besten Nutzen aus Masters Buch ziehen zu können.

6.7 ÜBUNGEN

1. Skalieren Sie die unten aufgeführten Daten in den Bereich 0,1 bis 0,9:

   −12, −8, −6, −2, 4, 8, 9, 15, 15

2. Wiederholen Sie Frage 1 für den Bereich zwischen −0,9 und 0,9.
3. Eine große Autoverkaufskette möchte anhand von Merkmalen wie Einkommen, Familienstatus, etc. voraussagen können, für welches Auto sich ein potentieller Kunde entscheidet. Die Merkmale des Autos sollen Leistung und Image umfassen. Erläutern Sie, wie Sie Merkmale wie Farbe implementieren könnten. Erstellen Sie eine Liste der Merkmale, die Ihrer Meinung nach für diese Aufgabe verwendet werden könnten. Schätzen Sie anhand dieser Liste die Anzahl an Einheiten, die ein vorwärtsgerichtetes Netz zur Durchführung der Aufgabe benötigt, und anhand der Größe dieses Netzes die Größe der erforderlichen Trainingsmenge. Begründen Sie Ihre Antworten.
4. Ein neuronales Netz vom Typ PNN soll mit den Kleinbuchstaben des Alphabets trainiert werden. Die Trainingsdaten umfassen sechs Schriftarten. Geben Sie die Anzahl an Einheiten für das PNN an, wenn die Zeichen mithilfe eines 11 x 11-Pixelrasters dargestellt werden.
5. Wiederholen Sie Beispiel 6.2 unter Verwendung von $\sigma = 0{,}3$.
6. Wiederholen Sie Beispiel 6.2 unter Verwendung von $\sigma = 0{,}5$.
7. Wiederholen Sie Beispiel 6.2, doch verwenden Sie dieses Mal die unnormalisierten Daten und die euklidische Abstandsmetrik. Verwenden Sie $\sigma = 0{,}9$.
8. Wiederholen Sie Frage 7 unter Verwendung von $\sigma = 1{,}5$.
9. Abbildung 6.20 zeigt drei Klassen von Daten und einen unbekannten Musterpunkt. Die Daten sind in Tabelle 6.6 aufgeführt. Berechnen Sie, zu welcher Klasse das unbekannte Muster gehört. Verwenden Sie dazu:

   a. den nächsten Nachbarn

   b. das Zentroid

   c. ein PNN mit $\sigma = 0{,}9$.

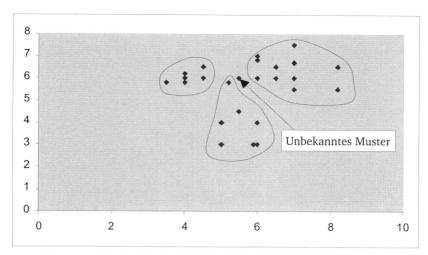

Abbildung 6.20: Die Darstellung der in Frage 9 verwendeten Daten.

Klasse	x	y
Unbekannt	5,50	6,00
A	4,00	6,20
A	3,50	5,80
A	4,00	6,00
A	4,00	5,80
A	4,50	6,00
A	4,50	6,50
B	6,00	6,00
B	7,00	6,70
B	6,00	7,00
B	7,00	7,50
B	6,00	6,80
B	6,50	6,00
B	6,50	6,50
B	7,00	5,50
B	7,00	6,00
B	8,20	6,50
B	8,20	5,50

Tabelle 6.6: Die in Frage 9 verwendeten Daten

Klasse	x	y
c	5,20	5,80
c	5,00	4,00
c	5,50	4,50
c	6,00	4,00
c	5,00	3,00
c	5,90	3,00
c	5,00	3,00
c	6,00	3,00

Tabelle 6.6: Die in Frage 9 verwendeten Daten (Forts.)

10. Wiederholen Sie die PNN-Klassifikation aus Frage 9 unter Verwendung von $\sigma = 0{,}8$.
11. Wiederholen Sie die PNN-Klassifikation aus Frage 9 unter Verwendung von $\sigma = 0{,}5$.

7
VERBINDUNGEN ZUR KÜNSTLICHEN INTELLIGENZ

Lernziele
Einführung in das Symbolparadigma der künstlichen Intelligenz und die Verbindung zu neuronalen Netzen.

Sie sollten in der Lage sein
- die Ziele der künstlichen Intelligenz zu nennen
- die wesentlichen Bestandteile eines intelligenten Systems zu nennen
- das symbolische Schließen im Allgemeinen zu beschreiben
- einige der schwiergen Probleme der Systeme zum Verstehen natürlicher Sprache zu beschreiben

Voraussetzungen
Allgemeinwissen der Informatik

7.1 EINFÜHRUNG

Neuronale Netze können in einem weiten Bereich von technischen Problemen eingesetzt werden, und wir haben in den vorangegangen Kapiteln bereits eine Reihe von Beispielen kennen gelernt. Die neuronalen Architekturen dieser künstlichen Netze sind bei weitem nicht so komplex und umfangreich wie das menschliche Gehirn, doch da sie abstrakte *Modelle* des Gehirns darstellen, stellt sich die Frage, ob künstliche Netze „künstliche Intelligenz" (KI) bereit stellen können. Die KI (engl. artificial intelligence, AI) ist innerhalb der Informatik eine wichtige Disziplin mit engen Verbindungen zur Mathematik, Psychologie, Philosophie und sogar zur Neurowissenschaft. Sie wurde während der 50er Jahre als eigenständige Disziplin anerkannt, und seitdem wurde viel Zeit und Geld in die Forschung zur Herstellung intelligenter Maschinen investiert. Das Ziel eines KI-Forschers kann ganz allgemein so formuliert werden, Maschinen zur Durchführung von Aufgaben zu entwickeln, die von Menschen einfach durchzuführen sind, jedoch mit konventionellen Ansätzen der Informationsverarbeitung nicht einfach zu programmieren sind. Die Aufgaben, die für uns einfach durchzuführen, jedoch schwierig zu programmieren sind, erscheinen uns oft als banal. Durch ein Zimmer zu gehen oder eine Unterhaltung zu führen erfordert beispielsweise nicht die gleiche geistige Anstrengung wie das Aufaddieren einer Zahlenliste. Die Herstellung von Maschinen zum Durchführen solcher Aufgaben stellt für Ingenieure eine enorme Herausforderung dar. Die Tatsache, dass es relativ leicht ist, eine Maschine zu entwickeln, die in der Lage ist, eine Mathematikprüfung an der Universität zu bestehen, doch nicht in der Lage ist, in einem Haus zu staubsaugen, ist eine Herausforderung an unsere traditionellen Vorstellungen – davon, was es heißt, intelligent zu sein.

Der Bereich der KI, auf den sich der größte Teil der Forschungsarbeit konzentriert, ist als *Symbolparadigma* bekannt und wird oft auch als „traditionelle KI" oder „klassische KI" (manchmal auch GOFAI – good old fashioned AI) bezeichnet. Es gibt jetzt eine neue, auf konnektionistischen Netzen (d. h. auf neuronalen Netzen) und evolutionären Modellen (d. h. Systeme, die sich in einer Umgebung befinden und sich unter Verwendung der Regel *der Stärkere überlebt* anpassen) basierende KI. Die neue KI hat die traditionelle KI nicht verdrängt, und manche glauben, dass dies auch nie geschehen wird. Wir müssen komplett umdenken, wenn wir Maschinen entwickeln möchten, die wirklich intelligent sind. Davon ausgehend, dass wir auf der untersten Ebene (symbolische Systeme ausgeführt auf einem seriellen Rechner, wie die meisten konnektionistischen Simulationen) weiterhin dieselben Verarbeitungseinheiten verwenden, können wir argumentieren, dass die neue KI nur eine Neuimplementierung der traditionellen KI darstellt. Die KI hat zwar noch nicht den Erfolg erbracht, der in den frühen Jahren vorausgesagt wurde, dennoch sollten wir die Wichtigkeit der KI nicht unterschätzen. Denn der Bedarf nach arbeitssparenden Geräten steigt kontinuierlich, und der Wunsch nach mehr Intelligenz ist in jeder Form der Technik allgegenwärtig. Sicherlich werden in Zukunft Maschinen mit steigender Intelligenzstufe entwickelt, doch wir müssen uns noch etwas gedulden, bevor es möglich sein wird, einen sprechenden Androiden zu konstruieren. Auch wenn ein solcher Android gebaut wird, werden Philosophen weiterhin darüber debattieren, ob der Android eine bewusste Intelligenz besitzt, die der unsrigen gleichzusetzen ist.

Um die neue KI voranzutreiben, müssen wir die traditionelle KI verstehen und vielleicht auch beide Paradigmen unter einer allgemeinen KI zusammenführen. In diesem Kapitel werden wir uns zuerst kurz mit der Natur der Intelligenz und anschließend mit der traditionellen KI befassen, bevor wir uns im nächsten Kapitel den konnektionistischen Entwicklungen zuwenden.

7.2 DIE NATUR DER INTELLIGENZ

Intelligenz ist ein Konzept, das sich jeder genauen Definition entzieht. Es gibt viele Komponenten, die zur menschlichen Intelligenz beitragen, wie beispielsweise die Fähigkeit zu lernen, der Sinnesapparat (z. B. Sehen und Fühlen) zum Interagieren mit der Umgebung und eine Menge an Wissen, die nicht eingeschätzt werden kann. Auch unsere Haustiere können als intelligent betrachtet werden: Sie verfügen über komplexe Verarbeitungssysteme, die ihnen ermöglichen Menschen zu erkennen, und sie sind gut bei Aufgaben, die umfangreiche Fähigkeiten voraussetzen.

Intelligentes Verhalten entsteht nicht durch einen isoliert arbeitenden Zentralprozessor. Vielmehr arbeitet der Zentralprozessor (das menschliche Gehirn) mit zusätzlichen Apparaten zusammen, welche die eingespeisten Daten wahrnehmen, vorverarbeiten und strukturieren. Intelligente Agenten können so konstruiert werden, dass sie in einer völlig virtuellen Welt arbeiten, doch diese Agenten müssen erst einmal Wünsche und Ziele erkennen und entwickeln, um sich intelligent zu verhalten. Die Forschung beschränkt sich in der Regel auf eine Reihe kleinerer Aspekte der Intelligenz, und aus praktischen Gründen werden Sensorkanäle und die Vorverarbeitung durch die Annahme ersetzt, dass die Daten entsprechend strukturiert sind. In der traditionellen KI wurde versucht uns glaubhaft zu machen, dass es theoretisch möglich ist (doch praktisch noch nicht möglich ist), ein Gedächtnis, die ultimative Verkörperung der künstlichen Intelligenz, aus einem Computer zu konstruieren. Einfach den korrekten Algorithmus finden und fertig ist das Gedächtnis. Innerhalb der traditionellen KI haben sich die Studien zu intelligenten Systemen um eine Reihe von Schlüsselthemen geschart: die Repräsentation der Daten, die Fähigkeit zum Schlussfolgern und die Fähigkeit eines Systems zur automatischen Anpassung (mit anderen Worten: lernen).

7.2.1 WISSEN UND REPRÄSENTATION

Ein intelligentes System verfügt über Wissen. Wenn wir über Wissen sprechen, kann es sich um ein Faktenwissen handeln, das zur Teilnahme an einer Quiz-Show benötigt wird, es kann prozedurales Wissen sein, das wir beim Wechseln eines Autoreifens anwenden, es kann Wissen in Form einer Fähigkeit sein, wie z. B. das Radfahren, oder es kann sich um die Millionen von Bits handeln, die wir einfach voraussetzen, wie z. B. dass wir eine Tasse nicht loslassen während wir daraus trinken. Wissen kann explizit oder implizit repräsentiert sein.

Explizites Wissen kann ausgesagt und überprüft werden, z. B. in Form von Fakten:

> Ein Apfel ist eine Frucht.
> Eine Katze ist ein Tier.

oder in Form von Regeln:

> *Wenn* die Batterie leer ist, *dann* springt das Auto nicht an.
> *Wenn* der Zinssatz sich erhöht, *dann* steigen die Kreditkosten.

Implizites Wissen ist nicht einfach zu vermitteln. Es ist beispielsweise möglich, einem Kind eine Reihe allgemeiner Richtlinien zum Radfahren zu geben, wie z. B. die Pedale zu drehen und den Lenker in Fahrtrichtung auszurichten, doch die Vorgehensweise kann nicht aufgeschrieben werden, damit das Kind sie lesen und sich erinnern kann, wie man Rad fährt. Stattdessen wird das zum Radfahren erforderliche Wissen durch Erfahrung von Versuch und Irrtum erworben.

Die traditionelle KI beruht auf der symbolischen Verarbeitung, und das Wissen wird unter Verwendung von symbolischen Strukturen repräsentiert. Die Repräsentation von Wissen erfolgt in einer Reihe von Formen und auf verschiedenen Ebenen. Beispiele für Repräsentationen sind: in Regeln ausgedrücktes Wissen, die als Graph ausgedrückte Wachstumsrate eines Kindes und das als Karte dargestellte Netz der Londoner U-Bahn. Die Repräsentationsebene hängt von der Detailebene der zu übertragenden Informationen ab. Die Karte der Londoner U-Bahn ist beispielsweise eine abstrakte Ansicht des reellen Netzes verbundener Stationen. Um eine Reise zwischen den Stationen zu planen, reicht die Karte aus, da sie alle Verbindungen und Stationen zeigt. Die Linien, welche die Stationen miteinander verbinden, zeigen nicht dir wirklichen Kurven in den Schienenwegen, da diese Informationen irrelevant sind und die visuelle Darstellung verwirren könnten.

Die KI-Forscher richten sich beim Erstellen künstlicher Intelligenz zwar nach dem Wissen des Gehirns, doch es ist schwierig, eine Theorie zur Repräsentation des menschlichen Wissens zu formulieren. Kategorisieren Menschen Buchstützen als Schreibwaren, Dekoration oder Möbel? Wie kann Liebe repräsentiert werden, wenn eine Maschine dieses Gefühl nicht erleben kann? Kann eine Maschine dazu gebracht werden, Liebe zu erleben, und wenn dies der Fall ist, unterscheidet sich ihr Verständnis von Liebe von unserem? Es existieren kognitive Theorien über die Wissensrepräsentation im Gehirn, und diese Theorien dienen als Basis für die Symbolrepräsentationen.

7.2.2 SCHLUSSFOLGERN

Menschen sind in der Lage, mit neuen Situationen umzugehen, da sie neues Wissen aus vorhandenem Wissen ableiten können und rationale Entscheidungen anhand vergangener Erfahrungen treffen und indem sie die möglichen Konsequenzen dieser Entscheidungen berücksichtigen. Das Symbolparadigma versucht, Teile dieses Verhaltens mit Programmen nachzuahmen, die eine Regelmenge zum Durchführen fallspezifischer Inferenzen umfassen:

```
Regel:                    Wenn die Batterie leer ist, dann springt das Auto nicht an.
Fallspezifische Daten:    Susannes Auto hat eine leere Batterie.
Neues abgeleitetes Wissen: Susannes Auto springt nicht an.
```

Es ist nicht schwierig, ein System zu programmieren, elementare Regel-Inferenz auszuführen, doch bevor eine Maschine irgendeine Form von Intelligenz besitzen kann, müssen noch eine Reihe von Problemen gelöst werden. Die Regeln verkörpern Wissen, und die Probleme sind wissensbedingt. Welche Regeln werden benötigt und reichen für die intelligente Durchführung einer Aufgabe aus? Gehen wir von einer Aufgabe aus, die auf Wissen über Autos beschränkt ist. Ein Expertsystem (ein wissensbasiertes System, das zum Durchführen von Inferenzen innerhalb eines beschränkten Bereichs entsprechend ausgestattet ist) tritt in einen Dialog ein:

```
Kunde: Warum verfügen Autos über eine Handbremse?
Expertsystem: Um das Auto am Wegrollen zu hindern.

Kunde: Ein Auto wird sich nicht immer bewegen, wenn die Handbremse gelöst ist?
Expertsystem: Das hängt davon ab, ob Sie sich ebenerdig befinden.
```

Kunde: Was erzeugt die Kraft, die die Räder dreht?
Expertensystem: Der Motor.

Kunde: Heißt das, dass die Räder sich bewegen, wenn der Motor an ist?
Expertensystem: Wenn das Getriebe eingekuppelt ist.

Kunde: Was passiert, wenn der Motor läuft, die Handbremse angezogen ist, und das Getriebe dann eingekuppelt wird?
Expertensystem: Sie sollten zuerst die Handbremse lösen.

Kunde: Ja, aber angenommen ich tue das nicht.
Expertensystem: ???

Auf die letzte Frage keine Antwort zu wissen ist verständlich, wenn Sie kein Autoexperte sind, aber lächerlich, wenn Sie einer sind. Jemand der nie ein Auto gefahren hat, jedoch über gute Kenntnisse über die Physik von Bremsen und anderen mechanischen Geräten verfügt, könnte in der Lage sein, eine vernünftige Antwort zu liefern. Das Wissen über Physik führt das Expertensystem außerhalb des eingeschränkten Wissensbereichs über Autos und erfordert ein breiteres Wissen. Für den Entwickler eines solchen Systems ist es ein Problem, den Wissensumfang für die entsprechenden Aufgaben zu kennen: Es ist schwierig genug, ein Computerprogramm zu validieren, das eine eingeschränkte Form der Eingabe besitzt, doch die Validierung ist noch schwieriger, wenn die potenzielle Eingabe während der Entwicklung nicht vorauszusehen ist. Es existieren beeindruckende Expertensysteme, die als arbeitssparende Geräte fungieren und mithilfe derer Firmen angeblich hohe Geldsummen einsparen. Wenn Sie jedoch zuviel von einem Expertensystem verlangen, werden dessen Schwächen aufgrund des eingeschränkten Wissens rasch deutlich.

Bei der Entwicklung von Expertensystemen treten eine Reihe weiterer Schwierigkeiten auf. Betrachten Sie eine Aussage wie die folgende:

Die Erfahrung war schrecklich, ich bin glücklich noch am Leben zu sein, alle Männer an Bord des Flugzeugs wurden getötet.

Ist der Sprecher eine Frau? War sie an Bord des Flugzeugs?

Ich bin sicher, dass sie die Schuld bei einem weiblichen Piloten suchen werden.

Es scheint jetzt vernünftig, davon auszugehen, dass der Sprecher eine Pilotin ist und die einzige Frau an Bord des abgestürzten Flugzeugs war.

Wir kollidierten, als wir uns dem Rollfeld näherten. Da es sich um einen Jet mit Einzelsitzen handelte, hatte ich einen Schleudersitz.

Die letzte Information zwingt uns dazu, unsere bisherigen Schlussfolgerungen zu revidieren. Das Entwickeln eines intelligenten Agenten, der eine Reihe von Folgerungen macht, diese Folgerungen jedoch zu einem späteren Zeitpunkt wieder korrigiert, ist nur eine der zahlreichen Herausforderungen, vor denen Entwickler intelligenter Systeme stehen.

7.2.3 LERNEN

Das Überleben eines Tiers hängt von dessen Fähigkeit ab, sein Verhalten an die Erfahrungen anzupassen. Wie verlassen uns darauf, dass unsere Haustiere lernen, so dass wir sie trainieren können, sich auf sozial akzeptable Weise zu verhalten.

Die meisten Computer sind zum Durchführen einer Aufgabe programmiert. Ein Software-Entwickler übersetzt eine Problembeschreibung in einen Algorithmus und implementiert anschließend diesen Algorithmus unter Verwendung einer höheren Programmiersprache. Die Kommunikation des Problems und dessen Implementierung beruht auf Wissen und Repräsentation. Die Fläche eines Kreises kann beispielsweise leicht mit πr^2 angegeben werden, wobei π eine numerische Konstante und r den Radius darstellt. Das Verstehen der Beschreibung beruht darauf zu wissen, dass der Radius die Länge einer Linie ist, die den Mittelpunkt eines Kreises mit einem Punkt auf dem Umfang verbindet, was der Umfang ist etc. Die obige Formel drückt Wissen aus, doch Wissen wird auch beim Anwenden der Formel benötigt: Der Benutzer muss wissen, dass die Fläche in einer Einheit ausgedrückt wird, die das Quadrat der Einheit darstellt, die für den Radius verwendet wird.

Ein Beispielprogramm für die Formel in der Programmiersprache C ist:

```
float flaecheDesKreises(float radius)
{
float pi = 3.1415927;
return (pi*radius*radius);
}
```

Intern kodiert der Computer π in ein binäres Format, doch darum muss sich der Programmierer genauso wenig kümmern, wie der Programmanwender sich um die C-Implementierung kümmern muss, da das Verstehen des Algorithmus lediglich auf Wissen über alltägliches Englisch und einigen mathematischen Begriffen beruht.

Der Schlüssel zum Programmieren besteht darin, das Problem als Algorithmus ausdrücken zu können und eine geeignete Repräsentation zu definieren. Doch was ist mit Wissen, das nicht explizit ausgedrückt werden kann? Die Unfähigkeit, eine Lösung explizit auszudrücken bedeutet, dass ein Programm nicht auf traditionelle Weise konstruiert werden kann. Es ist jedoch möglich, das Programm automatisch über einen Lernprozess zu generieren. Maschinen können fast auf dieselbe Weise programmiert werden, wie ein Hund einen Befehl lernt. Ein Befehl dient als Eingabe, eine korrekte Reaktion wird belohnt, und das Signal wird wiederholt, bis das Verhalten des Hundes sich einer konsistenten Reaktion anpasst.

Es gibt viele symbolische Lernalgorithmen, doch das Betrachten derselben würde den Rahmen dieses Kapitels sprengen. Für weitere Informationen sei der interessierte Leser auf Abschnitt 7.8 verwiesen.

7.3 DIE SYMBOLSYSTEM-HYPOTHESE

Die traditionelle KI basiert auf der Symbolsystem-Hypothese. Diese Hypothese, in einer stark vereinfachten Version, besagt, dass ausgehend von einer umfangreichen Struktur miteinander verbundener Symbole, die das Weltwissen repräsentieren, und einer komplexen Reihe von Symbolprozessen, die auf diesen Strukturen operieren, um neue Strukturen zu erzeugen, eine Maschine dazu gebracht werden kann, Daten wie ein Mensch zu verarbeiten. In Kurzform bedeutet diese Hypothese, dass es möglich ist, Computer so zu programmieren, dass sie denken.

In diesem Abschnitt werden wir uns mit einer Reihe von einfachen Problemen befassen, damit wir eine Vorstellung davon erhalten, was Symbolverarbeitung eigentlich ist. Wir werden uns hier nicht damit befassen, ob die Hypothese glaubhaft ist, sondern uns einfach nur mit den Grundlagen der Symbolverarbeitung vertraut machen. Wir sollten uns auch vor Augen halten, dass wenn eine denkende Maschine auf der Basis dieser Hypothese konstruiert werden kann, eine solche Maschine ein sehr umfassendes Wissen in Verbindung mit einer umfassenden Reihung komplizierter Prozesse verkörpert. In diesem Kapitel werden wir uns von Komplikationen fern halten und uns ausschließlich mit der Natur der Berechnungen beschäftigen. Aus pragmatischen Gründen erfolgte das gesamte Experimentieren im KI-Bereich bisher auf einer kleinen Skala, doch wenn eine menschenähnliche Maschine möglich ist, müssen die Dinge dramatisch hochskaliert werden. Ein Schritt in diese Richtung wurde bereits unternommen (siehe Abschnitt 7.8).

7.3.1 SUCHEN

Das Lösen von Puzzles, das Erstellen von Plänen, das Diagnostizieren der Krankheit eines Patienten usw. können alle als Probleme betrachtet werden, die durch einen Vorgang des Suchens beantwortet werden können. Gehen wir aus von der Planung einer Reise vom Süden zum Norden Englands mit dem Bus. Sie verfügen über einen Fahrplan und Ihre Aufgabe besteht darin, eine Reihe von Verbindungen zu suchen, die von Southampton nach Nottingham führen (direkte Verbindungen seien ausgeschlossen). Sie könnten mit Southampton als Startpunkt beginnen, und die Spalte der Ziele durchsuchen. Sie suchen ein Ziel aus und wechseln zu der Seite dieses Reiseziels im Fahrplan. Das Ziel wird nun zu Ihrem angenommenen Startpunkt, und Sie wählen das nächste Reiseziel. Auf diese Weise setzen Sie Ihre Suche fort, bis Sie an einen Startpunkt gelangen, bei dem das Reiseziel Hamburg aufgeführt ist. Das ist ein wenig zu vereinfacht! In der Praxis werden Sie sehr wahrscheinlich über geographisches Wissen verfügen und nur Zwischenziele in Betracht ziehen, die in der Richtung Ihres Endziels, Nottingham, liegen. Sie können sogar mehrere Lesezeichen verwenden, wenn Sie vorwärts eine Route von Southampton nach Reiseziel A suchen, und anschließend zu Nottingham springen, um zu prüfen, ob eine Verbindung Nottingham-A existiert. Auf diese Weise bewegen Sie sich vor und zurück, bis Sie hoffentlich einen gemeinsamen Punkt finden, an dem sich Ihre Vorwärts- und Rückwärts-Routen treffen.

Computeralgorithmen wurden so entwickelt, dass sie alle diese Formen des Suchens nachahmen. Betrachten wir uns ein Puzzle, das auch das Acht-Kacheln-Puzzle genannt wird. Dieses Puzzle besitzt ein Raster mit neun Feldern, und acht dieser Felder sind mit einer nummerierten Kachel belegt. Das freie Feld wird als Leerkachel bezeichnet: Sie existiert nicht, vereinfacht jedoch die Problembeschreibung. Die Kacheln sind per Zufall angeordnet, und die Aufgabe besteht darin, die Kacheln von links nach rechts und von oben nach unten anzuordnen. Die Aufgabe ist etwas langweilig und mühsam: Sie verbinden einem Freund die Augen und geben Ihm das Puzzle, damit er die Kacheln bewegt. Ihr Freund bewegt eine einzelne Kachel, und Sie überprüfen das Ergebnis. Die Kacheln befinden sich nicht in der richtigen Anordnung und daher weisen Sie Ihren Freund an, eine weitere Kachel zu bewegen. Nicht Sie, sondern Ihr Freund entscheidet, welche Kachel bewegt wird. Anschließend prüfen Sie erneut die Anordnung, und dieser Vorgang setzt sich fort, bis die Kacheln korrekt angeordnet sind.

Die Kacheln werden nun erneut per Zufall auf dem Raster konfiguriert. Dieses Mal merken Sie sich die durchgeführten Schritte, damit Ihr Freund nicht dieselben Schrittfolgen von jeder Konfiguration macht. Ihr Freund hat eine blinde Suche durchgeführt.

In jedem Stadium des Suchvorgangs gibt es eine Reihe möglicher Schritte. Um die Beschreibung einfach zu halten, gehen wir davon aus, dass die Leerkachel sich bewegt, und dass sie, je nachdem, in welchem Feld auf dem Raster sie sich befindet, die Möglichkeit hat, sich auf, ab, nach rechts oder nach links zu bewegen. Als einzige Hilfestellung geben Sie Ihrem Freund ein Zeichen, wenn die Aufgabe abgeschlossen ist, und hindern ihn daran, eine Folge von Schritten zu wiederholen. Jede Kachelkonfiguration wird als *Zustand* bezeichnet, und die Aufgabe besteht darin, einen Zielzustand zu suchen, in dem die Kacheln sich in der gewünschten Anordnung befinden. Wir können einen zufälligen Startzustand skizzieren, und anschließend analysieren, welche neuen Zustände durch Bewegen der Leerkachel erzeugt werden können. Bei jedem dieser neuen Zustände können wir den Vorgang wiederholen. Diese Idee ist in Abbildung 7.1 skizziert. Dabei werden nur einige Zustände gezeigt. Aus jedem Zustand geht eine Reihe von Linien hervor, und dabei stellt jede Linie eine Bewegung der Leerkachel dar. Das Bewegen einer Kachel ergibt einen neuen Zustand des Rasters. Erweitern wir unsere Skizze um eine große Anzahl von Bewegungen, sehen wir, dass an mehreren Punkten in der Skizze der Zielzustand sichtbar ist. Durch Nachvollziehen der Schritte vom Startzustand (der Wurzel) zu einem dieser Ziele erhalten wir eine Liste der Schritte, die eine Lösung definiert. Manche Listen sind sicherlich kürzer als andere.

Algorithmen für eine blinde Suche sind auf einem Computer leicht zu implementieren. Die Schwierigkeit bei manchen Aufgaben besteht darin zu entscheiden, was zu einem Zustand beiträgt und welche Zustände am besten repräsentiert werden. Im Falle des Acht-Kacheln-Puzzles ist die Darstellung der Zustände einfach, doch die Aufgabe wird bei realen Problemen härter.

Wenn Sie versuchen, das Acht-Kacheln-Puzzle allein und ohne Augenbinde zu lösen, kommen Sie wahrscheinlich schneller zu einer Lösung als Ihr Freund mit verbundenen Augen.

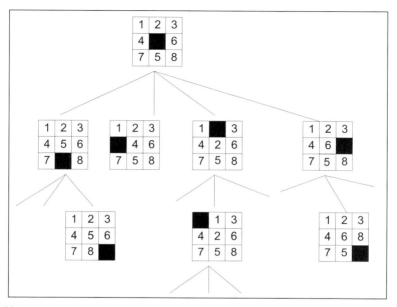

Abbildung 7.1: Einige der Suchzustände, die beim Lösen des Acht-Kacheln-Puzzles generiert wurden. Der Zielzustand ist unten links und rechts zu sehen. Beachten Sie, dass es für den Startzustand keinen Unterschied macht, ob die Leerkachel ein Feld hoch oder zwei Felder herunter bewegt wird. Es ist passender, sich das Puzzle so vorzustellen, dass die Leerkachel bewegt wird.

Sie werden einen entsprechenden Schritt danach beurteilen, wie nahe er Sie ans Ziel bringt. Dieser informierte Spielstil wird als *heuristisches Suchen* bezeichnet. Das Suchen in einem Fahrplan mit geographischem Wissen ist heuristisch: Es wird Wissen zum Lenken der Suche verwendet. Das Entwickeln von Algorithmen zum Durchführen einer heuristischen Suche gestaltet sich nicht viel schwieriger als für eine blinde Suche. Der clevere Teil besteht im Definieren der Heuristik, d. h. der Faustregeln.

Suchen ist ein grundlegender Bestandteil der KI. Sowohl die Diagnose des Gesundheitszustands eines Patienten durch die Anwendung von Regeln als auch die Verarbeitung natürlicher Sprache kann als Suche umgesetzt werden.

7.3.2 PRODUKTIONSSYSTEME

Das Produktionssystem definiert die Grundkonzepte, auf deren Basis sich Expertensysteme und Programmiersprachen wie Prolog entwickelt haben. Das Herz eines Produktionssystems bildet eine Steuerprozedur, die von einer Anwendung zur nächsten fest bleibt. Die Verarbeitung, die ein Produktionssystem durchführt, wird durch eine Reihe von Produktionsregeln und fallspezifischen Daten gesteuert. Die Produktionsregeln bilden eine Reihe von Bedingung/Aktion-Paaren, welche die Bedingungen definieren, die erfüllt sein müssen, damit eine Regel aktiviert wird, und die Aktion, die durchgeführt wird, wenn die Regel feuert. Ein *Arbeitsspeicher* enthält den aktuellen Zustand der Welt, und der aktuelle Zustand legt fest, ob die Bedingung einer Regel erfüllt werden kann. Der gesamte Produktionszyklus ist relativ einfach: testen, welche Regeln mit dem Zustand des Arbeitsspeichers erfüllt werden können, eventuell erfüllte Regel aktivieren, eine Regel aus der Menge aktivierter Regeln auswählen, die feuern soll, und den Arbeitsspeicher entsprechend der Aktion der Regel aktualisieren, die gefeuert hat.

Die Menge der aktivierten Regeln wird als *Konfliktmenge* bezeichnet, und die Strategie zum Auswählen, welche aktivierte Regel feuern soll, wird als *Konfliktlösungsstrategie* bezeichnet. Der gesamte Prozess zum Auswählen einer feuernden Regel wird wiederholt, bis eine Haltebedingung erfüllt ist. Ein einfaches Beispiel wird in Abbildung 7.2 gezeigt.

Produktionsmenge:
1 $P \wedge Q \wedge R \Rightarrow$ Ziel
2 $S \Rightarrow R$
3 $T \wedge W \Rightarrow Q$
4 $T \Rightarrow S$

Zyklus	Arbeitsspeicher	Konfliktmenge	Gewählte Regel
0	T,W,P	3,4	3
1	T,W,P,Q	3,4	4
2	T,W,P,Q,S	2,3,4	2
3	T,W,P,Q,S,R	1,2,3,4	1
4	T,W,P,Q,S,R,Ziel	1,2,3,4	Halt

Abbildung 7.2: Die erforderlichen Schritte des Produktionssystems zum Erreichen des Ziels. T, W und P existieren beim Start als Fakten.

In diesem Beispiel beruht die Konfliktlösungsstrategie auf Neuheit, was einfach bedeutet, dass Sie eine Regel auswählen sollen, deren Bedingung vorher nicht erfüllt war, und im Falle eines Unentschiedens eine willkürliche Auswahl treffen sollen. Es liegt im Verantwortungsbereich des Entwicklers, die Konfliktlösungsstrategie zu spezifizieren. Es existieren Standardstrategien wie Neuheit oder *Spezifizität* (eine Regel mit mehr Bedingungen erhält den Vorrang), doch letztendlich bestimmt der Entwickler die Systemdetails: Ein Produktionssystem ist eine allgemeine Verarbeitungsprozedur, die den Bedürfnissen entsprechend angepasst wird. Eine Zusammenfassung der Funktionsweise eines Produktionssystems finden Sie in Abbildung 7.3.

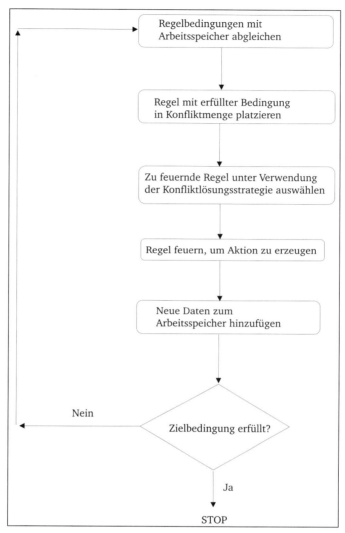

Abbildung 7.3: Der Zyklus des Produktionssystems.

7.4 REPRÄSENTATION MIT SYMBOLEN

Um ein intelligentes System zu konstruieren, sollte eine Repräsentationssprache die folgenden Kriterien erfüllen:

- Ausreichend ausdrucksstark zum Darstellen aller Zustände in der Welt
- Kurz und präzise, so dass die Verarbeitung überschaubar bleibt
- Sie sollte die Inferenz ermöglichen, so dass das Modell der Welt den Zustand wechseln kann

Logik wird von Mathematikern verwendet, um zu beweisen, ob eine Aussage wahr oder falsch ist. Alle Repräsentationssprachen einschließlich Rules, Semantic Nets und Frames können in eine logische Form umgewandelt werden, die als Prädikatenkalkül erster Ordnung (*first-order predicate calculus, FOPC*) bezeichnet wird. Wir werden uns einen kurzen Einblick in FOPC verschaffen, nachdem wir eine vereinfachte Version von Logik, den Aussagenkalkül, kennen gelernt haben.

7.4.1 AUSSAGENKALKÜL

Eine Aussage ist ein Satz, dem der Wert WAHR oder FALSCH zugewiesen werden kann. Aussagen wie „Heute hat es geregnet" oder „Kupfer ist ein Metall" sind entweder wahr oder falsch. Mithilfe des Aussagenkalküls können wir Sätze symbolisieren, komplexe Sätze aus anderen Sätzen mit Verknüpfungen erstellen und Inferenzen ausführen, um den Wahrheitswert eines Satzes zu bestimmen. Die Syntax des Aussagenkalküls beschreibt, wie Sätze (einschließlich komplexer Ausdrücke) konstruiert werden. Die Grammatik definiert die Regeln, die verwendet werden, um die syntaktische Korrektheit eines Satzes zu entscheiden. Die Semantik des Aussagenkalküls definiert, ob den Sätzen der Wert WAHR oder FALSCH zugewiesen wird.

Ein atomarer Satz ist eine einfache Aussage wie „Heute hat es geregnet" und wird oft durch einen Großbuchstaben wie *P* oder *Q* symbolisiert. Ein komplexer Satz wird mithilfe von Verknüpfungen konstruiert, die zwei oder mehrere atomare Sätze miteinander verknüpfen. Klammern wie „(" und „)" werden verwendet, um die Präzedenzreihenfolge beim Kombinieren atomarer Sätze mit Verknüpfungen festzulegen. Tabelle 7.1 führt eine Erläuterung der Verknüpfungen auf, und Tabelle 7.2 enthält die Grammatikregeln für die Aussagenlogik. Die Grammatik kann zum Analysieren eines Satzes und zum Überprüfen seiner syntaktischen Korrektheit verwendet werden. Ein informeller Ansatz zum Prüfen durch Inspektion, dass beispielsweise der Ausdruck $((P \wedge Q) \wedge R) => S$ ein syntaktisch korrekter Satz ist, wird in Tabelle 7.3 gezeigt.

Verknüpfung	Beispiel
$\wedge$ (UND) wird als Konjunktion bezeichnet.	Heute hat es geregnet UND ich bin nass geworden. $P \wedge Q$, wobei *P* für das Konjunkt „Heute hat es geregnet" und *Q* für das Konjunkt „ich bin nass geworden" steht.
$\vee$ (ODER) wird als Disjunktion bezeichnet.	Sabine ging in das Geschäft ODER Tom ging in das Geschäft. $P \vee Q$, wobei *P* für das Disjunkt „Sabine ging in das Geschäft" und *Q* für das Disjunkt „Tom ging in das Geschäft" steht.

Tabelle 7.1: Logische Verknüpfungen

Verknüpfung	Beispiel
¬ (NOT) wird als Negation bezeichnet.	Ein Elefant ist nicht pink. ¬P, wobei P für „Ein Elefant ist pink" steht.
⇒ (IMPLIZIERT) wird als Implikation und auch als Wenn-Dann-Aussage bezeichnet.	Wenn ich draußen wäre UND es regnen würde DANN würde ich nass werden. $(P \land Q) \Rightarrow R$, wobei P für „ich draußen wäre" und Q für „es regnen würde" und R für „würde ich nass werden" steht.
⇔ (ÄQUIVALENT) wird als Äquivalenz oder manchmal auch als doppelte Implikation bezeichnet.	Die Ausdrücke auf beiden Seiten dieser Verknüpfung sollten logisch äquivalent sein.

Tabelle 7.1: Logische Verknüpfungen (Forts.)

Grammatikregel	Erklärung
Satz → Atomarer Satz | Komplexer Satz	Ein Satz ist entweder atomar oder komplex.
Atomarer Satz → $P\|Q\|R\| \ldots$ Atomarer Satz → WAHR|FALSCH	Ein atomarer Satz wird durch einen Großbuchstaben, in der Regel aus dem hinteren Teil des Alphabets symbolisiert. Ein atomarer Satz kann auch durch die Werte WAHR oder FALSCH symbolisiert werden.

Komplexer Satz →
    Satz Verknüpfung Satz
    |¬Satz| (Satz)
	Ein komplexer Satz wird aus zwei weiteren Sätzen und einer Verknüpfung konstruiert. Die Negation eines Satzes ist immer noch ein Satz, und das Klammern eines Satzes ergibt immer noch einen Satz.

Verknüpfung → $\land\|\lor\|\neg\|\Rightarrow\|\Leftrightarrow$	Eine Verknüpfung ist eines der Symbole aus Tabelle 7.1.

Tabelle 7.2: Grammatikregeln für Aussagenlogik

Die Semantik des Aussagenkalküls wird unter Verwendung der *Wahrheitstabelle* definiert. Die Verknüpfungen, mit Ausnahme der Negation, sind binär und daher müssen in den Definitionen immer zwei Symbole verwendet werden. Ein Satz kann den Wert WAHR oder FALSCH annehmen, und daraus ergeben sich für binäre Verknüpfungen vier mögliche Kombinationen (siehe Tabelle 7.4).

Position in Analyse	Erklärung
$((P \land Q) \land R) \Rightarrow S$	Gemäß der ersten Regel ist ein Satz entweder atomar oder komplex. Da dieser Ausdruck eindeutig nicht atomar ist, überprüfen wir, ob er komplex ist.
$((P \land Q) \land R \underset{\sim}{\Rightarrow} S$	Die rechte Seite ist einfach S, und S ist ein atomarer Satz gemäß der zweiten Regel.

Tabelle 7.3: Eine Beispielanalyse

Position in Analyse	Erklärung
$((P \wedge Q) \wedge R)$	Wir möchten beweisen, dass $(P \wedge Q) \wedge R$ ein komplexer Satz ist.
$(P \wedge Q) \underset{\sim}{\wedge} R$	Wenn wir auch hier wieder anhand der Form „Satz Verknüpfung Satz" überprüfen, ist R sicherlich ein Satz, da es atomar ist.
$(P \wedge Q)$	Wir möchten beweisen, dass $(P \wedge Q)$ ein komplexer Satz ist.
$P \underset{\sim}{\wedge} Q$	Auch hier haben wir wieder die Form „Satz Verknüpfung Satz", so dass sowohl P als auch Q Sätze sind.

Tabelle 7.3: Eine Beispielanalyse (Forts.)

P	Q	$\neg P$	$P \wedge Q$	$P \vee Q$	$P \Rightarrow Q$	$P \Leftrightarrow Q$
WAHR	WAHR	FALSCH	WAHR	WAHR	WAHR	WAHR
WAHR	FALSCH	FALSCH	FALSCH	WAHR	FALSCH	FALSCH
FALSCH	WAHR	WAHR	FALSCH	WAHR	WAHR	FALSCH
FALSCH	FALSCH	WAHR	FALSCH	FALSCH	WAHR	WAHR

Tabelle 7.4: Wahrheitstabelle

Die meisten Definitionen der Verknüpfungen sind intuitiv. Beispielsweise ist „Es hat heute geregnet UND es hat heute NICHT geregnet" eindeutig FALSCH und wird durch die möglichen Zuweisungen für WAHR $\wedge$ FALSCH oder FALSCH $\wedge$ WAHR in der Wahrheitstabelle bestätigt. Die Definition der Implikation stellt oft eine Schwierigkeit dar, da wir intuitiv versuchen sie anhand unseres allgemeinen Verständnisses von Sprache zu interpretieren. Wir könnten beispielsweise sagen, dass der Satz „Wenn 5 gerade ist, dann ist mein Auto pink" (in der Form $P \Rightarrow Q$) falsch ist, da er keinen Sinn ergibt. Eine Überprüfung der Definition für die Implikation würde jedoch ergeben, dass der Ausdruck wahr ist, ganz gleich, ob Ihr Wagen pink ist oder nicht: Wir wissen, dass „5 gerade ist" falsch ist, und daher ist die Kombination entweder FALSCH $\Rightarrow$ WAHR (das Auto ist pink) oder FALSCH $\Rightarrow$ FALSCH (das Auto ist nicht pink). Wir tendieren dazu, Wenn-Dann-Ausdrücke als kausal zu interpretieren, und daher ergibt der Satz „Wenn 5 gerade ist, dann ist mein Auto pink" keinen Sinn, da die Definition der Zahl 5 keine Wirkung auf die Farbe meines Autos hat. Man muss sich immer vor Augen halten, dass die Implikation im Aussagenkalkül nicht voraussetzt, dass irgendeine relevante Verbindung zwischen beiden Seiten der Implikationsverknüpfung besteht. Im Falle der Implikation hilft es uns nicht weiter zu wissen, dass P falsch ist, wenn wir den Wahrheitswert von Q ermitteln möchten. Der Ausdruck „Wenn die Batterie leer ist, dann springt das Auto nicht an" ermöglicht uns abzuleiten, dass es wahr ist, dass „das Auto nicht anspringt", wenn es wahr ist, dass „die Batterie leer ist", doch die Regel sagt uns nichts über die Fähigkeit des Autos anzuspringen, wenn wir wissen, dass „die Batterie nicht leer ist": Das Auto könnte aus zahlreichen anderen Gründen nicht anspringen.

Regel		Erklärung
Modus ponens:	$\dfrac{A \Rightarrow B, A}{B}$	Wenn das Antecedens (A) als WAHR bekannt ist, dann ist die Folgerung (B) WAHR:
UND-Elimination:	$\dfrac{A \wedge B}{A}, \dfrac{A \wedge B}{B}$	Davon ausgehend, dass A UND B WAHR sind, bedeutet dies, dass A WAHR ist. Gleiches gilt für B.
ODER-Einführung	$\dfrac{A}{A \vee B}, \dfrac{B}{A \vee B}$	Davon ausgehend, dass A WAHR ist, müssen A oder B WAHR sein. Gleiches gilt, wenn B WAHR ist.
UND-Einführung	$\dfrac{A \quad B}{A \wedge B}$	Davon ausgehend, dass A WAHR ist und B WAHR ist, müssen A UND B WAHR sein.
Doppelte Negation	$\dfrac{\neg \neg A}{A}$	Wenn A NICHT NICHT WAHR ist, dann ist es WAHR.
Einheitsresolution	$\dfrac{A \vee B, \neg B}{A}, \dfrac{A \vee B, \neg A}{B}$	Davon ausgehend, dass A ODER B WAHR sind und NICHT B, muss A WAHR sein. Gleiches gilt, wenn NICHT A angegeben wird, dann muss B WAHR sein.
Resolution	$\dfrac{A \vee B, \neg B \vee C}{A \vee C}$	Davon ausgehend, dass A ODER B und NICHT B oder C, denn B kann nicht sowohl WAHR als auch FALSCH sein, muss entweder A ODER C WAHR sein.

Tabelle 7.5: Inferenzregeln für die Aussagenlogik

Wenn Sie das verwirrt, stellen Sie sich $P \Rightarrow Q$ am besten so vor, als erlaube es uns zu schließen, dass Q WAHR ist, wenn wir wissen, dass P WAHR ist.

Die Aussagenlogik umfasst eine Reihe von Inferenzregeln, die in Tabelle 7.5 aufgeführt sind.

BEISPIEL 7.1

Wir erhalten folgende Aussagen:

Wenn ein Auto eine leere Batterie hat, dann springt es nicht an. Wenn Johanns Auto nicht anspringt, und es nach 8 Uhr ist, dann wird Johann den Zug verpassen. Eines Morgens nach 8 Uhr hatte Johanns Auto eine leere Batterie.

Zeigen Sie unter Verwendung von Inferenzregeln, dass Johann den Zug verpasst hat.

LÖSUNG

Die Informationen können folgendermaßen symbolisiert werden:

P: Auto hat eine leere Batterie
Q: Auto springt nicht an
R: nach 8 Uhr
S : Johann hat den Zug verpasst

Regel 1 $P \Rightarrow Q$

Regel 2 $Q \wedge R \Rightarrow S$

P und R werden als WAHR angegeben. Die Aufgabe besteht darin, S zu beweisen. Der Beweis verläuft folgendermaßen:

1	P	Gegeben.
2	R	Gegeben.
3	Q	Von Schritt 1 und Regel 1 unter Verwendung von modus ponens.
4	$Q \wedge R$	Von Schritt 3 und 2 unter Verwendung von UND-Einführung.
5	S	Von Schritt 4 und Regel 2 unter Verwendung von modus ponens.

7.4.2 PRÄDIKATENKALKÜL

Der Aussagenkalkül geht davon aus, dass die Welt als Fakten modelliert werden kann. Für umfangreiche Anwendungen ist der Aussagenkalkül jedoch nicht geeignet. Betrachten Sie beispielsweise die Anzahl an Aussagen, die erforderlich wären, um 50 oder mehr Personen zu modellieren, die zu spät zur Arbeit kommen. Dazu wäre eine Sprache notwendig, die durch generalisierte Ausdrücke mehr Ausdrucksmöglichkeiten bietet. Der Prädikatenkalkül (oder, besser gesagt, FOPC) erweitert die Sprache des Aussagenkalküls insofern, als die Welt aus Objekten, Relationen und Eigenschaften bestehend betrachtet wird. Die Sprache erlaubt generalisierte Aussagen durch das Einführen von Variablen, und Quantoren, die das Definieren von Eigenschaften über einer Kollektion von Objekten ermöglicht. Betrachten Sie die Aussage „Wenn Johann ein Pferd besitzt, dann ist dieses Pferd ein Vollblut". Die Aussage bezieht sich auf eine Kollektion von Objekten, nämlich auf Pferde, die Johann besitzt, und vermeidet, sich auf eine konkrete Instanz zu beziehen (d. h. auf eines von Johanns Pferden). Die Aussage ist generalisiert und vermeidet die Notwendigkeit, sich spezifisch auf jedes von Johanns Pferden zu beziehen (Shamrock gehört Johann und deswegen ist Shamrock ein Vollblut, Sprinter gehört ...). Wir können die Aussage mit „Alle Pferde, die Johann besitzt, sind Vollblüter" umschreiben. Ein Quantor (alle) gibt an, dass die Eigenschaft „Vollblut" sich auf die gesamte Kollektion von Johanns Pferden bezieht. Das Wort besitzen ist ein binäres Prädikat, das eine Beziehung zwischen

Johann und einem Pferd beschreibt, und „Vollblut" ist ein unäres Prädikat, das die Eigenschaft eines Pferdes beschreibt. Im Prädikatenkalkül wird die Aussage „Alle Pferde, die Johann besitzt, sind Vollblüter" folgendermaßen symbolisiert:

$$\forall x (\text{Pferd}(x) \land \text{besitzen}(\text{Johann}, x)) \Rightarrow \text{Vollblut}(x)$$

Das Symbol $\forall$ wird als Allquantor bezeichnet und wird gelesen als „für alle" oder „jeder". Der Prädikatenkalkül definiert ein weiteres Symbol, $\exists$, das als Existenzquantor bezeichnet wird, und gelesen wird als „für einen" „es gibt einen". Wenn wir beispielsweise „Johann besitzt ein Vollblut" sagen, dann wissen wir nur, dass mindestens ein Vollblut (oder mehr) in Johanns Kollektion existiert. In Prädikatennotation wird die Aussage folgendermaßen ausgedrückt:

$$\exists x\, \text{Pferd}(x) \land \text{besitzen}(\text{Johann}, x) \land \text{Vollblut}(x)$$

Der Prädikatenkalkül bietet eine kürzere Sprache als die natürliche Sprache. Mehrere Sätze in natürlicher Sprache werden in der Prädikatenlogik zu demselben Satz zusammengefasst. Außerdem reduziert das Prädikatenkalkül Mehrdeutigkeit. Beispielsweise könnte „Alle Pferde sind keine Vollblüter" mit „Nicht alle Pferde sind Vollblüter" verwechselt werden. Wenn man jedoch weiß, dass auch andere Pferderassen existieren, kann die Verwechslung aufgelöst werden. Die Prädikatendarstellung jedes Satzes macht den Unterschied deutlich: $\forall \text{Pferde}\, \neg\text{Vollblut}(\text{Pferd})$ und $\neg\forall\text{Pferde}\, \text{Vollblut}(\text{Pferd})$. Der erste Satz sagt tatsächlich aus, dass alle Vollblüter ausgestorben sind (nicht existieren), und der zweite Satz sagt aus, dass „es nicht wahr ist, dass jedes Pferd ein Vollblut ist".

7.4.3 WEITERE SYMBOLSPRACHEN

Es gibt viele Darstellungssprachen, die zahlreiche Gemeinsamkeiten aufweisen. Die beliebten Sprachen FOPC, Frames und Semantic nets sind im Wesentlichen äquivalent und weisen eine Reihe von Schlüsseleigenschaften auf:

- *Objekte* wie z. B. ein Ball, eine Person, ein Boot, ein Fahrrad und ein Philosoph
- *Relationen* zwischen Objekten, wie z. B. Johann ist der Vater von Kim, oder der Zug zieht den Wagen
- *Eigenschaften* wie z. B. mein Auto ist grün, David ist zwei Meter groß

Sie unterscheiden sich eigentlich nur in Ihrer Syntax. Syntax ist in der Hinsicht wichtig, dass ein Formalismus zum Vermitteln von Informationen geeigneter sein kann als ein anderer. Es ist beispielsweise einfacher, eine Route zwischen zwei U-Bahn-Stationen Londons mithilfe eines graphischen Netzes als mit einer wörtlichen Beschreibung der miteinander verbundenen Stationen zu finden. Die Sprache unserer Wahl sollte die Ausdrucksmöglichkeiten bieten, die zur Weitergabe des gesamten zu vermittelnden Wissen erforderlich sind, und doch so kompakt sein, dass eine effiziente Verarbeitung möglich ist. Die Sprache sollte auch das Ableiten von neuem Wissen aus bestehendem Wissen erlauben.

7.4.4 PROLOG

Prolog ist zwar keine formale Repräsentationssprache, doch da ihre Syntax im nächsten Kapitel verwendet wird, werden wir sie an dieser Stelle einführen.

Prolog ist eine KI-Programmiersprache, die Daten als eine Menge von Beziehungen zwischen Objekten repräsentiert. Ein Prolog-Programm besteht aus einer Liste von Fakten und Regeln, und ist es ist aufgrund des integrierten Inferenzmechansimus eine attraktive Sprache, die Antworten auf Fragen über das programmierte Wissen liefert. Die Syntax von Prolog basiert auf dem Prädikatenkalkül. Eine Relation wie „Johann liebt Maria" wird folgendermaßen notiert:

$$lieben(johann, maria)$$

Das Prädikat (d. h. die Relation) und die Objekte der Relation müssen mit einem Kleinbuchstaben beginnen. Die obige Beziehung wird als Fakt behandelt, und weitere Faktbeispiele sind:

metall(kupfer)   Kupfer ist ein Metall

spielen(johann, maria, tennis)   Johann und Maria spielen Tennis

Eine Variable beginnt mit einem Großbuchstaben. Wenn eine Variable auf eine Konstante verweist (d. h. auf eine aktuelle Instanz wie z. B. Johann), dann sagt man, dass die Variable *instanziiert* ist. Eine Variable kann instanziiert werden, wenn Ausdrücke miteinander abgeglichen werden können. Gehen wir beispielsweise davon aus, dass die Datenbank lieben(johann, maria) enthält. Die folgenden Fragen könnten gestellt werden:

```
Wer liebt Maria?
lieben(X, maria)
Antwort X= johann       X ist mit johann instanziiert

Wen liebt Johann?
lieben(johann, X)
Antwort X = maria

Wer liebt wen?
lieben(X, Y)
Antwort X = johann, Y = maria
```

Regeln werden mit einer Rückwärtsnotation der Form „Folgerung wenn Bedingung" ausgedrückt, im Gegensatz zu „wenn Bedingung dann Folgerung". Zum Beispiel:

$$onkel(X, Y) :- vater(Z, Y), bruder(Z, X)$$

Der Term „:-" steht für WENN, und der Term „," steht für UND. Daher sagt die obige Regel Folgendes aus:

X ist der Onkel von Y, wenn Z der Vater von Y und Z der Bruder von X ist

Ein Beispiel für eine Instanziierung dieser Regel wird in Abbildung 7.4 gezeigt.

Eine Variable ist lokal zu einer Klausel (d. h. einem Fakt oder einer Regel): Eine Variable mit demselben Namen, die in verschiedenen Regeln auftritt, wird von Prolog wie zwei Variable mit unterschiedlichen Namen behandelt.

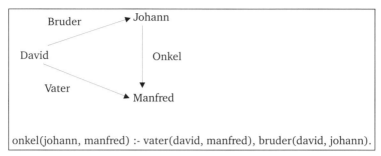

onkel(johann, manfred) :- vater(david, manfred), bruder(david, johann).

Abbildung 7.4: Eine Prolog-Regel, die durch die semantische Repräsentation im Diagramm erfüllt wird.

Prolog arbeitet mit Unifikation. Wenn Prolog versucht, ein Ziel zu beweisen, wird es nach der ersten Klausel suchen, die abgeglichen werden kann. Damit ein Abgleich erfolgen kann, müssen zwei Klauseln folgende Kriterien erfüllen:

- Sie müssen dieselbe Relation haben
- Sie müssen dieselbe Anzahl an Argumenten besitzen
- Jedes Argument muss übereinstimmen

Für die Übereinstimmung von Argumenten gilt Folgendes:

1. Konstanten: Zwei Konstanten stimmen überein, wenn sie identische Zeichenketten sind
2. Konstante mit einer Variablen: Wenn eine Variable nicht instanziiert ist, dann stimmt die Variable mit jeder Konstanten überein und wird mit der Konstanten instanziiert. Eine instanziierte Variable stimmt mit einer Konstanten entsprechend 1 überein.
3. Zwei Variablen: Zwei freie Variablen (nicht instanziiert) stimmen immer überein, und wenn zu einem späteren Zeitpunkt eine Variable instanziiert wird, dann wird auch die andere Variable mit dieser Konstanten instanziiert.

Eine Reihe von Beispielen für den Abgleich von Klauseln ist in Tabelle 7.6 aufgeführt.

BEISPIEL 7.2

Erläutern Sie, wie das unten angegebene Prolog-Programm auf folgende Frage antwortet:

?-onkel(johann, X)

Ausdruck 1	Ausdruck 2	Abgleich
lieben(johann, maria)	lieben(johann, maria)	ja
lieben(johann, X)	lieben(johann, maria)	X = maria
lieben(johann, maria)	moegen(johann, maria)	nein
lieben(X, Y)	lieben(johann, maria)	X = johann, Y = maria
lieben(johann, maria)	lieben(X, X)	nein
lieben(X, maria) and X=johann	lieben(Y, maria)	Y=X=johann
schlagen(johann, chris)	schlagen(johann, chris, stock)	nein

Tabelle 7.6: Musterabgleich in Prolog

Hierbei ist ?- die Eingabeaufforderung von Prolog. Das Programm-Listing lautet folgendermaßen:

```
1 vater(david, manfred).
2 onkel(gerd, manfred).
3 bruder(david, johann).
4 onkel(X, Y) :- vater(Z, Y), bruder(Z, X).
```

Die Zeilennummern werden nur zur Strukturierung dargestellt.

LÖSUNG

Prolog sucht nach einer Klausel mit dem Prädikat „onkel" und zwei Argumenten. Das erste Vorkommen wird in Zeile 2 gefunden, doch der Abgleich schlägt fehl, da das erste Argument „gerd" nicht mit „johann" übereinstimmt. Die zweite Klausel mit dem Prädikat „onkel" wird in Zeile 4 gefunden, doch damit Prolog sein Ziel beweisen kann (das Ziel ist zu zeigen, dass Johann jemandes Onkel ist), muss die rechte Seite der Klausel erfüllt sein: Es muss eine Übereinstimmung für vater(Z, Y) und bruder(Z, X) vorhanden sein. Da das X in der Abfrage sich von dem X in der Regel unterscheidet, müssen wir

Abfrage: onkel(johann, X1).

mit onkel(X2, Y) vergleichen, das den Kopf der Regel in Zeile 4 darstellt. X2 = johann und Y = X1 (oder X1 = Y) stimmen überein. Die Aufgabe besteht nun darin, vater(Z, X1) und bruder(Z, johann) zu beweisen. Das Prädikat vater(Z, X1) stimmt mit Zeile 1 mit Z= david und X1 = manfred überein. Die Aufgabe ist nun, bruder(david, johann) zu beweisen, was gemäß Zeile 3 erfüllt ist. Prolog antwortet mit X = manfred.

7.5 VERSTEHEN NATÜRLICHER SPRACHE

Die menschliche Kommunikation mithilfe der Alltagssprache ist scheinbar eine mühelose Aufgabe, und doch erreicht keine Computersimulation die natürliche Fähigkeit eines jungen Schulkindes. Es wurden bereits Systeme zum Verstehen natürlicher Sprache (natural language understanding, NLU) (d. h. Computersimulationen) entwickelt, die von beachtenswertem praktischem Nutzen sind. Es ist beispielsweise möglich, ein automatisiertes Flugbuchungssystem zu erstellen, das mit einem Benutzer mithilfe natürlicher Sprache kommuniziert. Ein solches System kann korrekt auf die meisten Benutzeranfragen antworten. Der Wunsch nach sprachverarbeitenden Systemen wird deutlich, wenn man die Möglichkeiten des schnell wachsenden Telekommunikationsmarktes betrachtet. Online-Banking wird immer beliebter, und es besteht ein wachsendes Interesse an der Entwicklung von automatisierten Agenten, die eine große Datenmenge im Internet durchsuchen und analysieren können. Alle diese Anwendungen sind jedoch auf einen limitierten Bereich beschränkt. Diese Bereichseinschränkung reduziert die Komplexität, indem sie die Menge des Vokabulars verkleinert und die Zuweisung einer Bedeutung zu einer Anfrage vereinfacht. Obwohl die Menge an bereichsspezifischen Anwendungen für NLU in den nächsten Jahren weiter anwachsen wird, ist es nicht möglich vorauszusehen, wann die Fähigkeit einer Maschine zum Verarbeiten natürlicher Sprache sich der Kompetenz eines Menschen nähern wird. Natürliche Sprache ist eine solche ausdrucksstarke Form der Kommunikation, dass Informatiker zahlreiche Variablen berücksichtigen müssen. In Tabelle 7.7 sind einige Beispiele aufgeführt.

Wenn Sie kurz darüber nachdenken, wie Sie einem Satz Bedeutung zuweisen oder mehrdeutige Aussagen auflösen, werden Sie sicherlich gut verstehen, dass NLU stark von der Verfügbarkeit einer umfangreichen Datenbank mit Weltwissen abhängt. Viele Instanzen treten auf, bei denen wir nicht sicher sein können, dass unsere Interpretation einer Situation korrekt ist, doch unser Weltwissen hilft uns bei der Entscheidung und ermöglicht uns, unsere Interpretation bei weiteren Informationen zu ändern.

Betrachten Sie den Satz

> Janine traf den Jungen mit dem Regenschirm.

Isoliert betrachtet könnten wir annehmen, dass Janine den Regenschirm bewegte und dass dieser den Jungen traf. Wir würden unsere Interpretation ändern, wenn wir die Information „Janine schaute dem Fußballspiel zu, als sie den Spielern ihren Hut zuwarf" erhielten.

Wie bei den meisten komplexen Aufgaben teilt sich die Implementierung von NLU auf einem Computer in verschiedene Ebenen auf. Die drei Ebenen, die den größten Teil der Diskussion zum VNS einnimmt, sind die *syntaktische* Ebene, die *semantische* Ebene und die *pragmatische* Ebene. Die syntaktische Ebene befasst sich mit der Weise, in der Wörter in Phrasen und Phrasen in Sätze strukturiert werden. Typischerweise werden Grammatikregeln verwendet, um die Korrektheit eines Satzes zu überprüfen (d. h., ob er grammatikalisch ist) und den Satz in Konstituenten aufzuteilen.

Typ des Problems	Beispiel	Erklärung
Ausdrücken eines Sachverhalts auf zwei verschiedene Weisen	1 Stuart hit the ball. 2 The ball was hit by Stuart.	(1) ist ein Aktivsatz. (1) ist der Passivsatz zu (1).
Mit Satzrolle	1 The girl hit the boy with the stick. 2 The girl hit the boy with the dog.	In (1) drückt die „mit"-Klausel ein Schlaginstrument aus, wohingegen in (2) die „mit"-Klausel „the boy" modifiziert (d. h. eine weitere Beschreibung hinzufügt)
Viele Wörter haben mehrere Funktionen	1 The green flies. 2 The aeroplane flies.	In (1) bezieht sich „flies" auf Insekten und ist ein Nomen, wohingegen in (2) „flies" eine Form des Verbs „fly" ist.
Subjekt-Verb-Kongruenz in Numerus	1 Racing cars is dangerous. 2 Racing cars are dangerous.	(1) bezieht sich auf das Fahren eines Autos, wohingegen (2) impliziert, dass Sie sich von einer Rennstrecke fern halten sollten.
Wortfolge	1 The dog ate the cat. 2 The cat ate the dog.	In (1) wird die Katze gegessen, wohingegen in (2) der Hund gegessen wurde.

Tabelle 7.7: Einige der Schwierigkeiten beim Verarbeiten der englischen Sprache

Die semantische und pragmatische Ebene beziehen sich auf die Bedeutung. Auf der semantischen Ebene wird der Aussageninhalt extrahiert. Oft wird eine logische Form zum Ausdrücken des Aussageninhalts verwendet. Zum Beispiel:

```
Johann trat den Ball
Hat Johann den Ball getreten?
```

Beide besitzen denselben Aussageninhalt, der in Prolog-Notation folgendermaßen ausgedrückt werden kann:

```
treten(johann, ball)
```

Mit der Fähigkeit, die syntaktische und semantische Analyse zu automatisieren, können wir sagen:

```
Johann trat den Ball.treten(johann, ball)
```

Und dann fragen:

```
Wer trat den Ball?           treten(X, ball)
Was hat Johann getreten?     treten(johann, X)
Wer hat was getreten?        treten(X, Y)
```

Die pragmatische Analyse befasst sich mit der Interpretation eines Satzes in seinem Kontext. Das 'Er' im Satz

```
Er erzielte das Tor.
```

kann nur im entsprechenden Kontext aufgelöst werden (d. h. unter Verwendung der umgebenden Sätze). Um die Frage „Wer erzielte das Tor?" zu beantworten, benötigen wir die Information, für wen „Er" einen Hinweis darstellt. Die Intention eines Sprechers ist ebenfalls kontextabhängig. Der Satz

Können Sie eine Tasse Tee machen?

wird oft als Anfrage nach einer zu machenden Tasse Tee verwendet, könnte jedoch auch wörtlich bedeuten „Sind Sie in der Lage, eine Tasse Tee zu machen?". Der Kontext wird auch verwendet, um die Bedeutung eines Worts einzuschränken. Das Wort „liebt" im täglichen Gebrauch hat eine Bedeutung, die in Prolog-Notation folgendermaßen ausgedrückt wird:

lieben(mensch, objekt)

Dieser Ausdruck lässt Bedeutungen wie „Johann liebt Maria", „Johann liebt Arbeit" und „Johann liebt Schokolade" zu. Im Kontext der zwischenmenschlichen Beziehungen kann „lieben" folgendermaßen eingeschränkt sein:

lieben(mensch, mensch)

Und dieser Bedeutung können wir annehmen, dass „Candy" (engl. Süßigkeit) in

lieben(johann, candy)

eher ein menschliches Subjekt als eine Süßigkeit darstellt. In diesem Fall hat die Einschränkung eine potenzielle Mehrdeutigkeit zwischen „candy" als etwas Essbarem und „Candy" als Mensch aufgelöst.

Wir werden uns nun kurz mit der syntaktischen und der semantischen Verarbeitung befassen.

7.5.1 SYNTAKTISCHE ANALYSE

Ein Textteil besteht aus Sätzen, und jeder Satz besteht aus Phrasen, die wiederum Unterphrasen enthalten können, die schließlich aus Wörtern bestehen. Eine Grammatik bestimmt die Art und Weise, in der Wörter und Phrasen zu Sätzen kombiniert werden können. Eine Grammatik kann unter Verwendung einer beliebigen Zahl von Repräsentationssprachen ausgedrückt werden, doch das häufigste Format ist die Ersetzungsregel. Eine Beispielgrammatik unter Verwendung von Ersetzungsregeln wird in Abbildung 7.5 gezeigt. Abbildung 7.6 drückt die Struktur des Satzes „der Hund lief über die Straße" aus.

```
S   → NP VP | NP V
NP  → D AP | D N | NP PP
PP  → P NP
VP  → V NP | V PP
AP  → A AP | A N
```

Abbildung 7.5: Eine Beispielgrammatik unter Verwendung von Ersetzungsregeln. S bezeichnet Satz, N Nomen, A Adjektiv, P Präposition, D Determinierer. NP Nominalphrase, V Verbalphrase, AP Adjektivphrase, PP Präpositionalphrase.

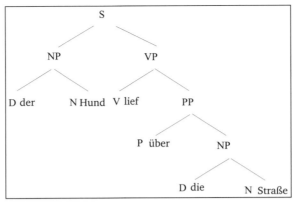

Abbildung 7.6: Der Analysebaum für „Der Hund lief über die Straße".

Ein Satz wird analysiert, um die Phrasenstruktur zu extrahieren und zu testen, ob das Satz der Grammatik entspricht. Außerdem wird für das Analysieren von Sätzen ein Lexikon benötigt. Das Lexikon gibt die Kategorie eines Wortes (N, V, P, A, D) an. Eine Analyse kann als Suche angesehen werden, in der vorherige Zustände auf einem Stapel aufbewahrt werden, so dass im Falle einer Sackgasse wieder herausgefunden werden kann.

BEISPIEL 7.3

Illustrieren Sie wie der Satz „Der Hund lief über die Straße" als Suche analysiert werden kann. Verwenden Sie dazu die folgende Grammatik:

$$S \rightarrow NP\ VP$$
$$NP \rightarrow D\ AP\,|\,D\ N$$
$$PP \rightarrow P\ NP$$
$$VP \rightarrow V\ PP$$
$$AP \rightarrow A\ N$$

Verwenden Sie das folgende Lexikon:

$$D \rightarrow der\quad N \rightarrow Hund\,|\,Straße\quad V \rightarrow lief\quad P \rightarrow über$$

LÖSUNG

Der Vorgang wird in Tabelle 7.8 und die generierten Zustände werden in Abbildung 7.7 gezeigt.

Aktueller Versuch	Wortstapel	Aufzusuchender Stapel	Hintergrundstapel
S → NP VP	der Hund lief über die Straße	NP VP	
NP → D AP	der Hund lief über die Straße	D AP VP	NP → D N
D → der	Hund lief über die Straße	AP VP	NP → D N
AP → A N	Hund lief über die Straße	VP	NP → D N
Hund stimmt nicht mit A überein, daher Zugriff auf Hintergrundstapel			
NP → D N	der Hund lief über die Straße	D N VP	
D → der	Hund lief über die Straße	N VP	
N → Hund	lief über die Straße	VP	
VP → V PP	lief über die Straße	V PP	
V → lief	über die Straße	PP	
PP → P NP	über die Straße	P NP	
P → über	die Straße	NP	
NP → D AP	die Straße	D AP	NP → D N
D → die	Straße	AP	NP → D N
AP → A N	Straße	A N	NP → D N
Straße ist kein A, daher Zugriff auf Hintergrundstapel			
NP → D N	die Straße	D N	
D → die	Straße	N	
N → Straße			

Tabelle 7.8: Die Analyse von „Der Hund lief über die Straße" als Suche.

Da das Parsen eine Grundanforderung für viele Bereiche der Datenverarbeitung darstellt, ganz gleich ob es sich um das Kompilieren eines Programms oder das Überprüfen der Syntax einer Datenbankabfrage handelt, wurden Algorithmen ausgiebig erforscht. Die hier angegebenen Beispielsätze sind ein wenig trivial, doch jedes NLU-System braucht eine Grammatik, die so erweitert ist, dass sie z. B. Numeruskongruenz und Zeit beschreiben kann. Diese Erweiterungen würden den Rahmen dieses Textes überschreiten, doch der interessierte Leser sei auf die Angaben im Abschnitt „Weiterführende Literatur" am Ende dieses Kapitels verwiesen.

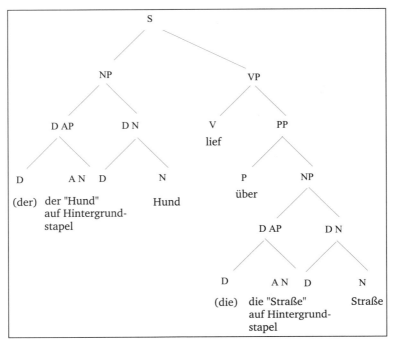

Abbildung 7.7: Die beim Analysieren von „Der Hund lief über die Straße" generierten Zustände.

7.5.2 SEMANTISCHE ANALYSE

Die semantische Analyse wird oft in die syntaktische Analyse-Phase mit einbezogen, indem den Grammatikregeln Eigenschaften hinzugefügt werden und Musterabgleich verwendet wird. An dieser Stelle können wir lediglich eine Reihe von Tipps zum Extrahieren des Aussageninhalts in einer Prolog-Form geben.

Die Grammatik

```
S  → NP VP
NP → N
N  → name
VP → V NP
name → maria|johann
verb → liebt
```

akzeptiert den Satz „Johann liebt Maria". Die Prolog-Form lautet:

```
lieben(johann, maria)
```

Um diese Form während des Analyse-Vorgangs zu extrahieren, wird die Grammatik um folgende Eigenschaften erweitert:

```
S(sem-vp sem-np) → NP(sem-np) VP(sem-vp)
NP(sem-np) → N(sem-np)
N(sem-n) → (sem-n)
VP(sem-v sem-np) → V(sem-v) NP(sem-np)
name(sem-n) → maria("maria")
name(sem-n) → john("johann")
verb(sem-v) → lieben(λy.λx.lieben(x.y))
```

Der obige Verbeintrag enthält einen Ausdruck, der als *Lambdakalkül* bezeichnet wird. Wir verwenden ihn hier, um eine einfache Operation zum Vereinfachen eines Ausdrucks durchzuführen: die *Lambdareduktion*. Ein Ausdruck der Form

$$((\lambda \times Px)a)$$

kann zu „Pa" reduziert werden. Damit wird der Ausdruck λy.λx.lieben(x, y) formuliert als ((λy.λx.lieben(x, y)) „maria") zu λx.lieben(x, maria) reduziert und ((λx.lieben(x, maria)) „johann") wird zu lieben(johann, maria) reduziert.

Die Lambdareduktion arbeitet von links nach rechts und soll einfach den Ausdruck besser lesbar (oder erkennbar) machen.

Mit unserem Beispiel können wir uns den Abgleich von Eigenschaften als eine Serie von Funktionsaufrufen vorstellen. Die linke Seite einer Regel wird als Funktion betrachtet, dabei führt die rechte Seite eine Reihe von Aufrufen anderer Funktionen durch. Diese Operation wird rekursiv wiederholt, bis ein Wort übereinstimmt und eine Zeichenkette zurückgegeben wird.

Der Satz „Johann liebt Maria" wird unter Verwendung einer Pseudo-C-Notation analysiert. Die Lambdareduktion wird an entsprechender Stelle eingesetzt. Beachten Sie, dass manche Klammern aus der Grammatik weggelassen wurden, um die Notation einfach zu halten.

```
Aufruf von S mit "johann liebt Maria"
returns (λx.lieben(x, maria) johann) = lieben(johann, maria)

S(sem-vp sem-np) {
        NP(sem-np)      schließlich wird "johann" vom Aufruf von NP zurückgegeben
        VP(sem-vp)      (λy.λx.lieben(x, y) maria) = (λx.lieben(x, maria))
                        Aufruf von VP beendet
}
NP(sem-np) {
        N(sem-np)
}
N(sem-n) {
        name(sem-n)
}
name(sem-n) {
        if "johann"
                return sem-n = "johann"
        if "maria"
```

```
        return sem-n = "maria"
}
VP(sem-v sem-np) {
    V(sem-v)        (λy.λx.lieben(x, y)) wird vom Aufruf von V zurückgegeben
    NP(sem-np)      maria wird zurückgegeben
}
V(sem-v) {
    sem-v = (λy.λx.lieben(x, y))
}
```

7.6 DIE SYMBOLISCH-KONNEKTIONISTISCHE VERBINDUNG

Die Idee, neuronale Netze zum Durchführen von Aufgaben zu verwenden, die traditionell in der Domäne der symbolischen KI liegen, steht im Einklang mit der Intuition der Softwareentwickler. Das liegt nicht nur daran, dass abstrakte Architekturen des Gehirns zu unerwarteten Lösungen führen können, sondern auch daran, dass neuronale Netze eine Reihe wünschenswerter Eigenschaften aufweisen. Neuronale Netze lernen eine Aufgabe, indem sie sich an eingegebene Stimuli anpassen. Ein auf Lernen basierendes System verfügt über die Möglichkeit, Wissen automatisch zu induzieren und aufgabenspezifisches Wissen zu entdecken, das nicht einfach durch eine Menge von Regeln vorgeschrieben werden kann (z. B. wie man Fahrrad fährt). Ein Netz stellt selten ein Schwarz-Weiß-Urteil zur Verfügung, sondern bietet eine abgestufte Antwort, und abgestufte Antworten sind für tägliche Aufgaben besser geeignet. Neuronale Netze können auch mit Verlusten umgehen (engl. graceful degradation), indem sie eine Aufgabe (vielleicht in reduziertem Maße) auch dann durchführen können, wenn ein Teil der Architektur beschädigt ist. Mit anderen Worten, neuronale Netze können auch dann eine Aufgabe fortführen, wenn ein Teil der Architektur nicht mehr funktioniert. Schließlich können neuronale Netze massivparallele Architekturen sein, die über das Potential verfügen, gegenüber seriellen Maschinen einen Leistungssprung zu erzielen.

Symbolsysteme haben auch ihre Reize. Wir kommunizieren mithilfe von Symbolen, und es wird viel Wissen im Laufe dieser Kommunikation vermittelt. Wenn Sie beispielsweise erfahren, dass Sie getötet werden, wenn Sie eine Stromschiene in einer Gleisanlage berühren, dann werden Sie, Dummheit und Pech ausgenommen, die Warnung beachten. Das als Regeln ausgedrückte Wissen kann in Situationen, die vorher nicht aufgetreten sind, Leben retten. Ein Flugzeugpilot, der aus Versehen in einen Luftwirbel gerät, begibt sich in eine lebensbedrohliche Situation. Und obwohl die Übung, aus einem gewollten Wirbel wieder herauszufinden dem Piloten helfen wird, die Situation zu meistern, ist es für einen unerfahrenen Piloten ebenfalls möglich, die Situation zu meistern, wenn dieser Pilot die Regeln kennt. Das in Symbolform vermittelte Wissen kann den Lernprozess auch beschleunigen. Eine schwierige Trainingsphase für jeden Piloten ist, das Landen zu lernen. Ein guter Fluglehrer kann dem Novizen helfen, indem er ihm eine Reihe von Faustregeln und ihm im nachhinein Tipps zur Verbesserung seiner Leistung gibt.

Daher bieten sowohl das symbolische als auch das konnektionistische Paradigma attraktive Eigenschaften zum Erstellen intelligenter Systeme. Es ist wenig verwunderlich zu entdecken, dass der größte Teil der Forschungsarbeit sich damit befasst hat (und sich weiterhin damit befasst), die traditionelle oder symbolische KI mit neuronalen Netzen zu verbinden. Diese Verbindungen variieren recht weit im Anwendungsbereich, doch eine vielleicht zentrale Frage für viele Konnektionisten ist, ob neuronale Netze konstruiert werden können, die höhere kognitive Aufgaben wie das Verarbeiten natürlicher Sprache und das Planen durchführen können.

Das im nächsten Kapitel behandelte Material ist durch die philosophische Debatte motiviert, die während der zweiten Hälfte der 80er Jahre aufkam (vgl. z. B. Fodor und Pylyshyn, 1988). Alle frühen Anwendungen neuronaler Netze, nach dem neu entdeckten Interesse in den 80er Jahren, lösten einfache Probleme bei der Mustererkennung, die im Wesentlichen darin bestanden, eine Menge von Eingabedaten auf eine entsprechenden Ausgabeantwort abzubilden. Außerdem, da viel über neuronale Netze als kognitive Modelle diskutiert worden ist, verwundert es nicht, dass manche Philosophen und Kognitionspsychologen damit begannen, die Fähigkeiten dieser Netze der ersten Generation in Frage zu stellen. Seitdem haben wir entdeckt, dass ein Teil der Kritik auf der Unwissenheit darüber beruhte, wie einem neuronalen Netz die Leistung entlockt werden kann. Zugegeben, zu manchen dieser Kritikpunkte müssen noch Antworten gefunden werden, doch mit steigender Entwicklung der konnektionistischen Domäne wächst auch in dieser Hinsicht ein neuer Optimismus.

Drei für den Erfolg des symbolischen Paradigmas zentrale Eigenschaften sind kompositionale Strukturen, struktursensitive Verarbeitung und Generalisierung. Alle drei Eigenschaften sind miteinander verknüpft.

Kompositionale Strukturen können als hierarchische Strukturen abgebildet werden, wobei die gesamte Struktur aus Teilen besteht. Bäume und die von Software-Entwicklern verwendeten Modelle der Vererbung und Aggregation sind typische Beispiele. Das kompositionale Strukturieren bildet die Grundlage für jede Form der Technologie: Eine komplexe Aufgabe wird normalerweise durch Unterteilung der Aufgabe in Teilaufgaben gelöst. Wie wir im Abschnitt 7.5 gesehen haben, spielt die kompositionale Analyse eine wichtige Rolle im NLU. Die Phrasenstruktur eines Satzes wird als Hierarchie von Unterkomponenten dargestellt, und die semantische Analyse geht davon aus, dass die Bedeutung des gesamten Satzes durch Kombinieren der Bedeutungen der einzelnen Komponenten ermittelt werden kann.

Die Transformation von $\neg(P \wedge Q)$ in das logische Äquivalent $(\neg P \vee \neg Q)$ ist ein Beispiel für eine Operation, die struktursensitiv ist. Wenn P und Q durch R und S ersetzt werden, ist die Operation weiterhin möglich, da die strukturelle Form zählt: $\neg(R \wedge S)$ wird in das logische Äquivalent $(\neg R \vee \neg S)$ transformiert. Die Operation kann auch mit komplexeren Ausdrücken durchgeführt werden, da der gesamte Ausdruck in Bestandteile zerlegt werden kann. Beispielsweise besitzt $\neg((P \vee \neg R) \wedge Q)$ immer noch die Form $\neg(A \wedge Q)$, und daher ist das logische Äquivalent $(\neg(P \vee R) \vee \neg Q)$.

Die Abstraktion generalisierter Ausdrücke ist ebenfalls ein integraler Bestandteil des Symbolparadigmas. Die Argumente in lieben(belebt, objekt) lassen eine ganze Reihe von Objekten als geeignete Konstituenten der Beziehung „lieben" zu. Diese Form der Beziehung ermöglicht einem System, ein systematisches Verhalten an den Tag zu legen. Wenn ein System systematisch ist, sollte es semantische (und syntaktische) Generalisierungen zulassen. Ein systematisches System, das „Johann liebt Maria" versteht, wird auch „Maria liebt Johann" verstehen.

Unsere konnektionistische Behandlung im nächsten Kapitel wird sich auf diese Eigenschaften konzentrieren, die als zentral in der symbolischen Domäne angesehen werden.

7.7 ZUSAMMENFASSUNG

In der traditionellen KI konzentrierte sich der größte Teil der Bemühungen um die Erforschung der Repräsentationsprobleme. Eine Schlüsselkomponente jedes intelligenten Systems ist seine Fähigkeit, sich an wechselnde Umgebungen anzupassen – mit anderen Worten, zu lernen. Traditionelle KI-Systeme verwenden Symbolstrukturen, um die Wissensdomäne darzustellen, und die Informationsverarbeitung kann als eine Reihe von Operationen betrachtet werden, die auf diese Strukturen während des Vorgangs der Lösungssuche angewendet werden. Einige der Schlüsselpunkte, die von der traditionellen KI empfohlen werden, sind:

- Wissen ist sichtbar.
- Komponentenstrukturen können kombiniert werden, um größere und komplexere Strukturen zu erzeugen. D. h. größere Strukturen können aus kleinen Strukturen zusammengestellt werden, und diese größeren Strukturen können wiederum in kleinere Strukturen aufgeteilt werden.
- Symboldarstellungen vereinfachen die Generalisierung und die Abstraktion von Wissen.

7.8 WEITERFÜHRENDE LITERATUR

Wenn Sie Neuling im Bereich der KI sind, dann ist Cawsey (1998) ein guter Ausgangspunkt für Sie. Dieses Buch ist in derselben Serie erschienen wie das vorliegende Werk. Die philosophische Einführung zur KI von Copeland (1993) stellt eine gute allgemeine Einführung zum Thema auf hohem Niveau dar. Das Lehrbuch von Dean et al. (1995) vermittelt einen guten Überblick über die KI mit einer Reihe interessanter Beispiele, jedoch ein wenig auf die Sprache LISP abgestimmt. Das Buch von Russell und Norvig (1995) ist ein exzellentes und umfangreiches KI-Lehrbuch.

Ein besonders ehrgeiziges und wahrscheinlich auch das größte KI-Projekt, das bisher angegangen worden ist, heißt CYC. CYC ist eine massive Wissensbank, die konzipiert wurde, um die Art von Wissen aufzunehmen, die für den Zugriff und die Verwertung der Informationen aus einer Enzyklopädie erforderlich wäre. CYC enthält größtenteils Allgemeinwissen, d. h. die Art von Wissen, die wir täglich benutzen, jedoch allem Anschein nach keine geistige Anstrengung erfordert. Wenn Sie beispielsweise den Geburtstag einer Person erfahren, wissen Sie auch, dass der Geburtstag dieser Person jedes Jahr am selben Tag gefeiert wird. CYC umfasst jedoch noch viel mehr. Ein großer Teil des CYC-Wissens wurde von einem Team von Wissensentwicklern programmiert, doch CYC hat nun ein Stadium erreicht, in dem es sich eine Menge Wissen eigenständig durch Lesen aneignen kann. CYC benötigt ein wenig Hilfe für das Verstehen des Textes, doch eines der größten Ziele des CYC-Teams ist das Verstehen natürlicher Sprache. Die beste Informationsquelle zu CYC gibt die Web-Site von CYC:

http://www.cyc.com/

7.9 ÜBUNGEN

1. Zeigen Sie, dass der Ausdruck

$$((P \Rightarrow Q) \land R) \Rightarrow S$$

   als korrekt gemäß der Grammatik aus Tabelle 7.2 analysiert wird.

2. Verwenden Sie eine Wahrheitstabelle, um zu beweisen, dass $\neg((P \lor R) \land Q)$ äquivalent ist zu $(\neg(P \lor R) \lor \neg Q)$.

3. In Abbildung 7.2 wurde ein Produktionssystem zum Beweisen des Ziels in den folgenden Regeln verwendet. Dabei wird davon ausgegangen, dass T, W und P WAHR sind.

   1 $P \land Q \land S \Rightarrow$ Ziel
   2 $S \Rightarrow R$
   3 $T \land W \Rightarrow Q$
   4 $T \Rightarrow S$

   Beweisen Sie das Ziel unter Verwendung der Inferenzregeln der Aussagenlogik.

4. S → NP VP|NP V
   NP → D AP|D N|NP PP
   PP → P NP
   VP → V NP|V PP
   AP → A AP|A N

   Verwenden Sie die obige Grammatik, um den Analysebaum für folgende Sätze zu zeichnen:

   a. Der kleine Hund bellte.
   b. Das Pferd sprang über den Zaun.

5. Zeigen Sie die während des Analyse-Vorgangs des Satzes aus Frage 4 generierten Suchzustände.
6. Wie müsste die Grammatik aus Frage 4 geändert werden, damit der Satz „Johann fand das Buch" als korrekt akzeptiert wird?
7. Gegeben sei die Prolog-Datenbank:

```
teilVon(lappen, fluegel)
teilVon(querruder, fluegel)
teilVon(fluegel, flugzeug)
```

Umschreiben Sie die folgenden Fragen, und zeigen Sie die Antworten von Prolog auf diese Fragen.

1. teilVon(lappen, fluegel).
2. teilVon(fluegel, X)
3. teilVon(X, fluegel)

8. Angenommen, der Prolog-Code aus Frage 7 würde durch Folgendes erweitert:

```
teilVon(X, Y) :- teilVon(Z, Y), teilVon(X, Z)
```

a. Wie würde das Programm auf teilVon(lappen, flugzeug) antworten? Verfolgen Sie den Abgleichprozess.

b. Können Sie sich ein potenzielles Problem vorstellen, das beim Anwenden der obigen Regel auftreten könnte?

8
SYNTHETISIEREN VON SYMBOLEN MIT NEURONALEN NETZEN

Lernziele

Einführung in einige der Verbindungen zwischen traditioneller KI und neuronalen Netzen

Sie sollten in der Lage sein:

➔ Einige der potenziellen Vorteile zu diskutieren, die beim Kombinieren von symbolischen und konnektionistischen (neuronalen Netz-) Repräsentationen entstehen

➔ Zu beschreiben, was lokale und verteilte Repräsentationen sind

➔ Einige der Ansätze zu diskutieren, die von neuronalen Netz-Forschern zum Lösen von Problemen bei der Verarbeitung natürlicher Sprache verwendet werden

➔ Zu beschreiben, was mit kompositionalen und systematischen Repräsentationen gemeint ist

➔ Das Konzept der „Symbolverankerung" zu beschreiben

Voraussetzungen:

Kapitel 1-7.

8.1 NEURONALE NETZE IN SYMBOLISCHEN GEWÄNDERN

In diesem Kapitel werden wir uns nicht der neuen KI *per se*, sondern lediglich dem konnektionistischem Teil und einer Reihe von repräsentativen Beispielen der jüngsten Arbeiten zuwenden, um die grundlegenden Konzepte zu illustrieren. Wir werden oft den Begriff *konnektionistisch* verwenden, um uns auf neuronale Netze zu beziehen, und den Begriff *Konnektionismus*, um uns auf das allgemeine Paradigma neuronaler Netze zu beziehen. Konnektionisten sind Menschen, die sich die Informationsverarbeitungsfähigkeiten von neuronalen Netzen zu Nutze machen möchten und nicht unmittelbar um biologischen Realismus bemüht sind. Im Gegensatz dazu stehen andere Forscher, die mithilfe neuronaler Netze versuchen, die Informationsverarbeitungsprozesse im Gehirn zu erklären.

Es existieren eine Reihe erwähnenswerter konnektionistischer Modelle (vgl. die Liste weiterführender Literatur im Abschnitt 8.8), die zum Codieren und Verarbeiten von symbolischen Strukturen entwickelt wurden. Wir werden in diesem Kapitel zuerst eine neuronale Netzarchitektur beschreiben, die als *rekursiver Autoassoziativspeicher* (recursive autoassociative memor, RAAM) bezeichnet wird. Es gibt mehrere Gründe, sich näher mit RAAM zu befassen. Erstens kann RAAM ohne oder mit nur wenig mathematischer Beschreibung untersucht werden. Zweitens, als RAAM entwickelt wurde, wurde er als eine hilfreiche Waffe zum Widerlegen früherer Kritiken betrachtet, dass konnektionistische Netze nicht auf kompositionale oder systematische Weise funktionierten könnten. Außerdem hat RAAM die konnektionistische Gemeinschaft inspiriert, und es entsteht eine wachsende Basis an Forschung und Literatur. Schließlich, und vielleicht hauptsächlich, ist es eine hilfreiche Architektur zum Untersuchen einer Reihe von Schlüsselproblemen.

Nachdem wir RAAM und eine Reihe von Repräsentationsproblemen kennen gelernt haben, werden wir uns zwei Modellen zum Verarbeiten natürlicher Sprache zuwenden. Diese Modelle sind komplizierte Architekturen, und es wird vom Leser nicht erwartet, dass er ihre Implementierung umfassend versteht. Die Vorstellung dieser Modelle und der späteren Modelle zur maschinellen Kommunikation soll dem Leser näher bringen, dass Forscher im Bereich der neuronalen Netze damit begonnen haben, die Probleme anzugehen, die für die traditionelle KI eine Herausforderung darstellten. Obwohl sie sich erst im Anfangstadium befinden, bieten diese Modelle einen Einblick, wie sich in Zukunft komplexe Systeme aus neuronalen Basisnetzen entwickeln werden. Wir haben wirklich gerade erst angefangen, „künstliche neuronale Systeme" zu konstruieren, doch die ersten Ergebnisse sind sehr viel versprechend.

Die wichtigen und schwierigen Konzepte der *abstrakten Generalisierung* und *Symbolverankerung* werden ebenfalls in diesem Kapitel eingeführt.

Der Leser sollte nicht aufgeben, wenn das Material in diesem Kapitel sich als schwierig erweisen sollte. Einige der Konzepte sind schwer zu verstehen, und ein umfassendes Verständnis kann nur durch ein freiwilliges Selbststudium der angegebenen Literatur erzielt werden. Dieses Kapitel stellt eine größere Herausforderung als die anderen Kapitel dar, doch vor allem ist es dazu gedacht, dass der Leser sich mit einigen wichtigen Themen vertraut macht, die allmählich die ihnen gebührende Beachtung erhalten.

8.2 REKURSIVER AUTOASSOZIATIVSPEICHER

Die RAAM-Architektur wurde von Pollack (1990) entwickelt. Das Ziel eines RAAM besteht darin, eine konnektionistische Repräsentaion von Symbolstrukturen bereitzustellen. Die Symbolstrukturen sind Bäume mit fester Valenz. Die Valenz bezeichnet die Anzahl an Zweigen, die von jedem Knoten abgehen, und unter Fixieren der Valenz versteht man, dass alle Knoten dieselbe Anzahl an abgehenden Verzweigungen besitzen.

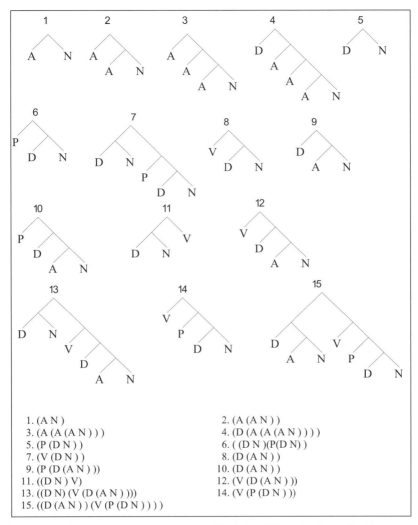

Abbildung 8.1: Diese Bäume stammen aus Pollack (1990) und zeigen die Phrasenstruktur von Sätzen (oder Satzteilen). Beachten Sie, dass viele Bäume Teilbäume (oder Teile) von anderen Bäumen sind. Beispielsweise ist Baum 1 ein Teil von Baum 2, und Baum 2 ein Teil von Baum 3. Die Bäume 8 und 14 sind Teile von Baum 15.

Abbildung 8.1 führt eine Menge von 15 Binärbäumen (mit Valenz 2) auf. Diese Bäume aus Abbildung 8.1 beschreiben eine Reihe von Phrasenstrukturen, die gemäß der unten angegebenen Grammatik generiert wurden:

$$S \rightarrow NP\ VP\ |\ NP\ V$$
$$NP \rightarrow D\ AP\ |\ D\ N\ |\ NP\ PP$$
$$PP \rightarrow P\ NP$$

$$VP \rightarrow V\ NP\,|\,V\ PP$$
$$AP \rightarrow A\ AP\,|\,A\ N$$

Dabei haben die verwendeten Symbole dieselben Bedeutungen wie in Abbildung 7.5.

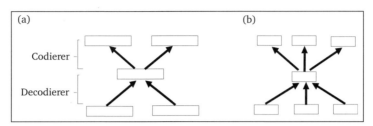

Abbildung 8.2: Die Architektur für (a) einen binären RAAM und (b) einen ternären RAAM.

Ein RAAM ist im Grunde ein autoassoziatives Backpropagation-Netz (vgl. Kapitel 2 und 4). Die Einheiten in der Eingabe- und Ausgabeschicht eines RAAM sind in Felder angeordnet, und dabei enthält jedes Feld dieselbe Anzahl an Einheiten. Die Anzahl an Feldern wird durch die Valenz der Bäume festgelegt, die codiert werden sollen, und die Anzahl der Einheiten in der verborgenen Schicht entspricht der Anzahl der Einheiten in einem einzelnen Feld. Abbildung 8.2 zeigt zwei Beispielarchitekturen.

Wir werden zum jetzigen Zeitpunkt die Trainingsweise eines RAAM ignorieren und uns nur damit befassen, wie es eine Repräsentation aufbaut und wie es die Repräsentation in Konstituenten zerlegt. Wenn wir von einem RAAM ausgehen, der zum Repräsentieren einer Menge von Bäumen trainiert wurde, können wir uns diesen RAAM wie zwei Maschinen vorstellen: die erste Gewichteschicht stellt eine Maschine zum Aufbauen einer Baumrepräsentation zur Verfügung, und die zweite Gewichteschicht stellt eine Maschine zur Verfügung, die eine aufgebaute Repräsentation hernimmt und daraus wieder die Konstituenten rekonstruiert. Die erste Maschine wird als *Codierer* und die zweite als *Decodierer* bezeichnet. Die RAAM-Repräsentation einer Struktur entsteht aus den Aktivierungswerten der verborgenen Schicht. Während des Aufbauvorgangs der Repräsentation für den gesamten Baum generiert ein RAAM eine Repräsentation für jeden internen Knoten (d. h. jeden Teilbaum). Auf diese Weise führt das Codieren von ((D N)(P(D N))) dazu, dass die Repräsentationen für (D N) und (P (D N)) generiert werden. Bäume sind rekursive Strukturen, und ein RAAM bildet seine Repräsentationen auf rekursive Weise, indem es zu bestimmten Zeitpunkten die zuvor gebildeten Repräsentationen von Konstituenten zurück in die Eingabeschicht speist. Das Codieren von ((D N)(P(D N))) wird in Abbildung 8.3, und das Decodieren in Konstituenten wird in Abbildung 8.4 illustriert.

Die Terminalsymbole (D, A, N, V und P) werden dem Netz als Vektoren vorgelegt. Eine gängige Methode besteht darin, orthogonale Vektoren zu verwenden, was in diesem Beispiel bedeutet, dass jedes Symbol ein Vektor mit fünf Elementen ist, da es fünf Symbole gibt. Jeder Vektor enthält ein einziges Element, das auf 1 gesetzt ist, alle anderen Elemente sind auf 0 gesetzt (alle Vektoren sind unterschiedlich und nur ein Bit ist auf 1 gesetzt). Eine Beispielmenge von Vektoren könnte folgendermaßen aussehen:

D	1 0 0 0 0	A	0 1 0 0 0
N	0 0 1 0 0	V	0 0 0 1 0
P	0 0 0 0 1		

Die Dimension (Anzahl an Bits) des Symbolvektors definiert die minimale Anzahl an Einheiten innerhalb eines Feldes des RAAM.

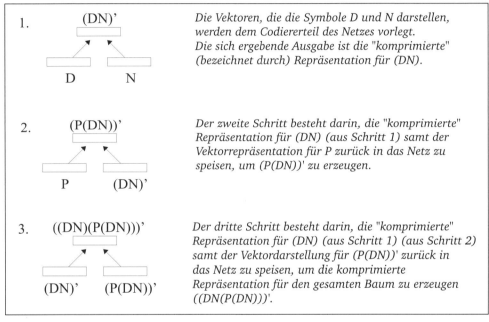

Abbildung 8.3: Die Codierung von ((DN)(P(DN)). Dasselbe Netz wird nach den drei verschiedenen Schritten zum Codieren der Repräsentation gezeigt.

Die verborgene Schicht stellt selbstverständlich eine komprimierte Repräsentation zur Verfügung, da die Anzahl an Einheiten in dieser Schicht geringer ist als die Anzahl an Eingabeeinheiten. Die Höhe der Komprimierung, die erreicht werden kann, hängt jedoch von den jeweiligen Trainingsdaten ab, und es kann unter Umständen erforderlich sein, die Vektoren der Terminalsymbole mit zusätzlichen Nullen aufzufüllen. Der RAAM zum Repräsentieren der Bäume in Abbildung 8.1 wies beispielsweise eine 20-10-20-Architektur auf. Daher besaß jedes Feld zehn Einheiten, was bedeutete, dass die Vektoren der Terminalsymbole mit fünf Nullen aufgefüllt werden mussten. In diesem Beispiel sagen wir, dass der Code für ein terminales Symbol 1-Bit-in-5, mit fünf Nullen aufgefüllt ist. Wie bei den meisten

Netzarchitekturen wird die Anzahl an verborgenen Einheiten durch Experimentieren ermittelt (Finden einer Architektur, die eine zufrieden stellende Lösung bietet).

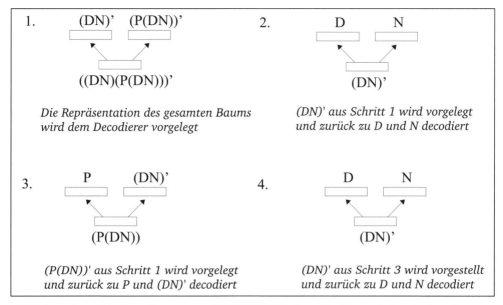

Abbildung 8.4: Die Decodierung von ((DN)(P(DN)). Dasselbe Netz wird nach den vier verschiedenen Schritten zum Decodieren der Repräsentation gezeigt.

Beim Decodieren wird ein Test benötigt, um zu ermitteln, ob ein Muster, das in einem Feld in der Ausgabeschicht auftaucht, ein Terminalsymbol repräsentiert oder für das spätere Rückspeisen in die verborgene Schicht gespeichert werden muss. Es gibt eine Reihe von Möglichkeiten, diesen Test durchzuführen. Ein einfacher Ansatz mit orthogonalen Symbolen besteht jedoch darin zu testen, ob eine einzige Einheit auf 1 und alle anderen auf 0 gesetzt sind. Wenn kein Terminalsymbol vorliegt, kann die Ausgabe durch die verborgene Schicht zurückgespeist werden.

8.2.1 TRAINIEREN EINES RAAM

Das Training erfolgt wie bei jedem anderen Autoassoziativnetz, jedoch mit der Anforderung, die zuvor aufgebauten Konstituenten zurück in die Eingabeschicht zu speisen. Die zeitliche Steuerung dieser Rückkopplung ist dieselbe wie für den oben beschriebenen Aufbau. Bei den Terminalsymbolen werden die Eingabevektoren zu Beginn festgelegt, doch da die Gewichte sich während des Trainings kontinuierlich anpassen, muss sich die Repräsentation jedes Nicht-Terminalsymbols ändern. Die verborgene Repräsentation beispielsweise für (D N) wird sich im Laufe des Trainings ändern, da die Gewichte sich ständig ändern. Diese Änderung unter den Trainingsmustern wird als *Effekt eines beweglichen Ziels* bezeichnet. Wenn das Netz sich nahe der Konvergenz befindet, werden die Änderungen in diesen beweglichen Zielen sehr klein.

Wenn es darum geht, einen RAAM zu implementieren, besteht die einzige zusätzliche Komplikation im Vergleich mit einem autoassoziativen Backpropagation-Netz darin festzustellen, wann zuvor gebildete verborgene Muster zurück in die Eingabeschicht gespeist werden sollen. Diese Frage der zeitlichen Steuerung kann einfach unter Verwendung einer Stapel-Datenstruktur gelöst werden, die zum Hinzufügen und Löschen von internen Knoten verwendet wird. Die Repräsentation einer Sequenz mit einem RAAM ist sogar noch einfacher. Eine Sequenz wie z. B. das Wort GEHIRN kann als Baum dargestellt werden (vgl. Abbildung 8.5). Das Terminalsymbol NIL fungiert einfach als Leerzeichen. Die Codierung beginnt, wie üblich, von unten nach oben (sog. „bottom up"), wobei G dem linken Eingabefeld und NIL dem rechten Eingabefeld präsentiert wird. Da die komprimierten Repräsentationen nur in das rechte Eingabefeld gespeist werden, ist es für das linke und das rechte Eingabefeld (und daher für die Ausgabefelder) möglich, unterschiedliche Anzahlen an Einheiten zu enthalten: Die Einschränkung ist, dass die verborgene Schicht, sowie das rechte Eingabefeld und die Ausgabefelder dieselbe Größe aufweisen müssen. Bei einer Sequenz ist es nicht erforderlich, die Repräsentationen auf einem Stapel zu speichern, da zuvor komprimierte Elemente kontinuierlich in die Eingabeschicht zurückgeleitet werden.

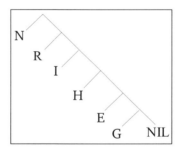

Abbildung 8.5: Die Repräsentation von GEHIRN als Baum.

BEISPIEL 8.1

1. Geben Sie die Codierreihenfolge und die Decodierreihenfolge des folgenden Binärbaums an:

    ((D (A N)) (V (P (D N))))

2. Wie viele Bäume wird ein RAAM anhand der unten angegebenen Trainingsmenge zu repräsentieren lernen ?

    (D (A (A (A N))))
    ((D N)(P(D N))
    (V (D N))

(P (D (A N)))
((D N) V)
((D N) (V (D (A N)))
((D (A N (V (P (D N))))

LÖSUNG

1. Die Codierreihenfolge wird in Tabelle 8.1 und die Decodierreihenfolge in Tabelle 8.2 gezeigt.
2. Die Gesamtmenge der Bäume wird in Abbildung 8.1 illustriert.

Linker Zweig	Rechter Zweig	Verborgene Repräsentation
D	N	(D N)'
P	(D N)'	(P (D N))'
V	(P (D N))'	(V (P (D N)))'
A	N	(A N)'
D	(A N)'	(D (A N))'
(D (A N))'	(V (P (D N)))'	((D (A N)) (V (P (D N))))'

Tabelle 8.1: Die Codierreihenfolge für den Binärbaum aus Beispiel 8.1

Verborgene Repräsentation	Linker Zweig	Rechter Zweig
((D (A N)) (V (P (D N))))'	(D (A N))'	(V (P (D N)))'
(D (A N))'	D	(A N)'
(A N)'	A	N
(V (P (D N)))'	V	(P (D N))'
(P (D N))'	P	(D N)'
(D N)'	D	N

Tabelle 8.2: Die Decodierreihenfolge für den Binärbaum aus Beispiel 8.1

8.3 KONNEKTIONISTISCHE REPRÄSENTATIONEN

Die RAAM-Architektur nimmt Strukturen variabler Größe (d. h. Bäume verschiedener Größe) und bildet sie auf Vektoren mit fester Breite ab. Diese Form der Abbildung hat eine Reihe wünschenswerter Eigenschaften, die wir im Folgenden untersuchen werden.

8.3.1 LOKAL IM VERGLEICH ZU VERTEILT

Eine lokale Repräsentation ist dann gegeben, wenn ein Netz so konzipiert wurde, dass einzelne Einheiten spezifische Begriffe bezeichnen. Eine Einheit kann beispielsweise für „Hund", eine andere für „Pferd", eine weitere für „Hase", eine weitere für „Wolf" usw. stehen. Meistens jedoch wird ein Konzept verteilt repräsentiert. Abbildung 8.6 illustriert die Idee hinter einer verteilten Repräsentation. Eine verteilte Repräsentation ist bis zu einem gewissen Grad fehlertolerant, da der Verlust von einer oder mehreren Einheiten nicht unbedingt bedeutet, dass das Netz die gesamte Repräsentation eines bestimmten Begriffs verloren hat. Mit einer verteilten Repräsentation kann eine Einheit an der Repräsentation eines Begriffs (in der Regel mehr als eines) teilhaben. Wenn ein Begriff in verteilter Form repräsentiert wird, erscheint er als verteiltes Aktivitätsmuster. Das linke Feld von Eingabeeinheiten in einem sequentiellen RAAM fungiert als lokale Repräsentation, wenn die Terminalvektoren orthogonal sind. Da ein einzelnes Element im Terminalvektor den Wert 1 hat, wird eine einzelne Einheit eingeschaltet. Die komprimierten Repräsentationen, die sich in den verborgenen Einheiten entwickeln, sind in der Regel verteilt, so dass ein einzelner Buchstabe aus einer Wortsequenz beispielsweise unter Verwendung von mehr als einer verborgenen Einheit repräsentiert wird. Bei der Repräsentation von Begriffen ist eine verteilte Architektur ökonomischer als eine lokale. Ein Netz mit n Binäreinheiten kann beispielsweise nur n Konzepte lokal repräsentieren, wohingegen eine verteilte Architektur die Größenordnung 2^n ermöglicht.

Manche Repräsentationen sind verteilt, aber nicht vollständig verteilt. Ein Binärvektor könnte beispielsweise verwendet werden, um einen Begriff zu repräsentieren, bei dem jedes Bit das Vorhandensein einer Eigenschaft anzeigt. Im Falle von HUND könnten die einzelnen Bits das Vorhandensein der folgenden Eigenschaften anzeigen: hat-Schwanz, mag-Knochen usw. Bei dieser Form der Repräsentation wird jeder Begriff durch mehr als eine Einheit repräsentiert, doch eine einzelne Einheit stellt nur eine einzige Eigenschaft dar.

Eine verteilte Repräsentation weist jedoch eine Reihe von Nachteilen auf. Angenommen, wir trainieren ein neuronales Netz, das entscheiden soll, ob jemand von einer Bank die Kreditzusage für einen bestimmten Geldbetrag bekommt. Das Netz kann anhand der folgenden Eigenschaften trainiert werden. Gehalt, aktuelle Investitionen, Güter, monatliche Ausgaben, Dauer des Kundenverhältnisses bei der Bank usw. Wir verfügen über eine sehr umfangreiche Datenbank mit früheren Kredittransaktionen, und diese Datenbank enthält die Personen, die Ihren Rückzahlungsverpflichtungen nicht nachgekommen sind. Das Netz wird trainiert, und es scheint auf einer großen Testdatenmenge gute Leistungen zu erzielen. Wir könnten uns daraufhin fragen, mit welchem Wissen das Netz seine Entscheidungen trifft. Eine Sicht auf dieses Wissens wäre nützlich: Wir könnten etwas Neues von dem Netz lernen und, noch wichtiger, wir könnten Vertrauen in die Fähigkeiten des Netzes gewinnen, wenn es erklären könnte, wie eine Entscheidung getroffen wird. Um das Wissen zu sehen, müssen wir Kenntnisse darüber haben, wie das Netz Informationen repräsentiert: Dies führt uns wiederum zu der Frage, was eigentlich einzelne Einheiten und

Gewichte repräsentieren. Im Falle von verteilten Repräsentationen ist diese Frage nicht leicht zu beantworten.

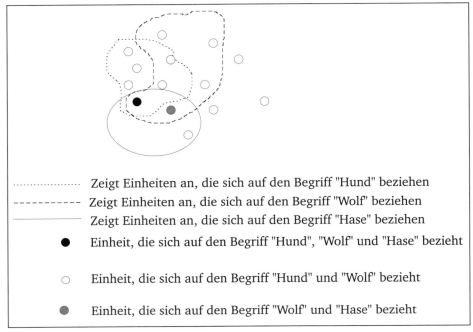

Abbildung 8.6: In einer verteilten Repräsentation tragen Einheiten zur Repräsentation von mehr als einem Begrifft bei, und ein Begriff wird durch mehr als eine Einheit repräsentiert.

8.3.2 RÄUMLICHE ERHALTUNG VON STRUKTUR

Das Verarbeiten von Strukturen variabler Größe mit einem Netz fester Größe stellt für Konnektionisten kein triviales Problem dar. In Zukunft werden immer mehr Netze modulare Architekturen aufweisen, so dass dann ein Netz mit einem anderen Netz kommunizieren muss, und das Erstellen von Systemen für Schnittstellen fester Breite kann die Aufgabe erleichtern. Außerdem können Begriffe auf Ähnlichkeit getestet werden, wenn alle Repräsentationen dieselbe Breite aufweisen.

Ein RAAM bildet eine Symbolstruktur auf eine räumliche Repräsentation ab, wobei die n Aktivierungen der verborgenen Einheiten im n-dimensionalen Raum liegen. Symbolstrukturen entstehen durch Verkettung von Konstituenten. Ein einfaches Beispiel ist das Wort GEHIRN, das die Verkettung seiner einzelnen Buchstaben darstellt. Eine Vektorrepräsentation von GEHIRN entsteht durch Verkettung der Terminalcodes. Durch Verwenden eines 1-Bit-in-5-Codes für die Buchstaben könnte GEHIRN durch „10000 01000 00100 00010 00001" repräsentiert werden. Die Verkettung von Binärcodes zum Generieren einer konnektionistischen Repräsentation ist problembehaftet. Zum einen benötigen Wörter unterschiedlicher Länge Vektoren unterschiedlicher Länge, es sei denn, sie werden mit Nullen aufgefüllt. Das Repräsentieren von Binärbäumen oder Bäumen mit einer höheren Valenz mithilfe sequentieller Verkettung kann wichtige Informationen übergehen, da die relative Position der Teilbäume verloren geht. Das Verarbeiten von Bäumen von oben nach unten ergibt beispielsweise, dass sowohl (V (D N)) als auch ((D N) V) zu „DNV" verkettet werden. Eine Möglichkeit dies zu umgehen besteht darin, jedem Baumknoten eine Position innerhalb des Vektors zuzuweisen, doch diese Methode ist recht schwerfällig. Ein RAAM erzeugt Repräsentationen auf funktionale Weise. Der Codierer kann als Funktion betrachtet werden, die rekursiv aufgerufen wird. Die Komposition von GEHIRN ist $f(N\ f(R\ f(I\ f(H\ f(E\ f(G\ NIL))))))$, wobei $f(x)$ die Codierung von „x" durch einen RAAM darstellt. Mit dieser Form der funktionalen Abbildung werden die Teilbäume und der Gesamtbaum überlagert.

Die Strukturen der Bäume in Abbildung 8.1 werden durch Phrasengrammatikregeln festgelegt. Die Regeln stellen explizites Wissen über gültige Phrasenstrukturen und ihre Beziehungen zur Verfügung, doch dieses Wissen wird in den Bäumen weniger explizit (oder implizit). Wenn Sie beispielsweise darum gebeten würden, die Bäume in Gruppen zusammenzufassen, könnten Sie eine Reihe von Kriterien wie z. B. Baumtiefe, die Anzahl der typischen Teilbäume oder die Anzahl an Terminalsymbolen im Verhältnis zur Baumtiefe usw. verwenden. Die Gruppierungsaufgabe ist nicht trivial, und doch wird durch die Grammatikregeln eine explizite Gruppierung festgelegt: Einige Bäume fallen in die Gruppe S (Satz), andere in die Gruppen NP (Nominalphrase), VP (Verbalphrase), AP (Adjektivphrase) oder PP (Präpositionalphrase). Eine einzige Regel zum Bestimmen der Ähnlichkeit kann das Gruppieren der Elemente zu einer trivialen Aufgabe machen. Ein Beispiel ist die Gruppierung von Wörtern anhand ihrer Länge. Mehrere Regeln zum Bestimmen der Ähnlichkeit zu verwenden wäre problematisch, da Sie versuchen werden, parallel eine Reihe konkurrierender Einschränkungen zu erfüllen. Eine räumliche Repräsentation der Struktur vereinfacht das Gruppieren nach Ähnlichkeit, da wir dazu auf eine Bündelung auf der Basis einer Metrik wie den Euklidischen Abstand zurückgreifen können (vgl. Kapitel 3). Damit die Gruppierungen sinnvoll sind, verlassen wir uns jedoch darauf, dass die räumliche Repräsentation einige hilfreiche Informationen über die Struktur enthält. Glücklicherweise scheint RAAM Repräsentationen zu generieren, die strukturelle Informationen vermitteln. Abbildung 8.7 zeigt ein hierarchisches Bündeldiagramm von Repräsentationen, die unter Verwendung der Bäume aus Abbildung 8.1 generiert wurden. Diese räumlichen Repräsentationen wurden durch einen (S)RAAM (Callan und Palmer-Brown, 1997) erzeugt, der eine mathematische Simulation eines RAAM ist. Ein konventioneller RAAM erzeugt jedoch ähnliche Gruppierungen (vgl. Pollack, 1990). Das Bündeldiagramm zeigt, dass außer einem einzigen Baum alle Bäume in Kategorien entsprechend der Phrasenregel fallen, die der Baum erfüllt.

Die Bündelung in Abbildung 8.7 mag ein wenig zufällig erscheinen, doch im Allgemeinen ordnet ein RAAM Strukturen unter Erhaltung der Ähnlichkeit Vektoren mit fester Breite zu.

Die räumliche Repräsentation von Strukturen ist intuitiv hilfreich. Vererbung ist eine Strukturierungsmethode, die sowohl von Software-Entwicklern als auch von KI-Forschern verwendet wird, um zu vermeiden, mehrere Kopien desselben Wissens zu speichern und im Falle fehlender Information eine Standard-Schlussfolgerung zu bieten. Vererbung kann sich bei Ausnahmen als problematisch erweisen (z. B. erbt „Strauß" nicht die Eigenschaft „kann-fliegen" aus der Klasse „Vogel") und zu Mehrdeutigkeit führen, wenn mehrere Oberklassen dieselbe Eigenschaft besitzen (aus welcher Klasse soll die Eigenschaft geerbt werden?). Diesen problematischen Situationen kann mit Regeln entgegengewirkt werden, doch wie bei der Bestimmung der Ähnlichkeit können diese Regeln aufgrund des symbolischen Formalismus übermäßig eingeschränkt sein. Boden (1996) hat versucht, RAAMs zum Lösen der Probleme zu verwenden, die bei Ausnahmen und Mehrdeutigkeit entstehen. Der Ansatz von Boden beruht auf der räumlichen Repräsentation der Objektassoziationen.

Die Struktur wird dem RAAM über die zeitgesteuerte Präsentation von Teilbäumen an die Eingabeschicht erreicht. Man könnte auch die Meinung vertreten, dass Struktur auf natürlichere Weise entstehen sollte. Wenn wir beispielsweise einem Sprecher zuhören, nehmen unsere Sinne eine Sequenz von Wörtern auf, die keine explizite Kennzeichnung der Phrasenstruktur oder Wortkategorisierungen enthält. Elman (1990) hat demonstriert, dass hierarchische Kategorisierung aus einer Sequenz entstehen kann. In einem Experiment verwendete Elman ein einfaches rekurrentes Netz (SRN, vgl. Kapitel 5), um die lexikalischen Klassen anhand der Wortfolge zu ermitteln. Zum Generieren von 10 000 Satzrahmen mit zwei oder drei Wörtern wurden Vorlagen eingesetzt.

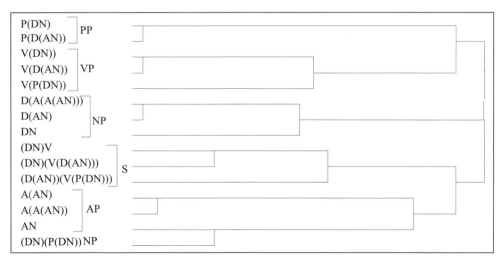

Abbildung 8.7: Bündeldiagramm von (S)RAAM-Repräsentationen für syntaktische Analysebäume.

Abbildung 8.8: Vorlagen zum Generieren von Sätzen bestehend aus drei Wörtern.

Der in Abbildung gezeigte Beispielrahmen generiert Sätze mit drei Wörtern (wie z. B. „Mann sehen Frau"). Jedes Wort wurde als ein 1-Bit-in-31-Vektor kodiert, und es waren 150 Kontexteinheiten vorhanden. Die 27.534 in den 10.000 Sätzen enthaltenen Wörter wurden verkettet, um einen einzigen Vektor mit 27.534 x 31 Bits zu ergeben. Jedes Wort wurde samt des vorherigen Kontextes in die Eingabeschicht des SRN gespeist, und die Aufgabe des Netzes bestand darin, das nächste Wort in der Sequenz vorauszusagen. Das Netz wurde während sechs vollständiger Zyklen durch die Sequenz trainiert und anschließend wurden die Gewichte eingefroren (so dass kein Lernen mehr stattfand). Die Sequenz wurde ein weiteres Mal durch das Netz gereicht, und alle Aktivierungen der verborgenen Einheiten wurden gespeichert. Jedes Wort in der Sequenz plus Kontext (27.534) wurde durch 150-dimensionale Vektoren repräsentiert. Obwohl nur 29 eindeutige Wörter enthalten waren, sollten die 27.534 verborgenen Vektoren eindeutig sein, da sie mit Kontextinformationen überlagert sind. Ein Zusammenfassungsvektor für jedes Wort wurde anhand des Durchschnitts aller verborgenen Vektoren berechnet, die durch dieses Wort (plus Kontext) aktiviert wurden. Diese 29 Vektoren wurden dann unter Verwendung einer hierarchischen Bündelungsmethode gruppiert.

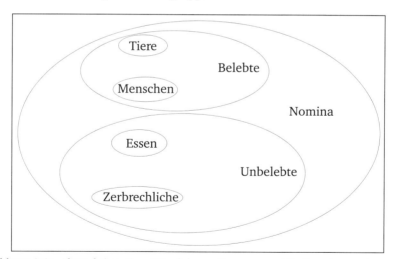

Abbildung 8.9: Abstraktion eines Bündelungsdiagramms. Alle Repräsentationen sind Nomina. Tiere und Menschen sind belebte Entitäten, Essen und zerbrechliche Gegenstände sind unbelebte Entitäten.

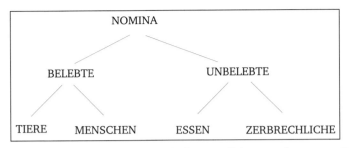

Abbildung 8.10: Diese Struktur spiegelt die räumliche Anordnung von Nomina nach Bündelung der Aktivierungen der verborgenen Einheiten eines einfachen rekurrenten Netzes wider. Die Hierarchie ist insofern implizit, dass jede Ebene in der Hierarchie durch räumliche Nähe bestimmt wird.

Die Bündelung zeigte die räumliche Trennung der Verben und Nomina und außerdem eine hierarchische Anordnung der Wortkategorien (vgl. Abbildungen 8.9 und 8.10).

Wir laufen hierbei Gefahr, den Bogen mit der Struktur/Raum-Bewahrung zu überspannen: d. h. ähnliche Strukturen werden letztendlich in ähnlichen räumlichen Regionen positioniert. Es wurde oben bereits erwähnt, dass es schwierig sein kann einzuschätzen, ob Symbolstrukturen ähnlich sind. Doch die Aufgabe wird eigentlich nur schwierig, wenn wir über keine Kriterien zum Einschätzen der Ähnlichkeit verfügen. Es ist beispielsweise trivial festzustellen, ob zwei logische Aussagen dem Muster „Ausdruck ∧ Ausdruck" entsprechen. Wir suchen nach solchen Mustern, um festzustellen, ob Transformations- oder Inferenzregeln auf eine Aussage angewendet werden können. In diesem Sinne ist das Einschätzen von Ähnlichkeit einfach, da Symbolstrukturen durch das Verketten von Atomen entstehen. Mit numerischen Vektoren erscheint das Messen der Ähnlichkeit einfach, da wir davon ausgehen können, dass Ähnlichkeit anhand der Euklidischen Metrik gemessen wird. Die Euklidische Metrik jedoch zum Durchführen z. B. von Bündelung zu verwenden ist für das Einschätzen der Ähnlichkeit von Strukturen nur dann hilfreich, wenn der Vektor, auf den die Struktur abgebildet wird, Informationen über die Struktur enthält. Die relative räumliche Position von RAAM-Repräsentationen kann beispielsweise durch Verwenden beliebiger Bit-Vektoren für Terminalsymbole wesentlich verändert werden. Daher rührt die gängige Praxis, orthogonale Bit-Vektoren zum Repräsentieren von Terminalsymbolen zu verwenden. Der in diesem Abschnitt behandelte Punkt wird von Sharkey und Jackson (1995) hervorragend aufgearbeitet. Alles was wir wirklich sagen können, ist dass bei RAAM-Netzen Repräsentationen gebildet werden können, die bei Bündelung etwas über die Eigenschaften der Daten offenbaren: beispielsweise das Gruppieren in Nomina, Verben usw. oder das Gruppieren nach Bedeutung.

8.3.3 KONTEXT

Neuronale Netze, die Repräsentationen verteilen und überlagern vermitteln Kontext, eine Eigenschaft, die viele Konnektionisten als Hauptverkaufsargument für Konnektionismus verwenden. Angenommen, Sie sind bisher nie auf das Wort „Essstäbchen" gestoßen und Sie lesen einen Text mit der Passage „Sie aßen Spinat mit Essstäbchen".

Sie wissen zwar nicht, was ein Essstäbchen ist, doch in diesem Stadium gehen Sie bereits davon aus, dass es sich um ein Nahrungsmittel oder ein Esswerkzeug handelt. Später lesen Sie „Die Essstäbchen wurden zusammen mit dem restlichen Besteck in die Spülmaschine gesteckt". Ihre Interpretation von „Essstäbchen" hat sich nun geändert, so dass Sie jetzt davon ausgehen, dass es sich eher um ein Esswerkzeug als um ein Nahrungsmittel handelt. Sie haben dies inferiert, weil Sie wissen, was ein „Löffel" oder eine „Gabel" ist, und „Essstäbchen in demselben Kontext aufgetaucht ist. Elman demonstrierte diesen Typ von begrifflicher Inferenz in dem oben beschriebenen Experiment. Als Elman das Wort „Mann" in allen 10.000 Sätzen durch „Zund" ersetzte, und diese transformierten Sätze einem vorab trainierten neuronalen Netz vorlegte, zeigte das Wort „Zund" dieselbe räumliche Beziehung wie das Wort „Mann".

Der Typ von konnektionistischem Netz, den wir bisher untersucht haben, würde eine unterschiedliche Repräsentation für dasselbe Wort in unterschiedlichen Kontexten erzeugen. Beispielsweise wird „Limonade" in „eine Flasche Limonade" eine andere Repräsentation aufweisen als in „ein Glas Limonade". Dies erweist sich als Ärgernis, da ein Wort in einer gedruckten Symbolform unabhängig vom Kontext (Änderungen der Schriftart und -größe ausgenommen) als ein festes Bild erscheint. Die Kontextvariabilität einer Repräsentation stellt Konnektionisten vor eine schwierige Herausforderung, wenn es darum geht, es mit bestimmten Arten von Verarbeitung zu versuchen (z. B. struktursensitive Verarbeitung, vgl. unten). Auf der anderen Seite wäre sie jedoch eine nützliche Eigenschaft. Kehren wir zurück zu unserem Beispiel mit der Flasche/dem Glas Limonade. Obwohl es sich bei „Limonade", ob in einer Flasche oder in einem Glas, um dieselbe helle Flüssigkeit handelt, könnten Kenner einen Geschmacksunterschied aufgrund des Behältnisses feststellen. Wir würden vermuten, dass die Repräsentation beider „Limonadenbegriffe" sich im semantischen Raum sehr nahe beieinander befindet, doch nicht exakt an derselben Position, und daher erscheint ein auf dem Kontext beruhender Unterschied vernünftig.

Kohonen (1990) hat ebenfalls die Generierung einer semantischen Wortkarte unter Verwendung einer selbstorganisierenden Karte (vgl. Kapitel 3) demonstriert. Auf ähnliche Weise wie Elman (vgl. Abschnitt 8.3.2), generierte Kohonen (1990) unter Verwendung einer Vorlage eine Reihe von Sätzen bestehend aus drei Wörtern. Die Sätze wurden verkettet und ein Kontext für jedes Wort definiert, indem der Durchschnitt aller unmittelbar vorangehenden und folgenden Wörter gebildet wurde. Anschließend wurde ein Vektor für jedes Wort generiert, indem der Wortvektorcode mit dem umgebenden Kontextvektor verkettet wurde (wir haben an dieser Stelle einige Details weggelassen). Die Ergebnisvektoren wurden dann zum Trainieren einer selbstorganisierenden Karte verwendet. Die semantische Karte, die daraus folgte, zeigte eine Aufteilung in Nomina, Verben und Adverbien und weitere semantische Anordnungen innerhalb dieser Regionen. Kohonen weist darauf hin: „We clearly see that the contexts „channel" the word items to memory positions whose arrangement reflects both grammatical and semantic relationships."

8.3.4 SYMBOLISCHE REPRÄSENTATIONEN IM VERGLEICH ZU KONNEKTIONISTISCHEN REPRÄSENTATIONEN

Symbole sind beliebig, insofern dass ein Symbol durch ein anderes ersetzt werden kann. Wenn wir in einer Textpassage das Wort TISCH durch ZLABET ersetzen, wird der Leser den Text zwar etwas eigenartig finden, ihn aber dennoch verstehen. Das Symbol TISCH bezieht sich auf Objekte in der Welt, mit denen der Leser Erfahrung hat, und das bloße Ändern der Bezeichnung zu ZLABET wird diese Erfahrung nicht beeinflussen. Symbole sind einfach Bezeichnungen und ergeben als Repräsentationen nur Sinn, wenn sie von einem Beobachter verwendet werden, der über den Begriff, auf den sich das Symbol bezieht, entsprechende Kenntnisse verfügt (aus Erfahrung). Mit anderen Worten, Symbole sind nichts ohne ihre Schöpfer. Symbole sind diskrete Entitäten, und worauf sie sich beziehen, hängt manchmal vom umgebenden Text ab. Beispielsweise ist „Stamm" in „Der Stamm wurde gefällt" (Baumstamm) und in „Der Stamm zog in den Krieg" (ein Eingeborenenstamm) ein diskretes Symbol, doch wir verlassen uns auf dessen Beziehungen zum umgebenden Text, um den Begriff, auf das es sich bezieht, aufzulösen.

Im Gegensatz dazu sind konnektionistische Repräsentationen nicht beliebig sondern kontextabhängig. Die Eigenschaft, die wir uns intuitiv als nützlich vorstellen, stellt uns vor eine schwierige Frage: Wie viele Kontexte sind notwendig, bevor eine Repräsentation universell einsetzbar ist (z. B. zur allgemeinen natürlichen Sprachverarbeitung)? Wenden wir uns einem Beispiel für den begrifflichen Unterschied zwischen einer beliebigen Symbolrepräsentation und einer Repräsentation zu, die sich durch den eingebetteten Kontext entwickelt. Stellen Sie sich eine Kollektion von Models vor, die bei einer Modelagentur registriert sind. Ein Designhaus hatte in der Vergangenheit alle diese Models bereits engagiert, und daher kennt der Chefdesigner sie alle mit Namen. Der Chefdesigner hat eine Besprechung mit den Vertretern der Agentur, um die Models für die kommende Modeschau auszuwählen. Während der Besprechung können alle Models entweder mit Namen oder anhand eines Bildes identifiziert werden. Sowohl Name als auch Bild sind ein Ersatz für die reale Sache, doch das Bild vermittelt mehr nützlichen Inhalt, da seine Form von der realen Sache abhängt, die es repräsentiert.

Sicherlich sind Symbolstrukturen kompositional, und es können Vorgänge entworfen werden, die struktursensitiv sind. Ein Verarbeitungssystem, das diese Attribute nicht besitzt, ist kaum vorstellbar. Kompositionalität ermöglicht das Aufteilen von Strukturen in Teilstrukturen (vielleicht für die modulare Verarbeitung) und struktursensitive Verarbeitung ermöglicht eine hohe Generalisierungsstufe. Angenommen, wir möchten das Symbol RÜCKENSCHMERZEN aus den Symbolen RÜCKEN und SCHMERZEN erzeugen. Wenn die Symbole als Zeichenketten (unsere Verarbeitungselemente) vorliegen, wissen wir, dass das neue Symbol eine einfache Verkettung von RÜCKEN mit SCHMERZEN darstellt. Auf einer unteren Ebene wird die Funktion *verketten* wissen, dass RÜCKEN sechs Zeichen besitzt, und dass zum Verketten in der neuen Zeichenkette SCHMERZEN an der Position des siebten Zeichens beginnen wird. Innerhalb des Symbolismus entsprechen Repräsentationselemente wie Zeichenketten Verarbeitungselementen und dies ermöglicht das Schreiben eines expliziten Algorithmus, der die gewünschte Aufgabe durchführt (in diesem Fall eine einfache Verkettung). Innerhalb eines konnektionistischen Netzes sind die Verarbeitungselemente Einheitenaktivierungen und Gewichtswerte. Die Lernalgorithmen verarbeiten Eingaben in und Ausgaben von Einheiten und aktualisieren Gewichte. Wenn wir einen RAAM mit 25 verborgenen Einheiten verwenden würden, um die Symbole RÜCKEN und SCHMERZEN zu repräsentieren, lägen die Repräsentationen nicht auf der Ebene der Verarbeitungselemente. Innerhalb des RAAM werden die gesamten 25 Einheiten zum Repräsentieren von RÜCKEN und zum Repräsentieren von SCHMERZEN verwendet. Wie RÜCKENSCHMERZEN erzeugt werden soll, ist ganz und gar nicht selbstverständlich. Wir können nicht auf eine der 25 Einheiten zeigen und explizit sagen, für was diese Einheit steht (z. B. R oder M usw.). Daher können wir nicht die 25 Einheiten eines RAAM nehmen und feststellen, welche Operation auf welche Einheit angewendet werden muss, um die Verkettung zu erreichen. Zum Durchführen der Verkettung können wir auf etwas zurückgreifen, was als *holistischer* Ansatz bezeichnet wird. Wir könnten beispielsweise ein weiteres vorwärtsgerichtetes Netzes trainieren, das als Eingabe RAAM-Repräsentationen für RÜCKEN und SCHMERZEN annimmt und als Ausgabeschicht eine RAAM-Repräsentation für RÜCKENSCHMERZEN erzeugt. Wir könnten das Netz anhand hunderter von Beispielen trainieren, in der Hoffnung ein Netz herzuleiten, das die Funktion *verketten* durchführt. Das *Verkettungs*-Netz generalisiert unter Umständen korrekt, wenn es anhand neuer Beispiele getestet wird. Doch unsere Zuversicht, dass dieses Netz die Aufgabe der *Verkettung* korrekt für jedes Symbolpaar durchführt, wird leiden, da wir nicht die exakte Vorgehensweise des Netzes kennen. Das Attraktive am Symbolismus besteht darin, dass, sobald eine Funktion wie *verketten* für die Verwendung auf bestimmten Typen von Verarbeitungselementen korrekt definiert wurde, die Funktion auf jedes Element, sofern es vom korrekten Typ ist, verallgemeinert – menschliches Versagen oder Hardware-Fehler ausgenommen.

Obwohl konnektionistische Netze immer noch keine Symbolprozessoren für Aufgaben wie Verkettung sind, gibt es eine Reihe von Demonstrationen zur holistischen Verarbeitung, die wir im vorherigen Abschnitt bereits angesprochen haben und eine Teilantwort auf die Kritik liefern: Konnektionistischen Systemen fehle es an Systematizität. Sie erinnern sich sicherlich daran, dass ein System dann systematisch ist, wenn es „Johann liebt Maria" mit „Maria liebt Johann" gleichsetzt oder „Janine denkt, dass Maria Johann liebt" versteht. Ein Symbolsystem kann dazu gebracht werden, sich systematisch innerhalb verschiedener Szenarien zu verhalten. Allgemeine Abfragen nach den Liebesbeziehungen können beispielsweise gestellt werden, wenn ein System über lieben(X, Y) als Konstituente einer Struktur verfügt (da „lieben" das abzugleichende Prädikat ist, und die Argumente Variablen sind, die für jede Konstante stehen können). Niklasson und Sharkey (1997) geben ein Beispiel einer struktursensitiven Verarbeitung mit einem konnektionistischen System. Sie zeigen, dass logische Aussagen unter Verwendung eines konnektionistischen Systems transformiert werden können. Beispielsweise könnte $(P \wedge Q) \Rightarrow R$ in das logische Äquivalent $\neg(P \wedge Q) \vee R$ transformiert werden.

Ein ternärer RAAM (d.h. einer mit drei Eingabefeldern) mit der Topologie 30-10-30 wurde zum Repräsentieren von 156 aussagenlogischen Formeln unterschiedlicher Komplexität verwendet. Sobald das RAAM trainiert worden war, wurde die Hälfte der 156 durch den RAAM erzeugten Repräsentationen verwendet, um ein Transformationsnetz zum Durchführen von Transformationen der folgenden Form zu trainieren:

$$(\text{Ausdruck} \Rightarrow \text{Ausdruck} \Leftrightarrow \neg\text{Ausdruck} \vee \text{Ausdruck})$$

Eine Eingabe zum Transformationsnetz könnte beispielsweise die RAAM-Repräsentation für $(P \wedge Q) \Rightarrow R$ sein, und die Zielausgabe könnte die RAAM-Repräsenation für $\neg(P \wedge Q) \vee R$ sein. Das Transformationsnetz war ein vorwärtsgerichtetes heteroassoziatives Standard-Netz (vgl. Kapitel 4). Eine transformierte RAAM-Repräsentation wurde unter Verwendung des Decodierers des RAAM zurück in ihre Konstituenten decodiert. Die Terminalsymbole verfügten über Binärvektoren mit Typkennzeichen (vgl. Tabelle 8.3). Daher sind $\wedge$ und $\vee$ vom selben Typ, doch im Gegensatz zu unseren Grammatikregeln für Aussagen in Kapitel 7 werden $\Rightarrow$ und $\neg$ nicht als Verknüpfungen klassifiziert.

Terminalsymbol	Binärcode
P	1000 100000
Q	1000 010000
R	1000 001000
$\wedge$	0100 100000
$\vee$	0100 010000
$\Rightarrow$	0010 100000
$\neg$	0001 100000
Nil	0000 000000

Tabelle 8.3: Orthogonale Vektoren werden Terminalsymbolen zugewiesen

Die Regeln, welche die Syntax der Formeln festlegten, waren:

```
Formel   → [Ausdruck ⇒ Ausdruck]
Formel   → [¬Ausdruck ∨ Ausdruck]
Ausdruck → [atomar|komplex]
atomar   → [P|Q|R]
```

```
komplex      → [atomar Verknüpfung atomar]
Verknüpfung  → [∧|∨]
```

Von den 78 Testtransformationen wurden außer 20 Formeln alle korrekt transformiert. In allen der 20 inkorrekten Transformationen führte der Fehler dazu, dass eine Konstituente in eine Konstituente desselben Typs transformiert wurde. Diese Ebene der Generalisierung ist hoch, wenn man berücksichtigt, dass das Transformationsnetz auf keinen der 78 Testfälle trainiert worden war.

Der Verdacht liegt nahe, dass der Erfolg dieses Experiments auf die Typkennzeichnung der Terminalsymbole zurückzuführen ist. Um jeglichen Verdacht auszuräumen, wurde das Experiment ohne jegliche Typkennzeichnung wiederholt, so dass alle Terminalsymbole mit einem zufälligen Bitvektor codiert wurden – 20 Bits wurden zum Codieren eines Terminalsymbols verwendet, und die Wahrscheinlichkeit, dass ein Bit auf 1 gesetzt wird, war 3/20. Die Generalisierung war geringfügig besser als in dem vorherigen Experiment.

Ein weiteres Experiment von Niklasson und Sharkey zeigte, dass die Generalisierung hoch war, auch wenn das Transformationsnetz andere Gesetze logischer Transformation der folgenden Form beachten musste:

$\neg(P \vee Q)$ transformiert zu der logisch äquivalenten Form $\neg P \wedge \neg Q$

$\neg(P \wedge Q)$ transformiert zu der logisch äquivalenten Form $\neg P \vee \neg Q$

Obwohl diese konnektionistischen Experimente eine beeindruckende Stufe der Generalisierung aufweisen, sind sie dennoch unzulänglich im Vergleich zu der Systematizität von symbolischen Transformationsregeln. Nichtsdestotrotz ist die Zukunft des Konnektionismus viel versprechend. Niklasson und Sharkey waren in der Lage zu demonstrieren, dass ein konnektionistisches Netz erlernen konnte, welche Symboltypen in bestimmten Positionen zulässig sind (nicht nur, welche Symbolelemente zulässig sind). Die Generalisierung des „Typs" ist ein wichtiger Schritt zu einer stärkeren Form der Systematizität. Ein schwaches systematisches System könnte beispielsweise lieben(johann, janine) anhand der Beispielmenge {lieben(johann, maria), lieben(david, maria), lieben(david, janine} generalisieren, doch ein starkes systematisches System würde zu lieben(Mensch, Mensch) generalisieren.

Konnektionisten haben damit begonnen, Antworten auf die Kritikpunkte der früheren Jahre zu finden, doch wir sollten auch die Vorteile von konnektionistischen Netzen sehen: die Unterstützung eleganter Verluste (graceful degradation), schnelle Parallelverarbeitung und Kontextsensitivität. Wir müssen ebenfalls bedenken, dass konnektionistische Repräsentationen keine beliebigen Instanziierungen, sondern eingabesensitiv sind (d. h. was sie in ihrer Umgebung aufnehmen). Viele KI-Forscher sind nun der Meinung, dass intelligente Systeme sich durch Einbettung in ihre Umgebung entwickeln müssen.

8.4 VERARBEITUNG NATÜRLICHER SPRACHE

8.4.1 SYNTAKTISCHE ANALYSE

Reilly (1992) hat die syntaktische Analyse (engl. parsing) von Sätzen demonstriert. Die Aufgabe des Parsers von Reilly besteht darin, die Kategorie jedes Worts (Nomen, Verb usw.) einzeln zu ermitteln und den Analysebaum des kompletten Satzes zu erzeugen. Diese dynamische Erzeugung des Analysebaums anhand von Sätzen wird als *Online-Parsing* bezeichnet. Der Satz „Der Junge trat den Ball" besitzt die Wortkategorie-Konstituenten D N V D N, und den Analysebaum ((D N)(V (D N))). Der Parser ist ein SRN, und während des Trainings wird die Zielausgabe eine RAAM-Repräsentation des vollständigen Analysebaums sein. Die Schritte zum Analysieren eines einzelnen Satzes sind in Abbildung 8.11 dargestellt.

Reilly zeigte, dass es möglich ist, einen Online-Parser unter Verwendung eines RAAM und eines SRN zu entwickeln. Es gab jedoch Probleme, dem System das Generalisieren beizubringen, weswegen sich das Training als ein wenig schwierig erwies. Die Generalisierung hätte wie bei jedem neuronalen Modell wahrscheinlich durch eine Änderung des Trainingstyps verbessert werden können. Das Hauptziel von Reilly bestand darin, die Möglichkeiten von Online-Parsing zu testen und daher war die Trainingsmenge klein (16 Sätze).

Sharkey und Sharkey (1992) haben ebenfalls einen Parser unter Verwendung eines RAAM und eines SRN konstruiert. Bei ihrem Modell wurde das SRN so trainiert, dass es das nächste Wort in der Wortsequenz vorhersagen kann. Ein dreischichtiges vorwärtsgerichtetes Netz wurde trainiert, um die Repräsentationen der verborgenen Einheiten des SRN auf RAAM-Repräsentationen des Analysebaums abzubilden. Während dieser Aufgabe wird ein Satz vom SRN gelesen und eine verborgene Repräsentation generiert. Diese Repräsentation wird anschließend auf eine RAAM-Repräsentation abgebildet, die schließlich decodiert wird, um die Phrasenstruktur sichtbar zu machen.

8.4.2 SATZTRANSFORMATIONEN

Die natürliche Sprache ist sehr ausdrucksstark und ermöglicht das Ausdrücken eines Sachverhalts auf mehrere verschiedene Weisen.

Dieselbe Nachricht kann entweder mit einem Aktiv- oder mit einem Passivsatz ausgedrückt werden. Der Passivsatz zu „Johann liebt Maria" ist beispielsweise „Maria wird von Johann geliebt". Chalmers (1990) hat gezeigt, dass eine Transformation von aktiv zu passiv unter Verwendung eines konnektionistischen Systems möglich ist. Der Aufbau ist identisch mit dem Aufbau, den Niklasson und Sharkey für das Transformieren der logischen Aussagen verwendet haben (vgl. Abschnitt 8.3.4). Zum Repräsentieren der Sätze in beiden Formen wurde ein RAAM verwendet und anschließend wurde ein Backpropagation-Netz zum Transformieren des Aktivsatzes in den entsprechenden Passivsatz trainiert. Chalmers generierte 125 Sätze und wählte anschließend 40 zum Trainieren des RAAM. Der RAAM wurde zum Repräsentieren sowohl der Aktiv- als auch der Passivform der 40 Sätze trainiert (d. h. 80 Satzrepräsentationen insgesamt). Für einen Generalisierungstest wurde eine andere Menge von 40 Sätzen (80 mit Aktiv- und Passivform) codiert und anschließend decodiert. Die codierten Testrepräsentationen wurden mit Ausnahme von 13 zurück in den korrekten Satz decodiert. Das Transformationsnetz wurde unter Verwendung derselben 80 Sätze trainiert, die zum Trainieren des RAAM verwendet wurden. Die 40 RAAM-Repräsentationen der Aktivsätze dienten als Eingabe, die Zielausgaben waren die entsprechenden 40 RAAM-Repräsentationen im Passiv. Nach Abschluss des Trainings konnten alle tatsächlich auf der Ausgabeschicht des Transformationsnetzes erzeugten Passivrepräsentationen vom RAAM decodiert werden. Die Generalisierung wurde mit den 40 Sätzen getestet, die zum Testen des RAAM verwendet wurden. Von den 40 generierten Passivrepräsentationen wurden 26 korrekt vom RAAM decodiert.

Obwohl Chalmers der Meinung war, dass die Generalisierungsrate besser als erwartet war, wollte er herausfinden, ob das Scheitern beim Generalisieren mancher Strukturen durch den RAAM oder das Transformationsnetz bedingt war. Oben wurde angegeben, dass der RAAM nicht die 100% Generalisierung erbrachte. Um die Möglichkeit auszuräumen, dass der RAAM den Generalisierungsfehler verursacht, wurden alle 125 Sätze (250 mit den dazugehörigen Passivsätzen) zum Trainieren des RAAM verwendet. Das Transformationsnetz wurde anschließend mit 75 von den 125 Aktiv-Passiv-Satzpaaren trainiert. Die Generalisierungsrate war 100%, als das Transformationsnetz auf den anderen 50 Aktiv-Passiv-Satzpaaren getestet wurde.

Chalmers hat außerdem demonstriert, dass ein weiteres Transformationsnetz 100% Generalisierung erreichen konnte, wenn es zum Konvertieren von Passivsätzen zu Aktivsätzen trainiert wird.

Chalmers Experiment zeigt wieder einmal, dass ein konnektionistisches System dazu gebracht werden kann, struktursensitiv zu verarbeiten. Callan und Palmer-Brown (1997) haben das Experiment von Chalmers unter Verwendung der (S)RAAM-Architektur wiederholt. Die Generalisierungsrate des Transformationsnetzes war ebenfalls 100%, doch, im Gegensatz zum RAAM von Chalmer, musste das (S)RAAM nicht auf alle Sätze trainiert werden. Dieses Ergebnis ist interessant. Der (S)RAAM wird nicht unter Verwendung konventioneller Netzmethoden wie Backpropagation trainiert. Das Training bedeutet, dass die (S)RAAM-Repräsentationen eingeschränkter als beispielsweise die des RAAM sind (z. B. ist die Anzahl an verborgenen Einheiten höher), und die Tatsache, dass dieser (S)RAAM eine gute Generalisierung erreicht zeigt an, dass die Trainingsmenge sehr reichhaltig ist. Obwohl die Generalisierung des RAAM im Experiment von Chalmers gut war, war sie immer noch nicht perfekt, und doch deutet das Ergebnis des (S)RAAM an, dass es möglich sein sollte, eine bessere Generalisierung mit dem RAAM zu erzielen. Wie üblich ist es schwierig, das volle Leistungspotenzial eines Netzes auszuschöpfen.

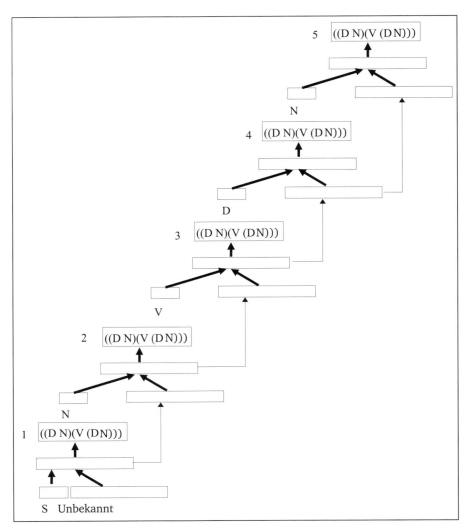

Abbildung 8.11: Die fünf Schritte beim syntaktischen Analysieren eines Satzes wie „Der Junge trat den Ball" unter Verwendung eines einfachen rekurrenten Netzes (SRN). Die Eingaben sind Wortkategorien, und die Ausgabe ist eine RAAM-Repräsentation des Analysebaums.

8.4.3 VOLLSTÄNDIGERE MODELLE

In diesem Unterabschnitt werden wir uns mit zwei konnektionistischen Systemen befassen, die bei der Verarbeitung von Sprache ihre Aufgabe vollständiger durchführen. Beide Systeme beruhen auf dem Skriptenkonzept.

Skripten sollen stereotypische Situationen auffangen. Mit einem Skript ist es möglich, die fehlenden Informationen aus Texten wie dem folgenden einzufügen:

Julian ging mit seinen Freunden in ihr indisches Lieblingsrestaurant. Sie bestellten Essen und reichlich Wasser, aßen ihre Mahlzeit und hinterließen Trinkgeld, bevor sie sich verabschiedeten.

Mit diesem beschränkten Text und mit Erfahrung mit indischen Restaurants ist es möglich, beispielsweise die folgenden Fragen zu beantworten:

Warum bestellten Sie reichlich Wasser?

Wer servierte das Essen?

Für wen hinterließen Sie ein Trinkgeld?

Die meisten Restaurantbesuche umfassen eine Reihe von Standardereignissen wie z. B.: eintreten, von einem Kellner platziert werden, ein Essen aus einem Menü wählen, die Bestellung wird aufgenommen, essen, Rechnung bezahlen usw. Ein Skript enthält Rollen. Es könnte Rollen für den Kunden, den Kellner, den Restaurantnamen, den Küchenchef usw. geben. Bei einer Skriptinstanz wie dieser werden die Rollen aufgefüllt (z. B. Julian spielt die Rolle des Kunden).

Die Leistung dieser beiden Modelle werden wir besprechen, nachdem wir sie eingeführt haben.

SKRIPTVERARBEITUNG MIT DYNASTY

DYNASTY (DYNAmic STory-understanding sYstem) wurden von Lee *et al.* (1990) entwickelt und ist ein modulares konnektionistisches System, das als Eingabe ein Skript-basiertes Textstück annimmt und als Ausgabe eine vollständige Paraphrase erzeugt. Ein Beispiel von den Entwicklern von DYNASTY: Die Eingabe

Johann betrat das Gasthaus. Johann aß das Steak. Johann hinterließ ein Trinkgeld.

führt zu folgender Ausgabe:

Johann betrat das Gasthaus. Der Kellner wies Johann einen Sitzplatz zu. Der Kellner brachte die Speisekarte. Johann las die Speisekarte. Johann bestellte Steak. Johann aß das Steak. Johann bezahlte die Rechnung. Johann hinterließ ein Trinkgeld. Johann verließ das Gasthaus und ging nach Hause.

Die Funktionsweise von DYNASTY beruht auf verteilten semantischen Repräsentationen (distributed semantic representations, DSR) zum Repräsentieren von Begriffen (z. B. Milch und Mann) und Aussagen (z. B. Mann trinkt Milch mit einem Strohhalm). Die DSRs werden unter Verwendung von erweiterten RAAMs (XRAAMs) generiert, die im Wesentlichen aus RAAMs mit einem globalen Wörterbuch zum Speichern von Symbol-DSR-Paaren bestehen. Das Symbol „Milch" beispielsweise sollte zusammen mit dessen RAAM-Repräsentation gespeichert werden. Eine Reihe von Modulen arbeiten zusammen, um die Aufgabe durchzuführen.

Die DSR für einen Wortbegriff wird so erzeugt, dass die Repräsentation etwas über die unterschiedlichen Rollen widerspiegelt, in denen das Wort verwendet wird. Die Rolle von *Milch* in „der Mann trinkt Milch" weist beispielsweise einen subtilen Unterschied auf zu „der Mann isst Brot mit Milch": In der ersten Instanz ist „Milch" das Hauptobjekt, während in der zweiten „Milch" ein Nebenobjekt ist. Jede der Aussagen, in der

„Milch" auftritt, wird dazu beitragen, die Repräsentation von *Milch* aufzubauen. Jede Aussage verfügt über eine assoziierte Kasusstruktur. Die Aussagenvorlage

```
Mensch aß Essen mit Werkzeug
```

hat die Kasusstruktur

```
AGENS-AKT-OBJEKT-INSTRUMENT.
```

Die Instanz „Mann aß Spaghetti mit einer Gabel" enthält die Kasusrollenzuweisungen [AGENS-Mann, AKT-aß, OBJEKT-Spaghetti, INSTRUMENT-Gabel]. Es gibt eine bidirektionale Beziehung zwischen Wortbegriffen und Aussagen, insofern dass der semantische Inhalt einer Aussage von jedem ihrer Wortbegriffe und jeder Wortbegriff von der Aussage, in der er vorkommt, abhängt. Einen Teil dieser Abhängigkeit wird anhand der Lernweise von DSRs deutlich. Ein Netz, das Begriffe codiert, wird zum Lernen von Wortbegriffen, und ein Netz, das Aussagen codiert, wird zum Lernen von Aussagen verwendet. Beide Netze sind RAAMs, die an ein globales Wörterbuch gekoppelt sind. Das Training beider RAAMs ist voneinander abhängig, insofern dass das Wortbegriff-Netz mit Repräsentationen gespeist wird, die vom Aussagencodierenden Netz gebildet wurden und umgekehrt. Während der DSR-Lernphase werden alle Wortbegriffe und anschließend alle Aussagen codiert. Dieser Vorgang wird wiederholt, bis sich stabile DSR-Muster ergeben (d. h. bis keine wesentlichen Unterschiede mehr in den Aktivierungen der verborgenen Einheiten beider Netze vorhanden sind). Wortbegriffe und Aussagen werden dem Netz als Tripel vorgelegt. Ein Wortbegriff wird als (Wortbegriff, Kasusrolle, Aussagenkennzeichen) und eine Aussagen als (Aussagenkennzeichen, Kasusrolle, Wortbegriff) strukturiert. Dabei werden ternäre RAAMs verwendet. Angenommen, das zu lernende Wortkonzept lautet *Milch,* und *Milch* ist in den folgenden vier Aussagen enthalten:

p1: Der Mann trinkt die Milch mit einem Strohhalm.

p2: Die Firma liefert Milch im Karton.

p3: Menschen bekommen Milch von Kühen.

p4: Der Mann isst Brot mit Milch.

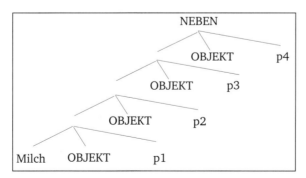

Abbildung 8.12: Die vollständige Baumstruktur für das Codieren von „Milch" in einem RAAM. Das Wort „Milch" ist in vier Aussagen enthalten.

Die Aussagentripel für das Wortbegriff-Netz sind:

(Milch OBJEKT pl)

(Milch OBJEKT p2)

(Milch OBJEKT p3)

(Milch NEBENOBJEKT p4)

Und die Tripel für die Proposition p1 sind:

(pl AKT trinken)

(pl OBJEKT Milch)

(pl INSTRUMENT Strohhalm)

(pl AGENS Mann)

Die Baumstrukturen in den Abbildungen 8.12 und 8.13 sollen deutlich machen, wie die RAAMs trainiert werden.

Das Lernen von DSRs erfolgt in beiden Netzen gleichzeitig. Zu Anfang des Trainings existieren die komprimierten Repräsentationen für p1 und „Milch" nicht, und daher werden ihre Muster auf undefinierte Werte gesetzt (alle Einheitenwerte von Feld 1 werden zu Beginn auf 0,5 gesetzt). Die Kasusrollen (für AGENS, OBJEKT etc.) werden als orthogonale Muster festgelegt.

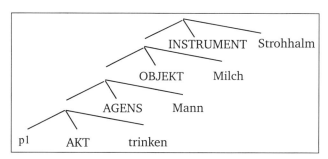

Abbildung 8.13: Die vollständige Baumstruktur für das Codieren von „Der Mann trinkt Milch mit einem Strohhalm".

DYNASTY selbst enthält eine Reihe von Modulen:

1. Den DSR-Lerner, der aus zwei XRAAM-Modulen besteht, die oben beschrieben wurden.

2. Der Ereignis-Codierer, der ein ternärer RAAM ist.

3. Der Skript-Erkenner, der ein rekurrentes Netz ist, das die Aufgabe hat, anhand von Ereignissequenzen den Skripttyp zu erkennen.

4. Der Backbone-Generator, der ein rekurrentes Netz ist, das die Aufgabe hat, die gesamte Ereignissequenz zu generieren.

Der Ereignis-Codierer verwendet einen ternären RAAM zur Repräsentation von Tripeln der Form (Ereignis, Kasusrolle, Wortbegriff). Abbildung 8.14 zeigt die Eingabestruktur für „Johann betrat das Gasthaus". Aussagen und Ereignisse sind im Wesentlichen identisch, doch die Netze, welche die Repräsentationen für Aussagen und Ereignisse bilden, sind unterschiedlich. Bedenken Sie, dass Aussagen im DSR-Lernmodul repräsentiert werden, und dass der Ereignis-Codierer die DSR-Repräsentationen verwendet.

```
Die Skriptrollen für die Restaurantszene sind:
Skriptrollen: KUNDE, RESTAURANT-NAME, ESSEN
Instanzen: Johann, Frank, Gasthaus, Koreanisch-Garten, Steak, Fischsuppe
KUNDE betrat RESTAURANT-NAME
Kellner wies KUNDE einen Sitzplatz zu
Kellner brachte Menü
KUNDE las Menü
KUNDE bestellte ESSEN
KUNDE aß ESSEN
KUNDE bezahlte Rechnung
KUNDE hinterließ Trinkgeld
KUNDE verließ RESTAURANT-NAME und ging nach Hause.
```

Wenn „Johann" durch KUNDE, „Gasthaus" durch RESTAURANT-NAME und „Steak" durch ESSEN ersetzt wird, ergibt sich das oben erzeugte Skript. Der erste Schritt besteht darin, die DSRs für alle Skriptrollen, d. h. die in den Trainingsskripten verwendeten Instanzen und andere Begriffe („Menü" „betrat" usw.), zu lernen.

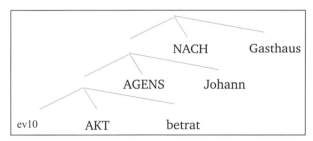

Abbildung 8.14: Die Struktur zum Codieren des Ereignisses „Johann betrat das Gasthaus" in einem RAAM. Die ev-Zahl ist einfach ein Kennzeichen.

Die vollständige Menge der Kasusrollen ist {FAKT, AGENS, OBJEKT, NEBENOBJEKT, INSTRUMENT, VON, NACH, ORT, ZEIT}. Für das Ereignis

```
KUNDE betrat RESTAURANT-NAME
```

ergibt sich daher

```
AKT-betrat, AGENS-KUNDE, NACH-RESTAURANT-NAME
```

Auf ähnliche Weise ergibt sich für

```
Johann betrat das Gasthaus.
```

die Repräsentation

AKT-betrat, AGENS-Johann, NACH-Gasthaus.

Um eine korrekte Paraphrase zu erzeugen (d. h. die vollständige Liste der Ereignisse auf der Teilmenge, die in das System eingegeben wird), muss DYNASTY „Füller" an Skriptrollen binden (z. B. „Johann" an KUNDE). Wir werden uns in Kürze mit der Vorgehensweise zum Binden von Rollen befassen, nachdem wir einen Blick auf den Skript-Erkenner und den Backbone-Generator geworfen haben.

Die Aufgabe des Skript-Erkenners besteht darin, ein Skript (Restaurant, Einkaufen usw.) anhand einer Sequenz von Ereignissen zu erkennen. Das Netz arbeitet wir ein SRN, insofern dass die Aktivierungen der verborgenen Schicht zurück in die Eingabeschicht gespeist werden, damit sie als Kontext fungieren. Das Training erfolgt durch Backpropagation und die Trainingsdaten werden aus mehreren Skriptinstanzen und Skripttypen gewählt. Skripttypen werden durch orthogonale Muster abgebildet, und die Zielausgabe ist der Skripttyp.

Die Aufgabe des Backbone-Generators besteht darin, die vollständige Paraphrase (d. h. alle Ereignisse) für einen bestimmten Skripttyp zu erzeugen. Daher ist die Eingabe des Backbone-Generator-Netzes ein Skripttyp, und die Ausgabe ist eine vollständige Liste der Ereignisse in Form von Skriptrollen (keine Bindungen). Die ersten beiden Ereignisse für das Restaurant-Skript würden beispielsweise „KUNDE betrat RESTAURANT-NAME" und „Kellner wies KUNDE Sitzplatz zu" lauten. Das Netz wird so trainiert, dass es die Ereignisse erzeugt, wie sie vom Ereignis-Codierer repräsentiert werden. Das Netz weist eine ähnliche Architektur wie das Skripterkennungs-Modul auf. Auf der Eingabeschicht befindet sich ein Feld von Einheiten, das als Kontext fungiert, und ein weiteres Feld, das den Skripttyp annimmt.

Die DYNASTY-Vorgehensweise zum Erzeugen der vollständigen Paraphrase einer Untermenge ist folgendermaßen:

1. Parsing des Eingabetexts zu Ereignistripeln.
2. Abfragen des DSR-Musters für jedes Symbol im Ereignistripel aus dem globalen Wörterbuch.
3. Erstellen der Ereignisrepräsentation unter Verwendung des Ereignis-Codierers.
4. Ermitteln des Skripttyps unter Verwendung des Skript-Erkenners.
5. Generieren der vollständigen Menge der Ereignisse unter Verwendung des Backbone-Generators.
6. Decodieren jedes Ereignisses aus Schritt 5 zu Ereignistripeln (unter Verwendung des Ereignis-codierenden Netzes, d. h. des RAAM-Decodierers). Dieser Vorgang teilt die Ereignisrepräsentation in die Kasusrollen der Konstituenten und in DSRs auf.
7. Durchführen der Rollenbindung des Skripts (wird als Nächstes beschrieben).
8. Abfragen der DSRs im globalen Wörterbuch und auswählen der damit verknüpften Symbole.
9. Vervollständigen der Paraphrase.

Die Aufgabe des Rollenbinders besteht darin, Skriptrollen mit Instanzen zu verknüpfen. Die Eingabe zu DYNASTY könnten beispielsweise folgendermaßen aussehen:

```
Johann betrat Gasthaus.
Johann aß Steak.
Johann hinterließ ein Trinkgeld.
```

Das erste Eingabeereignistripel ist (ev10 AKT betrat), (ev10 AGENS Johann) und (ev10 NACH Gasthaus). Das erste Ereignis aus dem Backbone-Generator ist (ev10 AKT betrat), (ev10 AGENS KUNDE) und (ev10 NACH RESTAURANT-NAME). Die Eingabe besitzt denselben AKT-Füller (betrat) wie das erste Ausgabeereignistripel aus dem Backbone-Generator, und daher werden die Skriptrollen extrahiert und in einer Bindungstabelle gespeichert. In dieser Instanz werden die zwei Rollen (KUNDE, Johann) und (RESTAURANT-NAME, Gasthaus) gespeichert. Das nächste Eingabe-Ereignistripel wird anschließend mit dem nächsten vom Backbone generierten Ereignistripel verglichen. Wenn die AKT-Füller nicht übereinstimmen, wird das nächste Ereignistripel des Backbones für den Vergleich verwendet. Dieser Vorgang wiederholt sich, bis alle Backbone-Ereignisse verarbeitet wurden. Schließlich werden die Skriptrollen in jedem Ausgabeereignis ersetzt.

DISCERN

DISCERN (Miikkulainen, 1994) steht für DIstributed SCript processing and Episodic memoRy Network) und ist eines der umfassendsten Sprachverarbeitungssysteme, die bisher entwickelt wurden. Wie DYNASTY ist es mit Skripten modelliert. Aus einer begrenzten Texteingabe kann eine erweiterte Paraphrase eines Originaltexts (eine sog. „story") erzeugt werden. DISCERN kann außerdem Fragen beantworten (z. B. Was hat Johann bei MaMaison gegessen?). Als Eingabe und Ausgabe von DISCERN dienen verteilte Repräsentationen von lexikalischen Wörtern (d. h. Wortsymbolen). DISCERN besteht aus einer Reihe von Modulen:

Parser

Ein Satzparser liest einen Satz Wort für Wort und erzeugt eine Repräsentation für jeden Satz. Der Textparser erstellt eine Repräsentation des Textes anhand der Satzsequenzen und legt die Repräsentation im Speicher ab.

Generator

Der Textgenerator nimmt eine gespeicherte Repräsentation und erzeugt vollständige Paraphrasen. Der Satzgenerator gibt jedes Wort aus.

Speicher

Das Lexikon ist als zwei Merkmalskarten implementiert (vgl. Kapitel 3). Die erste Karte, die lexikalische Karte, speichert eine verteilte Repräsentation der Symbolform (wie z. B. HUND), und die zweite Karte, die semantische Karte, speichert eine verteilte Repräsentation der Wortsemantik. Die verteilten Muster des Lexikons erfassen die visuelle Erscheinung eines Worts (daher werden HAUS und MAUS nahe beieinander gespeichert). Die verteilten Muster der semantischen Karte erfassen die Verwendungsweise von Wörtern (daher werden GEJAGTER und JÄGER nahe beieinander gespeichert). Der episodische Speicher speichert das Skript, die Routen (z. B. hat das Restaurantskript Routen mit leckerem Essen und Routen mit schnellem Essen) und die Rollenbindungen.

Die Textinstanzen werden als hierarchische Merkmalskarten gespeichert. Die Skripten werden in einer Karte gespeichert, die anschließend mit einer Karte mit Routen verknüpft wird, die wiederum mit einer Rollenbindungskarte verknüpft wird. Eine komprimierte Repräsentation des Textes kann dazu verwendet werden, die Skriptkarte aufzurufen, welche die Aktivität propagiert, um die vollständige Paraphrase abzurufen.

Beantworten von Fragen

Der Parser erstellt eine Repräsentation einer Frage, um den episodischen Speicher aufzurufen. Die entsprechende Textrepräsentation wird generiert und anschließend vom Antwortmodul zusammen mit der Frage zum Generieren einer Antwort verwendet, die schließlich in den Satzgenerator gespeist wird.

Aufgaben wie Parsen und Antwortgenerierung werden mit hierarchisch organisierten FGREP-Modulen durchgeführt (Forming Global Representations with Extended backPropagation, Miikkulainen und Dyer 1991). FGREP-Moduke sind im Wesentlichen dreischichtige Backpropagation-Netze. Die Ein- und Ausgaben dieser Netze werden im Lexikon gespeichert. Wenn ein FGREP-Modul eine sequentiellen Ein- oder Ausgabe verarbeitet, werden die Aktivierungen der verborgenen Schicht in jedem Stadium gespeichert und anschließend zusammen mit dem nächsten Element in der Sequenz zurück in die verborgene Schicht gespeist. Die Module zum Bilden von Aufrufen und Erzeugen von Antworten verwenden nicht-rekurrente FGREP-Netze. Die Parser und Generatoren sind rekurrent. Erstere verarbeiten die sequentiellen Eingabe und letztere erzeugen die sequentielle Ausgabe.

Die Eingabe- und Ausgabeschichten eines FGERP-Moduls sind in Felder aufgeteilt. Die Anzahl der Felder hängt dabei von der entsprechenden Aufgabe des Moduls ab. Ein nicht-rekurrentes FGREP kann so trainiert werden, dass es den syntaktischen Konstituenten eines Satzes Kasusrollen zuweist. Dabei stellen die Felder der Eingabeschicht die syntaktischen Konstituenten {Subjekt, Verb, Objekt, Mit} und die Ausgabeschicht die Kasusrollen-Konstituenten {Agens, Akt, Objekt, Instrument, Modifizierer} dar. Eine Beispielzuweisung wird in Abbildung 8.15 gezeigt.

Jedes Feld in der Eingabe- und Ausgabeschicht wird mit dem Lexikoneintrag für das Wort geladen. Während des Trainings verändern sich die Lexikoneinträge kontinuierlich. Zu Anfang beginnt das Lexikon mit Zufallseinträgen, die sich im Laufe des Trainings verändern, bevor sie sich nach Abschluss des Trainings schließlich stabilisieren. Die Repräsentationen werden in der Eingabeschicht unter Verwendung von erweitertem Backpropagation geändert. Im Gegensatz zu Standard-Backpropagation, das nur die Fehler für die verborgenen Einheiten zum Anpassen der Gewichte der ersten Schicht berechnen würde, geht FGREP einen Schritt weiter und berechnet die Fehler für die Eingabeeinheiten.

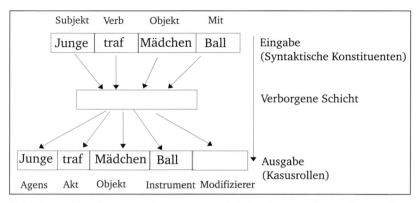

Abbildung 8.15: Das Zuweisen von syntaktischen Kategorien zu Kasusrollen.

Die Aktivierung an einer Eingabeeinheit wird anschließend entsprechend des Produkts ihres Fehlersignals und einer Lernrate geändert. Das Wesentliche bei dieser Methode besteht darin, die Eingaberepräsentationen als zusätzliche Gewichteschicht zu behandeln.

Der Satzparser verwendet ein rekurrentes FGREP mit einem einzelnen Eingabefeld (da immer ein Wort auf einmal gelesen wird) und ein Ausgabefeld für jede Kasusrolle. Der Textparser besitzt ein Eingabefeld für jede Kasusrolle und ein Ausgabefeld für den Skripttypen, die Route, und jede Skriptrolle. Die Ausgabe des Satzparsers dient als Eingabe für den Textparser.

Die Paraphrase eines Eingabetexts befolgt eine Reihe von Schritten:

1. Die lexikalische Repräsentation jedes Worts wird der lexikalischen Karte vorgelegt, die wiederum die semantische Repräsentation anhand der semantischen Karte erzeugt.

2. Die semantischen Repräsentationen werden einzeln an den semantischen Parser übergeben. Am Ende des Satzes werden die Repräsentationen der Kasusrollen an den Textparser übergeben.

3. Der Textparser nimmt eine Sequenz von Satzrepräsentationen vom Satzparser und erzeugt eine vollständige Repräsentation des gesamten Texts in der Ausgabeschicht. Die Instanzen aus dem Text werden nun an Rollen gebunden.

4. Die Textrepräsentation wird an den episodischen Speicher übergeben, der das Skript des Textes, die Route und die Rollenbindungen extrahiert (klassifiziert). Die vollständige Textrepräsentation (vollständige Paraphrase) wird aus den Gewichtsvektoren der gewinnenden Einheiten in den Skript- Routen- und Bindungsschichten abgerufen.

5. Der Textgenerator nimmt die Textrepräsentation und generiert eine Sequenz von Kasusrollensätzen.

6. Der Satzgenerator nimmt jede Sequenz aus dem Textgenerator und gibt jedes Wort (in der entsprechenden semantischen Repräsentation) aus.
7. Schließlich wird das Lexikon dazu verwendet, die semantische Repräsentation eines Wortes in die entsprechende Lexikonform zu konvertieren.

Eine Frage kann durch syntaktische Analyse in eine Kasusrollenrepräsentation transformiert werden, die der Abfrage-Ersteller dazu verwendet, eine ungefähre Textrepräsentation zu erzeugen. Der episodische Speicher wird anschließend nach dem Skript, der Route und den Rollenbindungen abgefragt, die dann zum Generieren einer Antwort verwendet werden.

Leistungsfähigkeit von DYNASTY und DISCERN

Es hat sich gezeigt, dass beide Modelle gleich gut generalisieren können. Für DYNASTY verwendeten Lee *et al.* (1990) vier Skripten (Restaurant, Vorlesung besuchen, einkaufen und Arztbesuch) und generierten jeweils acht Instanzen. Von den 32 Skriptinstanzen wurden 16 für das Training und 16 für das Testen der Generalisierung verwendet. Alle Trainings- und Testskripten wurden korrekt verarbeitet. Miikkulainen testete DISCERN mit 96 Texten, die aus drei Skripten und drei Routen instanziiert wurden. Vom generierten Text waren 98% der Wörter korrekt. Dies zeigt deutlich, dass beide Systeme eine gute Leistung boten.

DISCERN ist im Vergleich zu DYNASTY ein vollständigeres konnektionistisches Modell, insofern dass z. B. der Parser (für DYNASTY) nicht implementiert, sondern auf einen späteren Zeitpunkt verschoben wurde. Ein zentraler Punkt für die Leistung beider Systeme ist der Mechanismus zum Erzeugen der Repräsentationen, für den beide eine ähnliche Rezirkulationsmethode verwenden. Die im DISCERN-Modell erzeugten FGREP-Repräsentationen werden gelernt, während das System die Durchführung seiner Aufgabe lernt, wohingegen die DSRs in DYNASTY unabhängig von der Aufgabe erzeugt werden. Während man sagen kann, dass FGREP-Repräsentationen auf die durchzuführende Aufgabe abgestimmt werden, sind DSRs, da sie unabhängig von der Aufgabe gelernt werden, auf andere Aufgaben übertragbar, die einen Zugriff auf den Wortinhalt erfordern (vgl. Lee *et al.* 1990). Insgesamt verrichten beide Modelle gute Arbeit, wenn es um dieselbe Aufgabe geht, und beide stellen gute Beispiele dafür dar, wie sich modulare Architekturen entwickeln.

Miikkulainen (1995) beschreibt eine weitere modulare Architektur, SPEC (Subsymbolic Parser for Embedded Clauses), zum Verarbeiten von Sätzen mit eingebetteten Klauseln (z. B. „Das Mädchen, das den Hund mochte, sah den Jungen"). SPEC wurde für das Parsing von Sätzen mit neuen Kombinationen von Klauselstrukturen entwickelt, die während des Trainings nicht vorgelegt wurden. Die zentrale Komponente ist das nun bekannte SRN, das einen Satz in eine entsprechende Kasusrollenrepräsentation abbildet. Dieser SRN-Parser wird erweitert um einen als RAAM implementierten Stapel zum Speichern der Klauseln (z. B. „Das Mädchen") für die spätere Verwendung während des Analysevorgangs und um ein vorwärtsgerichtetes Segmentiernetz, das Sätze in Klauseln aufteilt.

8.5 WEITERE ÜBERLEGUNGEN ZUR REPRÄSENTATION

8.5.1 GENERALISIERUNG

„Generalisierung" ist ein weitreichender Begriff. Wir führen Mustergeneralisierung mühelos durch. Sie können beispielsweise das Gesicht eines Freundes wieder erkennen, auch wenn sich sein Aussehen durch einen Bart oder eine andere Frisur geändert hat. Generalisierung kann sich aber auch auf etwas Abstrakteres beziehen. Wir müssen beispielsweise nicht lernen, dass ein Objekt auf Rädern sich einfacher bewegen lässt als eines ohne Räder. Wir können das selbst lernen. Die Erfahrung beim Bewegen verschiedener Objekttypen ermöglicht uns, das relevante Wissen abzuleiten, so dass, wenn wir ein Objekt zum ersten Mal sehen, wir gut einschätzen können, wie leicht es sich bewegen lässt. Das Wissen in Bezug auf die Nützlichkeit von Rädern muss auf irgendeine Weise aus dem gesamten Objekt abstrahiert werden, da Objekte mit Rädern sehr unterschiedlich aussehen können: Wir können nicht immer auf ein Objekt zeigen und sagen, dass es eine Ähnlichkeit mit einem anderen Objekt aufweist und deshalb leicht zu bewegen ist. Außerdem, ist das Vorhandensein von Rädern allein nicht ausreichend für die Generalisierung: Viele Objekte, die als stationär entwickelt wurden, verfügen über radähnliche Konstruktionen. Die Abstraktion von Wissen sollte dieses übertragbar machen. Ein Ingenieur weiß beispielsweise, dass ein Supermarktwagen mit Rädern ausgestattet sein sollte, und wir können darauf kommen, dass eine Waschmaschine einfacher zu bewegen wäre, wenn Rollen darunter befestigt wären. Das Wissen über Räder existiert in einer Form, die es für eine breite Palette von Szenarien verfügbar macht.

Barnden (1992) vertritt den Standpunkt der expliziten Generalisierung. Konnektionisten haben sich hautsächlich mit impliziter Generalisierung befasst. Ein Netz konnte beispielsweise dazu trainiert werden, Beispiele bestimmter Kommunisten, die in einem Ort wohnen, als „Atheisten" abzubilden. Das System konnte dazu trainiert werden, auf eine Weise zu generalisieren, dass für jeden Kommunisten in dem Ort das Aktivitätsmuster ausgegeben wird, das „die Person ist ein Atheist" repräsentiert. Was das System nicht konnte, war die Generalisierung auf „alle oder die meisten Kommunisten, die in diesem Ort wohnen, sind Atheisten". Angenommen, die explizite Generalisierung besteht darin, ein System zu speisen, das folgende Regel anwenden soll:

Wenn alle (oder die meisten) Kommunisten, die in diesem Ort wohnen, Atheisten sind, dann hat dieser Ort Anspruch auf den Stiftungspreis erhalten.

Das Beispiel von Barnden hebt den Unterschied zwischen Generalisierung auf spezifische Instanzen und Generalisierung über eine Klasse hervor. Der Anspruch auf den Stiftungspreis erfordert die Generalisierung über eine Klasse.

Angenommen, Sie wachsen auf, ohne zu wissen, was eine Tasse Tee ist, und plötzlich bieten Personen (die davon ausgehen, dass Sie Tee kennen) Ihnen Tee an, wenn Sie diese besuchen. Nach einer Weile werden Sie wissen, dass die Tasse mit einer braunen Flüssigkeit, die jemand Ihnen gerade serviert hat, wahrscheinlich heiß ist (Ihnen wurden ebenfalls einige Tassen mit kaltem Tee serviert). Sie können generalisieren, dass „die meisten Tassen Tee heiß serviert" werden. Die explizite Generalisierung macht das Wissen übertragbar. Sie könnten beispielsweise eine Assoziation mit der Aussage „kaufen Sie diesen Teewärmer, wenn Sie Ihren Tee heiß mögen" erkennen.

Es ist leicht zu sehen, warum die meisten Pragmatiker Hybridsysteme favorisieren, d. h. Systeme, die sowohl die Vorteile des symbolischen als auch des konnektionistischen Paradigmas nutzen. „Hybrid" hat sich in gewisser Weise zu einem schwierigen Begriff entwickelt, da er für unterschiedliche Personen unterschiedliche Dinge bedeutet. Für manche enthält ein hybrides System verschiedene Module, die entweder als symbolisch oder als konnektionistisch identifiziert werden können.

Abbildung 8.16: Das Zeichen ⋁ könnte je nach Kontext, in dem es gezeigt wird, als ein u oder ein v gelesen werden.

Auf der anderen Seite könnte die Synthese stärker in einer Architektur wie z. B. RAAM integriert sein, die ein konnektionistisches Modell zum Repräsentieren von Symbolstrukturen ist. Wir können die Stufe der Hybridisierung ignorieren und untersuchen, warum diese Idee so attraktiv ist.

Betrachten wir den Kontext. Ist das Symbol „⋁" ein „v" oder ein „u". Das Erkennen des Symbols wird nicht unbedingt ein Problem darstellen, da wir in der Lage sind, eine Verwechslung anhand des Kontextes aufzulösen. In Abbildung 8.16 wird das Symbol als ein „u" in „PUT" interpretiert (das ist nicht besonders schwierig, wenn wir PUT als Wort betrachten). Ist das zweite Wort DOVE oder DOUE? Zusätzlicher Kontext (z. B. wenn das Wort Teil eines Satzes ist) könnte die Mehrdeutigkeit auflösen. Wir könnten versuchen, die Mehrdeutigkeit von Buchstaben mithilfe eines hybriden Ansatzes zu lösen: ein neuronales Netz konstruieren, das eine Reihe möglicher Kandidaten auswählen soll (z. B. „u" oder „v"), und symbolische Regeln zum Codieren des strukturellen Wissens über Wörter und Sätze verwenden, um den endgültigen Kandidaten zu bestimmen. In diesem Fall untersucht das neuronale Netz ein einzelnes Zeichen, und die Regeln lösen die kontextuelle Information auf. Alternativ dazu könnten wir versuchen, die gesamte Aufgabe mit einem neuronalen Netz zu lösen. Die Aufgabe scheint wie geschaffen für einen konnektionistischen Ansatz, da sie Mustererkennung umfasst, für die neuronale Netze geeignet sind, und wir wissen, dass Repräsentation von Kontext eine fast natürliche Aufgabe für neuronale Netze ist. Doch da gelangen wir an einen Punkt, an dem wir für Prozesse höherer Ordnung einen Mechanismus brauchen, der das Abstrahieren von Wissen ermöglicht. Und dies ist weiterhin ein schwieriges Problem für Konnektionisten.

Die Fähigkeit zum Abstrahieren ist für das Lösen komplexer Aufgaben notwendig. Mithilfe von Abstraktion können wir Details unterdrücken und die Ressourcen auf die wesentlichen Elemente einer Aufgabe konzentrieren. Ganz gleich, ob wir ein

Gebäude entwerfen oder einen Urlaub planen, damit der Arbeitsaufwand vernünftig bleibt, arbeiten wir zuerst mit minimalen Details, bevor wir stufenweise weitere Informationen hinzufügen. Abstraktion scheint fundamental mit Sprache verknüpft zu sein. Beachten Sie die Aussagen:

Tiere haben Haut.
Tiere atmen.
Tiere essen.

Diese Aussagen werden vom Beobachten vieler Tiere unserer Welt abstrahiert. Durch diese Aussagen wird Wissen übertragbar gemacht, damit es in einer Reihe von Kontexten verwendet werden kann. Wenn Sie beispielsweise nicht wüssten, was ein Hund ist, und Ihnen gesagt wird, dass ein Hund ein Tier ist, können Sie leicht daraus folgern, dass Sie ihn füttern müssen. Sie wissen einiges über dieses Tier, auch wenn Sie in Ihrem Leben niemals einen Hund gesehen haben.

Sprache ist eine sehr mächtige Form der Kommunikation, wenn sie für die zwischenmenschliche Interaktion verwendet wird. Mithilfe von Sprache können wir ein Verhaltensmuster in einem anderen Menschen hervorrufen, indem wir einen Befehl ausdrücken, wir können an Spielen teilnehmen und, wie wir gesehen haben, wir können Wissen übertragen. Symbolsysteme sind Sprachsysteme. Alle Informatiker wünschen sich eine einfache Möglichkeit, Wissen in eine Rechenmaschine zu integrieren. Wir sehen dies durch aufeinander folgende Generationen von Programmiersprachen, vom Maschinencode zu höheren Programmiersprachen. Wir sehen uns nach Systemen, die einfacher zu programmieren sind. Zum gegenwärtigen Zeitpunkt müssen Menschen bei den meisten Systemen eine entsprechende Aufgabe lösen und anschließend der Maschine die Lösung unter Verwendung einer Programmiersprache beibringen. Die Attraktivität lernender Maschinen, wie z. B. konnektionistische Maschinen, ist darin begründet, dass das Programm als Begleitprodukt der Maschine entsteht, die lernt, die Aufgabe zu lösen. Wir werden jedoch niemals das volle Potential von Rechenmaschinen ausschöpfen können, wenn wir nicht mit ihnen kommunizieren können. Auch eine eingeschränkte Form der Kommunikation, beispielsweise wenn eine Maschine auf Anweisungen reagiert, könnte schon einen Schritt nach vorne darstellen. Im nächsten Unterabschnitt wird das Konzept der Symbolverankerung eingeführt, das sich für Maschinen, die tatsächlich verstehen und die Fähigkeit zu kommunizieren besitzen, als wesentlich erweisen könnte. Darauf folgt eine kurze Analyse von zwei konnektionistischen Systemen, die einen Einblick in die Realisierung von maschineller Kommunikation bieten.

8.5.2 DAS PROBLEM DER SYMBOLVERANKERUNG

Harnad (1993) postuliert:

> Cognition cannot be just computation, because computation is just the systematically interpretable manipulation of meaningless symbols, whereas the meanings of my thoughts don't depend on their interpretability or interpretation by someone else.

Nach Harnad müssen Symbolfähigkeiten in robotischen Fähigkeiten verankert werden.

Im Laufe dieses Kapitels wurde bereits festgestellt, dass Symbole in sich bedeutungslose Entitäten sind, die nur Bedeutung vermitteln können, wenn sie von einem Agenten interpretiert werden (in diesem Fall auf uns beschränkt), der die Bedeutung der Symbole versteht. Die Ausstattung einer Maschine zum Wahrnehmen und Interagieren mit ihrer Umgebung verleiht der Maschine das Potential selbständig ein Verständnis von Objekten und Ereignissen in der Welt herauszuarbeiten. Harnad ist der Meinung, dass neuronale Netze Kandidaten für das Verankern von Symbolen sein könnten.

In Harnad *et al.* (1994) wird darauf hingewiesen, dass Menschen Objekte auf unterschiedliche Weise sehen, wenn sie lernen, diese in Kategorien einzuteilen. Objekte derselben Kategorie sehen ähnlicher aus, und jene aus einer anderen Kategorie sehen verschieden aus. Harnad *et al.* verwendeten ein Backpropagation-Netz, um die Bildung solcher Kategorien zu demonstrieren, wobei Objekte eine räumliche Kategorienrepräsentation mittels der Aktivierungen der verborgenen Einheiten aufwiesen. Laut den Autoren ist es möglich solchen Kategorien Symbolkennzeichen zu geben, und diese Symbole können zu Zeichenketten kombiniert werden, um Aussagen über Objekte zu bilden. Die Autoren postulieren:

> The meanings of such symbolic representations would be 'grounded' in the system's capacity to pick out from their sensory projections the object categories that the propositions were about.

Wir können ein früheres Beispiel von Harnad (1990) verwenden, um das Konzept der Verankerung zu verdeutlichen. Angenommen, ein in der Welt operierender Roboter lernt, eine Kategorie für solche Objekte zu diskriminieren, die wir als „Pferde" kennen, und eine weitere Kategorie für solche Objekte, die wir als „Streifen" kennen. Wenn wir diese Kategorien mit „Pferd" und „Streifen" kennzeichnen würden, wären die Symbole „Pferd" und „Streifen" verankert. Ein verankertes Symbol für „Zebra" könnte dann anhand von „Zebra = Pferd & Streifen" gebildet werden.

Der Ansatz von Harnad ist hybrid. Wir können uns ein neuronales Netz vorstellen, dass mit einem Sinnesapparat verbunden ist. Nachdem wir viele Objekte in der realen Welt beobachtet haben, ist im Repräsentationsraum des Netzes eine Region vorhanden, die alles enthält, was wir als „Pferd" oder als „Streifen" kennen. Der konnektionistische Teil ist für Wahrnehmung und Kategorisierung zuständig. Die Kategorien können anschließend mit Symbolen gekennzeichnet werden, und neue Symbole durch Kombinieren mit anderen Symbolen generiert werden. Symbole wie „Zebra = Pferd & Streifen" werden symbolisch zusammengesetzt, doch das Symbol „Zebra" wird als verankert angesehen, da es aus kategorischen Repräsentationen gebildet wird.

Sharkey und Jackson (1994) sind mit diesem hybriden Ansatz nicht ganz einverstanden. Schauen wir uns zwei ihrer Beispiele an: Stellen Sie sich ein Pferd vor, das dünne Streifen auf dem Rücken hat, oder ein Pferd, das neben einem Mast mit roten Streifen steht: Würden Sie solche Zusammenstellungen als Zebra bezeichnen? Nein, natürlich nicht, und doch wären beide Objekte Zusammenstellungen der Form „Pferd & Streifen".

Die Kontextabhängigkeit von konnektionistischen Repräsentationen, die wir oft als extrem nützlich ansehen, scheint in einer anderen Hinsicht problematisch zu sein. Betrachten Sie den Begriff „Kaffee". „Kaffee" besitzt eine kontextabhängige Repräsentation. „Kaffee" in einer Kanne wäre eine andere Repräsentation (wenn auch in gewisser Weise ähnlich) als „Kaffee" in einer Tasse. Wie könnten wir den Begriff „Kaffee" identifizieren, um ihn für andere Verwendungszwecke übertragbar zu machen? Symbole sind übertragbar, da sie diskret, beliebig und nicht kontextabhängig sind. Vielleicht brauchen wir eine kontextunabhängige Komponente für konnektionistische Repräsentationen? Sharkey und Jackson (1994) betrachten die Aktivierungen der verborgenen Einheiten eines vorwärtsgerichteten Netzes als kontextabhängig, die Gewichte jedoch als kontextunabhängige Repräsentationen. Um diese Idee zu verdeutlichen verwenden wir einen RAAM, der „Tasse Kaffee" und „Kanne Kaffee" repräsentiert. „Kaffee" weist in beiden Aussagen eine unterschiedliche Repräsentation auf, da sie in der ersten Instanz mit „Tasse" und in der zweiten Instanz mit „Kanne" gebildet wird. Es werden jedoch eine oder mehrere Einheiten auf der Eingabeschicht vorhanden sein, um das Symbol „Kaffee" darzustellen, und sobald ein RAAM gelernt hat, bleiben die Gewichte, welche die Eingabeeinheiten für „Kaffee" mit der verborgenen Schicht verbinden, fixiert. Nichts anderes als das Symbol „Kaffee" sendet ein erregendes Signal entlang dieser Gewichte, und das Signal bleibt für alle Instanzen von „Kaffee" identisch, ganz gleich in welchem Kontext „Kaffee" erscheint. Die Gewichte können daher als kontextunabhängige Repräsentationen angesehen werden. Statt unter Verwendung von kategorischen Kennzeichen „Tasse Kaffee" als identisch mit „Kaffee" und „Tasse" zu verankern, werden die kontextunabhängigen Gewichte für „Kaffee" und „Tasse" verwendet, um auf den verborgenen Einheiten eine kontextabhängige Zusammenstellung für „Tasse und Kaffee" zu bilden.

Das Konzept der Symbolverankerung könnte sich als entscheidend für die Entwicklung von tatsächlich intelligenten Systemen erweisen. Wenn wir zum Begriff der „Räder" zurückkehren, wie ist es möglich, das alles zu beschreiben, was man über „Räder" wissen muss? Wo hört das Wissen über „Räder" auf? Lernen wir im Laufe unseres Lebens nicht immer mehr über Objekte? Wenn wir jedoch alles Wissen über Räder nicht zu einem hübschen Paket schnüren können, wie können wir dann dieses Wissen für die Verwendung in anderen Szenarien verfügbar machen? Vielleicht helfen uns die Ideen von Harnad, sowie die von Sharkey und Jackson und anderen weiter!

8.6 DIE MÖGLICHKEIT MASCHINELLER KOMMUNIKATION

In diesem Abschnitt werden wir uns mit zwei Systemen befassen, die einen Einblick in die Möglichkeiten zum Entwickeln von Kommunikation mit einer Maschine bieten. Wir sollten nicht vergessen, dass wir weit davon entfernt sind, eine flüssige Kommunikation mit einer Maschine zu realisieren, doch es gibt keinen Grund in den nächsten Jahren keine hilfreichen Entwicklungen in diesem Bereich zu erwarten. Es existieren bereits intelligente Web-Agenten, die Anweisungen in englischer Sprache annehmen, um nach Dokumenten zu suchen. Diese Agenten bieten derzeit jedoch nur einen kleinen Ausschnitt dessen, was in Zukunft möglich sein wird.

Die Autoren, deren Arbeit wir in diesem Abschnitt vorstellen möchten, beabsichtigten nicht in erster Linie, maschinelle Kommunikation an sich zu demonstrieren. Stattdessen sollten wir ihre Arbeit aus einer Kommunikationsperspektive betrachten.

Nenov und Dyer haben DETE entwickelt (vgl. Nenov und Dyer, 1994, oder, für eine Zusammenfassung, Dyer, 1994). DETE wurde konzipiert, um eine beschränkte Umgebung wahrzunehmen und mit ihr zu interagieren. DETE ist mit einem Auge ausgestattet, um Flecken wahrzunehmen, die sich frei auf einem Bildschirm bewegen, und mit einem Finger, mit dem es die Flecken bewegen oder berühren kann. Während der Lernphase gibt es drei Formen von Information: Rahmen eines Bildschirms, der stationäre oder bewegliche Flecken enthält, Sequenzen von Motorbefehlen (z. B. das Auge zu bewegen) und verbale Beschreibungen der visuellen/motorischen Sequenzen. Nach Abschluss der Lernphase ist DETE in der Lage, eine verbale Beschreibung einer visuellen/motorischen Sequenz zu liefern, oder alternativ eine Sequenz von visuellen/motorischen Repräsentationen anhand einer verbalen Beschreibung zu generieren.

Visuelle und motorische Merkmale werden mit Wörtern/Phrasen assoziiert. Der Befehl „Berühre das große grüne Quadrat" ist beispielsweise ein Befehl an den Finger, mit einem Objekt zu interagieren, das die Merkmalswerte „groß", „grün" und „quadratisch" besitzt. Die Welt von DETE ist zwar etwas eingeschränkt, jedoch reich an möglichen raum-zeitlichen Assoziationen. Ein Quadrat kann sich beispielsweise links neben einem dreieckigen Fleck befinden, sich auf dem Bildschirm von links nach rechts bewegen, und zu einem bestimmten Zeitpunkt könnte das Quadrat das Dreieck überholen, wenn es sich schneller bewegt. Das Wort „überholen" ist eine Assoziation zwischen Flecken, die von der Variation der räumlichen Position im Zeitverlauf abhängt.

Neun Merkmalsrahmen, jeder bestehend aus einem zweidimensionalen Array von 16 x 16 Einheiten, werden zur Darstellung der visuellen/motorischen Ereignisse verwendet. Vier aneinandergrenzende Einheiten innerhalb jedes Merkmals werden zur Darstellung eines Flecks verwendet. Für einen bestimmen Fleck kann ein Merkmal variant oder invariant sein. Der Kreis in Abbildung 8.17 bewegt sich beispielsweise von der unteren linken Ecke zu der oberen rechten Ecke des Bildschirms. Der kreisförmige Fleck bewahrt in diesem Fall dieselbe Form und Größe und bewegt sich mit derselben Geschwindigkeit. Bei den Merkmalsebenen für Form, Größe und Geschwindigkeit wird über jeden Zeitrahmen dieselbe Menge an Einheiten aktiviert, aber beim Merkmalsrahmen für die Position werden unterschiedliche Einheiten aktiviert, während der Kreis sich über den Bildschirm bewegt.

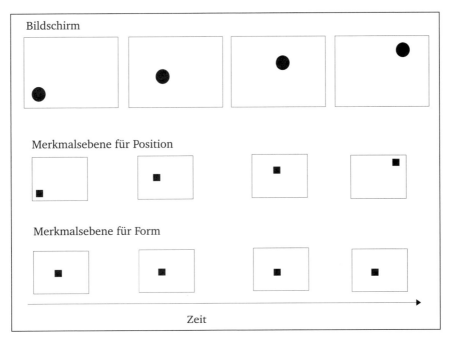

Abbildung 8.17: Ein Beispiel eines DETE-Merkmalsrahmens. Eine Reihe von Merkmalsrahmen, welche die Variation (falls vorhanden) des entsprechenden Merkmals beschreiben, sind mit den Bewegungsrahmen auf dem Bildschirm assoziiert.

Es besteht die Möglichkeit, mehr als einen Fleck gleichzeitig auf dem Bildschirm darzustellen. Unterschiedlichen Flecken werden unterschiedliche Aktivierungsphasen in den Merkmalsebenen zugewiesen, um die Möglichkeit der „visuellen Interferenz" zu vermeiden (z. B., wenn eine großes Dreieck und ein kleines Quadrat gleichzeitig vorhanden sind, könnte das System ohne Phasenabgleich nicht erkennen, ob das tatsächliche Objekt das große Dreieck oder das kleine Quadrat ist).

Bei der verbalen Eingabe wird eine vereinfachte Phonemrepräsentation verwendet. Als Basis dient ein 64-Bit-Vektor, wobei jedes Bit das Vorhandensein oder das Fehlen eines Frequenzwertes anzeigt. Phoneme werden wiederholt, so dass die Erscheinungszeit des Flecks auf dem Bildschirm mit der verbalen Dauer identisch ist. Um die Bedeutung von „Ball bewegt sich" zu lernen, wird die Aussage „Ball bewegt sich" während unterschiedlicher Videosequenzen abgespielt, wobei Merkmale wie Größe, Geschwindigkeit usw., sich zwar ändern können, doch die Merkmalsebenen für Form und Bewegung invariant bleiben (weil der Ball immer rund ist und sich immer bewegen muss, damit er als „Ball bewegt sich" beschrieben werden kann).

DETE verfügt über eine Reihe von Speichermodulen, jedes Modul ist eine neuronale Architektur, die als „katamischer Speicher" bezeichnet wird. Ein katamischer Speicher ist eine komplizierte Architektur, die konzipiert wurde, um Sequenzassoziierungen zu lernen und Sequenzvervollständigung durchzuführen, wenn sie mit einer

Teilsequenz aufgerufen wird. Es gibt ein Speichermodul für jede Merkmalsebene, das konzipiert wurde, um eine Speicherspur der Aktivität zu codieren, die aus der entsprechenden Merkmalsebene stammt.

DETE lernt in Stufen: Zuerst werden einzelne Wörter, anschließend werden Wortpaare, und auf diese Weise immer längere Wortsequenzen gelernt. DETE konnte anhand neuer Wortsequenzen generalisieren, die es während der Lernphase gesehen hatte. DETE wurde außerdem dazu trainiert, einfache Fragen zu beantworten, indem es Sequenzvervollständigung durchführt. Das Training bestand aus Sequenzen, die ein Fragewort und eine Antwort innerhalb eines visuellen Kontextes enthielten. Zum Beispiel:

```
„welche_Größe" (visuelle Szene: großes grünes Dreieck)?, Antwort „groß"
„welche_Farbe" (visuelle Szene: kleiner roter Ball)?, Antwort „rot"
```

DETE lernte auch Motorsequenzen: Es war beispielsweise möglich, DETE zwei Flecken zu zeigen, und es mit der verbalen Eingabe „was-ist-größer" abzufragen, woraufhin es den entsprechenden Fleck mit dem Auge auswählte und eine verbale Antwort generierte.

Noelle und Cottrell (1995) haben außerdem die Assoziation linguistischer Ausgabe mit der Wahrnehmung untersucht. Ihr Ansatz war sehr einfach. Die Netzarchitektur besteht aus zwei SRNs (vgl. Abbildung 8.18). Die Ausgabeschicht erzeugt die linguistische Beschreibung eines wahrgenommen Ereignisses, das der Szenenschicht präsentiert worden ist. Die Szenenschicht empfängt Sequenzen aus einfachen Pixeldarstellungen (nur zwei Pixel hoch und vier Pixel breit) eines rollenden, fliegenden und über den Bildschirm springenden Balls. Bei jedem Schritt wird ein linguistisches Element erzeugt, und auf diese Weise wird eine Beschreibung wie „Ball springt nach rechts" in drei aufeinander folgenden Zeitschritten generiert. Bei jedem Zeitschritt wird der Szenenschicht ein Videobild präsentiert. Wenn eine verbale Beschreibung benötigt wird, werden die Aktivierungen des Video-Subnetzes eingefroren, und das Beschreibungs-Subnetz wird drei Zyklen lang ausgeführt, um die linguistische Ausgabe zu erzeugen.

Noelle und Cottrell wollten damit demonstrieren, dass linguistische Zeichenketten intrinsisch mit einer Domänenaufgabe verknüpft sein können. Dieses Konzept, zusammen mit der Idee, dass ein konnektionistisches System systematische Verhaltensweisen zeigen könnte (wie sie es mit ihrem Addiernetz, vgl. Kapitel 5, demonstriert hatten), bildete die Basis für die Idee eines instruierbaren Netzes, d. h., eines Netzes, das auf eine Reihe einfacher Instruktionssequenzen entsprechend antworten kann. Der Experimentaufbau von Noelle und Cottrell war zwar sehr einfach und die Domänenaufgabe nicht besonders interessant, doch ihre Absicht bestand darin, die potenzielle Nützlichkeit eines instruierbaren Netzes zu verdeutlichen und dessen Machbarkeit zu demonstrieren.

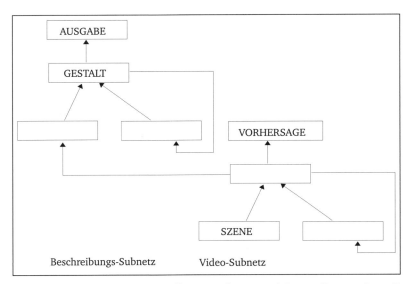

Abbildung 8.18: Noelle und Cottrell verwendeten zwei SRNs, die zum Assoziieren einer linguistischen Ausgabe mit einfachen Bildsequenzen trainiert waren.

Es gab eine Reihe von Ansätzen zum Einbetten von Vorwissen in ein neuronales Netz, um den Lernvorgang zu beschleunigen. Die Idee von Noelle und Cottrell ist interessant, da sie konventionelles neuronales Lernen mit „Lernen auf Befehl" vereinte. Eine erfolgreiche Implementierung eines solchen Systems könnte zu einem dynamischen adaptiven System führen: Wenn Sie möchten, dass das System seine Antwort ändert, weisen Sie es entsprechend an! Die Fähigkeit, mittels Sprache mit einem Netz zu kommunizieren, könnte außerdem beim Testen der Systemleistung hilfreich sein: Wenn das System schnell und korrekt auf eine Instruktion antwortet, dann muss das System über das entsprechende eingebettete Wissen verfügen. Außerdem haben Noelle und Cottrell darauf hingewiesen, dass ein solches System Kognitionswissenschaftlern dabei behilflich sein könnte, Schlussfolgerungsprozesse höherer Ordnung zu erklären und auch, wie diese Prozesse aus einfachen Assoziationsmechanismen entstehen. Noelle und Cottrell experimentierten mit einer Reihe von Architekturen, doch wir werden uns nur kurz mit einer davon befassen.

Auf einer grundlegenden Ebene unterscheidet sich das Trainieren eines Netzes zur Reaktion auf Instruktionen nicht von irgendeiner anderen Form des Trainings. Es wäre beispielsweise möglich, Instruktionen als Muster zu codieren, die dann mit den Trainingsdaten verbunden werden (d. h. Instruktionen werden mit Instanzen von Trainingsmustern verkettet). Vom konzeptuellen Standpunkt gesehen ist es jedoch besser, die Instruktionen von den Eingabedaten getrennt zu halten.

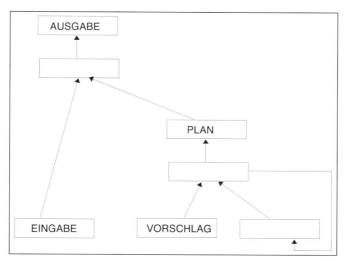

Abbildung 8.19: Illustration des von Noelle und Cottrell verwendeten instruierbaren Netzes.

Außerdem wäre es wünschenswert, Instruktionen variabler Länge eingeben zu können und dies ist einfacher, wenn die Instruktionen von den Daten getrennt werden.

Noelle und Cottrell experimentierten mit einer diskreten Abbildungsaufgabe. Zum Beispiel: Abbilden von A auf B oder von C auf A usw. Die Instruktionen nehmen die Form einer Sequenz wie z. B. $\Rightarrow AB$ an, was einer Instruktion entspricht, die das Netz anweist, die Eingabe A auf die Ausgabe B abzubilden. Eine Sequenz von Instruktionen wie z. B. $\Rightarrow AB \Rightarrow CC \Rightarrow BC$ könnte in das Netz gespeist werden, die dazu anweist, eine Abbildung von A auf B und sowohl von C als auch von B auf C durchzuführen. Kurze Zeit später könnte die Instruktion sich zu $\Rightarrow AA \Rightarrow BB$ verändern, was das Netz dazu auffordern würde, eine Abbildung von A auf A und von B auf B durchzuführen, während C für eine beliebige Abbildung freigelassen wird.

Das Netzmodell ist in Abbildung 8.19 gezeigt. Bei einem trainierten Netz werden die Instruktionen in die Empfehlungsschicht gespeist, wo die Aktivierung nur bis zur Planschicht propagiert wird. Sobald eine vollständige Instruktionssequenz eingespeist wurde, werden die Aktivierungswerte in der Planschicht eingefroren (fixiert) und als konstante modulierende Eingabe für das Zuweisungs-Subnetz verwendet. Jede Eingabe, die während der Modulation präsentiert wird, sollte eine Ausgabe erzeugen, die mit der Instruktion konform ist. Eine in Phasen unterteilte Trainingsstrategie wird verwendet, wobei die Anzahl an Instruktionen schrittweise erhöht wird. Eine Instruktion wird vorgelegt, die Planschicht eingefroren, und das Netz anhand jeder Instanz trainiert, für die eine Instruktion relevant ist.

Die Genauigkeit des Trainings betrug 98%, und die Generalisierung 96%. Das Ergebnis wurde später unter Verwendung einer modifizierten Architektur verbessert.

8.7 ZUSAMMENFASSUNG

Wir haben uns in diesem Kapitel nur mit einigen wenigen der existierenden Verbindungen zwischen neuronalen Netzen und KI befasst. Sun (1995) teilt die Integration von Symbolen und neuronalen Prozessen in vier Kategorien auf:

1. Spezialisierte lokalistische Netze für die Symbolverarbeitung
2. Symbolverarbeitung in verteilten neuronalen Netzen
3. Kombinieren von separaten symbolischen und neuronalen Netzen
4. Einbetten von Elementen neuronaler Netze in Symbolarchitekturen

In diesem Kapitel haben wir uns mit Kategorie 2 (obwohl viele Aspekte weggelassen wurden) und mit einigen Aspekten modularer Ansätze befasst. Unter den Konnektionisten wird oft Wert auf verteilte Repräsentationen gelegt, es gibt jedoch auch solche, die glauben, dass lokale Repräsentationen eine bedeutende Rolle bei der Entwicklung kognitiver Maschinen höherer Ordnung spielen. Dass für Konnektionisten die Notwendigkeit existiert, symbolartige Verarbeitung höherer Ordnung in Betracht zu ziehen, steht außer Frage. Dabei müssen kompositionale und systematische Fähigkeiten berücksichtigt werden. In einer Hinsicht wurde der Kreis der Forschung im Bereich der neuronalen Netze geschlossen. Die viel zitierten Bände von McClelland *et al*. (1996) befassten sich eingehend mit der Erstellung kognitiver und biologischer Modelle. Die Tatsache, dass die Mehrheit der konnektionistischen Literatur Ingenieur-orientiert ist, unterstreicht nur die Nützlichkeit konnektionistischer Modelle. Es gibt jetzt einen neuen Schwerpunkt, konnektionistische Modelle für intelligente Prozesse höherer Ordnung zu erstellen. In der Tat sagte Arbib (1995), dass „wir viele solcher Bücher brauchen".

8.8 WEITERFÜHRENDE LITERATUR

Eine detaillierte Arbeit zu FGREP und DISCERN finden Sie in Miikkulainen (1993). Eine Sammlung von Artikeln über konnektionistische Modelle natürlicher Sprache finden Sie in Reilly und Sharkey (1993). Einen Überblick über hybride konnektionistische Verarbeitung natürlicher Sprache erhalten Sie in Wermter (1995). Es gibt eine Reihe von Bänden, die sich speziell mit den Verbindungen zwischen symbolischen und konnektionistischen Systemen befassen. Sie finden in diesen Bänden einige der in diesem Kapitel besprochenen Modelle. Die Kapitel in diesen Bänden wurden von aktiven Forschern verfasst und enthalten Anwendungen, theoretische Fragen und philosophische Diskussionen. Diese Bände wurden von Dinsmore (1992), Honavar und Uhr (1994), Sun und Bookman (1995) und Dorffner (1997) herausgegeben. Clark (1993) wird wärmstens für eine Diskussion von Schlüsselproblemen empfohlen.

8.9 ÜBUNGEN

1. Ein RAAM soll für das Codieren des folgenden Baums verwendet werden:

   ((A B) (C B))

   a. Zeichnen Sie den Baum.
   b. Listen Sie alle Teilbäume auf.
   c. Listen Sie eine Menge geeigneter Vektoren für die Terminalsymbole auf.
   d. Schlagen Sie eine initiale RAAM-Architektur vor.

2. Wiederholen Sie Frage 1 für den folgenden Baum:

   ((A (F G))(B ((C D) E)))

3. Wiederholen Sie Frage 1 für den folgenden Baum:

   (A ((B C D) A E) NIL)

4. Für den Baum aus Frage 2:

   a. Listen Sie auf, wie die Teilbäume codiert werden.
   b. Listen Sie auf, wie die Teilbäume decodiert werden.

5. Wiederholen Sie Frage 4 für den Baum aus Frage 3.

6. Gegeben seien die folgenden Vorlagen und Aussagen:

Aussagenvorlage	Kasusrollen
Mensch trat das Objekt	AGENS-AKT-OBJEKT
Das Objekt bewegte sich	OBJEKT-AKT
Mensch schlug Mensch mit dem Schläger	AGENS-AKT-OBJEKT-INSTRUMENT

   P1. Johann traf den Ball.
   P2. Johann traf David mit dem Ball.

   a. Listen Sie die Wortbegrifftripel und die Aussagentripel für ein XRAAM auf.
   b. Zeichnen Sie die Bäume für die in (a) entwickelten Tripel, die ihre Codierungsstruktur für ein XRAAM zeigen.

7. Wiederholen Sie Frage 6 mit der zusätzlichen Aussage:

   P3. Der Ball bewegte sich.

8. Es existiert ein neuronales Netz mit fünf Binäreinheiten. Wenn eine Einheit etwas repräsentiert, gibt sie 1 aus, und wenn sie nicht an einer Repräsentation teilnimmt, wird sie auf 0 gesetzt. Wie viele lokale und wie viele verteilte Repräsentationen kann das Netz codieren?

9. Man kann sich Wörter vorstellen, die aus Terminalsymbolen bestehen (die Buchstaben), welche spezifische Rollen besetzen. Das Wort BAR hat beispielsweise „B" bei Rolle 1, „A" bei Rolle 2 und „R" bei Rolle 3. Wir können Wörter als ähnlicher betrachten, je mehr Rollen mit denselben Symbolen besetzt sind. TAR könnte beispielsweise als ähnlicher zu BAR eingestuft werden als RAT. Erklären Sie, wie es sich auf diese Ähnlichkeit auswirken könnte, wenn die Terminalsymbole unter Verwendung von beliebigen Binärvektoren, statt mit orthogonalen Vektoren repräsentiert würden. Illustrieren Sie Ihre Erklärung mit einem Beispiel.

10. Unterscheidet sich ein SRN von einem sequentiellen RAAM (d. h. einem, der zum Repräsentieren von Sequenzen entwickelt wurde)? Begründen Sie Ihre Antwort.

A
GRUNDLAGEN DER LINEAREN ALGEBRA

Ein geordnetes Zahlenpaar kann als Punkt oder als Vektor im zweidimensionalen Raum betrachtet werden (vgl. Abbildung A.1). Ein zweidimensionaler Punkt wird als Mitglied von $\mathbb{R}^2$, ein dreidimensionaler Punkt als Mitglied von $\mathbb{R}^3$ und ein n-dimensionaler Punkt als Mitglied von $\mathbb{R}^n$ bezeichnet. Ein Vektor in $\mathbb{R}^n$ wird unter Verwendung der Notation $\mathbf{x} = [x_1 \, x_2 \, ... \, x_n]$ geschrieben. Die Elemente können, müssen aber nicht, durch Kommata getrennt sein. Ein Vektor kann in Zeilen oder in Spalten notiert werden. Beispiel im Zeilenformat:

$$\mathbf{x} = [1 \; 3 \; 2]$$

Beispiel im Spaltenformat:

$$\mathbf{y} = \begin{bmatrix} 1 \\ 3 \\ 2 \end{bmatrix}$$

Da die Werte und die Reihenfolge der Elemente für $\mathbf{x}$ und $\mathbf{y}$ identisch sind, ist $\mathbf{y}$ das Transponierte von $\mathbf{x}$, notiert als $\mathbf{y} = \mathbf{x}^T$, oder $\mathbf{x}$ ist das Transponierte von $\mathbf{y}$, notiert als $\mathbf{x} = \mathbf{y}^T$.

Addition von Vektoren

Vektoren können addiert oder subtrahiert werden. Die Vorgehensweise entspricht unserem gängigen Verständnis von Addition und Subtraktion auf einer Element-für-Element-Basis:

$$x = [1 \; 3 \; 2]$$
$$y = [1 \; 6 \; 5]$$
$$x+y = [2 \; 9 \; 7]$$
$$x-y = [0 \; -3 \; -3]$$

Multiplikation mit einem Skalarwert

Ein Vektor kann mit einem Skalarwert multipliziert werden. Das Multiplizieren von $\mathbf{x} = [1 \, 3 \, 2]$ mit 2 ergibt einen doppelt so langen Vektor, $2\mathbf{x} = [2 \; 6 \; 4]$.

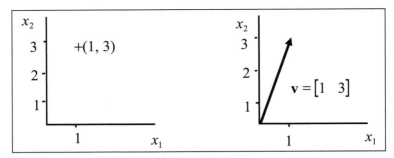

Abbildung A.1: Dasselbe Mitglied von $\mathbb{R}^2$ als Punkt auf der linken und als Vektor auf der rechten Seite dargestellt.

Die Norm eines Vektors

Die Norm oder Größe eines Vektors ist:

$$\|\mathbf{v}\| = \sqrt{v_1^2 + v_2^2 + \ldots + v_n^2}$$

Für den Vektor $\mathbf{x} = [1\ 3\ 2]$ ist die Norm:

$$\|\mathbf{x}\| = \sqrt{1^2 + 3^2 + 2^2} = \sqrt{14}$$

Punkt-Produkt

Das Punkt-Produkt der beiden Vektoren $\mathbf{v} = [v_1\ v_2\ \ldots\ v_n]$ und $\mathbf{w} = [w_1\ w_2 \ldots w_n]$ ist:

$$\mathbf{v} \cdot \mathbf{w} = v_1 w_1 + v_2 w_2 + \cdots + v_n w_n$$

Außerdem ist

$$\mathbf{v} \cdot \mathbf{w} = \|\mathbf{v}\| \|\mathbf{w}\| (\cos \theta)$$

wobei θ den Winkel zwischen den beiden Vektoren darstellt.

BEISPIEL A.1

Berechnen Sie das Punkt-Produkt der Vektoren [-1 3 6 –2] und [1 2 2 –3]. Berechnen Sie den Winkel zwischen den beiden Vektoren.

LÖSUNG

Das Punkt-Produkt ist:

$$[-1 \ 3 \ 6 \ -2] \cdot [1 \ 2 \ 2 \ -3]$$
$$= -1 \times 1 + 3 \times 2 + 6 \times 2 - 2 \times -3 = 23$$

Der Winkel zwischen den beiden Vektoren ist:

$$\cos \theta = \frac{23}{\sqrt{50}\sqrt{18}}$$
$$\theta = 39{,}94°$$

Die Vektoren sind perpendikular oder orthogonal, wenn ihr Punkt-Produkt Null ist. Um sich dies zu verdeutlichen, ist zu beachten, wenn cos θ = 0, dann ist θ gleich 90°.

MATRIZEN

Eine Matrix ist ein rechteckiges Feld von Zahlen. Eine $m \times n$-Matrix ist eine Matrix mit m Zeilen und n Spalten. Jedes Element der Matrix kann durch seine Zeilen- und Spaltenposition indiziert werden. Die Reihenfolge der Elemente wird daher folgendermaßen notiert:

$$\mathbf{A} = \begin{bmatrix} a_{11} & a_{12} & a_{13} & \ldots & a_{1n} \\ a_{21} & a_{22} & a_{23} & \ldots & a_{2n} \\ a_{31} & a_{32} & a_{33} & \ldots & a_{3n} \\ \ldots \\ \ldots \\ a_{m1} & a_{m2} & a_{m3} & \ldots & a_{mn} \end{bmatrix}$$

Für die unten angegebene 3 x 2-Matrix, ist das Element $b_{32} = -5$ und das Element $b_{21} = 3$:

$$\mathbf{B} = \begin{bmatrix} -2 & 1 \\ 3 & 4 \\ 2 & -5 \end{bmatrix}$$

Matrixmultiplikation

Um zwei Matrizen, **A** und **B**, zu multiplizieren (notiert als **AB**), muss die Anzahl an Spalten in **A** mit der Anzahl an Zeilen in **B** übereinstimmen. Wenn A eine $m \times n$-Matrix ist, und B eine $n \times s$-Matrix ist, dann ist das Matrixprodukt AB eine $m \times s$-Matrix. Wenn **C** = **AB**, dann wird ein Element dieses Produkts folgendermaßen definiert:

$$c_{ij} = (i\text{-ter Zeilenvektor von } \mathbf{A}) \bullet (j\text{-ter Spaltenvektor von } \mathbf{B})$$

$$c_{ij} = \sum_{k=1}^{n} a_{ik} b_{kj}$$

BEISPIEL A.2

Berechnen Sie das Produkt

$$\mathbf{C} = \begin{bmatrix} -2 & 3 & 1 \\ 1 & 2 & 4 \end{bmatrix} \begin{bmatrix} 4 & 2 & 1 & 1 \\ -3 & -1 & 4 & 3 \\ 1 & 4 & 5 & 1 \end{bmatrix}$$

LÖSUNG

Die Elemente c_{11} und c_{23} werden folgendermaßen berechnet:

$$\mathbf{C} = \begin{bmatrix} -2 \times 4 + 3 \times -3 + 1 \times 1 & \dots & \dots & \dots \\ \dots & \dots & -1 \times 1 + 2 \times 4 + 4 \times 5 \end{bmatrix}$$

Die vollständige Lösung ist:

$$\mathbf{C} = \begin{bmatrix} -16 & -3 & 15 & 8 \\ 2 & 16 & 29 & 11 \end{bmatrix}$$

Matrixtransponierte

Wenn die Matrix **B** die Transponierte von Matrix **A** ist, dann sind die Elemente b_{ij} und a_{ji} identisch.

BEISPIEL A.3

Notieren Sie die Matrix **B**, wenn $\mathbf{B} = \mathbf{A}^T$ und

$$\mathbf{A} = \begin{bmatrix} -2 & 3 & 1 \\ 1 & 2 & 4 \end{bmatrix}$$

LÖSUNG

$$\mathbf{B} = \begin{bmatrix} -2 & 1 \\ 3 & 2 \\ 1 & 4 \end{bmatrix}$$

Matrixaddition

Matrizen können durch Aufsummieren der entsprechenden Elemente addiert werden. Wenn beispielsweise **C = A + B ist**, dann ist $c_{ij} = a_{ij} + b_{ij}$.

Repräsentieren eines Graphen mit Matrizen

Eine Matrix kann dazu verwendet werden, einen Graphen mit gewichteten Pfaden zu repräsentieren (vgl. Abbildung A.2).

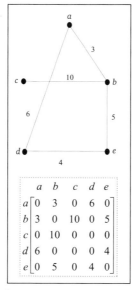

Abbildung A.2: Ein durch eine Matrix repräsentierter gewichteter Graph.

Anwenden der Vektor- und Matrix-Notation auf neuronale Netze

In der Zusammenfassung von Kapitel 2 wird ein Beispiel für einen Vorwärts- und einen Rückwärtsdurchlauf durch ein vorwärtsgerichtetes Netz unter Verwendung des Backpropagation-Algorithmus gegeben. Das Beispiel wird in Diagrammform (Abbildung 2.22) gegeben, so dass der Leser die Berechnungen überprüfen kann. Das Diagramm wird hier zur Erleichterung für den Leser noch einmal (als Abbildung A.3) gezeigt. Der Backpropagation-Algorithmus, wie alle anderen Netz-Algorithmen, wird unter Verwendung einer kompakten mathematischen Notation ausgedrückt. Die Berechnungen sind keinesfalls schwierig, doch die Algorithmen können für jemanden, der nicht mit der Notation vertraut ist, auf den ersten Blick etwas abschreckend wirken. Der wahrscheinlich schwierigste Teil der Notation ist das Verknüpfen der Indizes in den Gleichungen mit den Netzeinheiten und -gewichten.

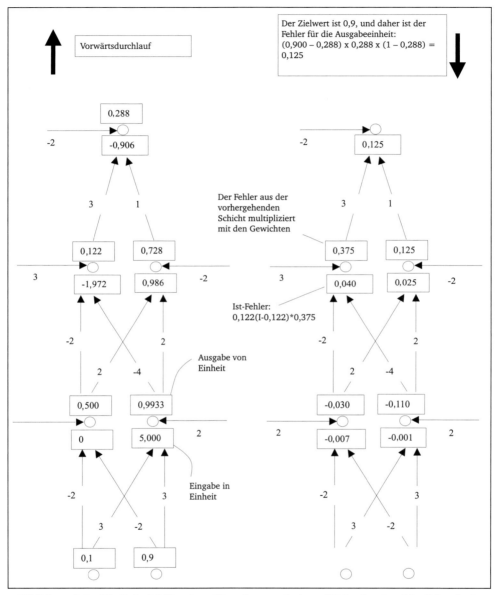

Abbildung A.3: Ein Beispiel für einen Vorwärts- und einen Rückwärtsdurchlauf durch ein vorwärtsgerichtetes 2-2-2-1-Netz. Die Eingaben, Ausgaben und Fehler sind in den Kästen aufgeführt (siehe Abbildung 2.21).

Für den Backpropagation-Algorithmus ergibt sich die Eingabe zu einer Einheit aus:

$$net_j = w_0 + \sum_{i=1}^{n} x_i w_{ij}$$

Hierbei ist x ein Signal, das von einer anderen Einheit gesendet wird, und w ist das Gewicht, das eine Verbindung von der anderen Einheit zur aktuellen Einheit herstellt, deren Eingabe wir berechnen möchten. Die Anzahl an Einheiten, die Signale senden, ist n. Die Variable w_0 ist das Verschiebungsgewicht, das betrachtet werden kann als wäre es mit einer Einheit verbunden, deren Ausgabesignal immer auf 1 gesetzt ist. Daher können wir die Eingabe folgendermaßen neu notieren:

$$net_j = \sum_{i=0}^{n} x_i w_{ij}$$

In dem Beispiel am Ende von Kapitel 2 besitzen die Gewichte der ersten Schicht die folgenden Werte:

$$\mathbf{W}_1 = \begin{bmatrix} 2 & 2 \\ -2 & 3 \\ -2 & 3 \end{bmatrix}$$

Die erste Zeile gibt die Verschiebungsgewichte an, die eine Verbindung mit der ersten und der zweiten Einheit der ersten verborgenen Schicht herstellen. Einschließlich der Verschiebungseinheit sind es insgesamt drei Eingabeeinheiten auf der Eingabeschicht, und folglich besitzt die Matrix drei Zeilen und zwei Spalten für die zwei verborgenen Einheiten. Auf der verborgenen Schicht befindet sich eine Verschiebungseinheit, doch da diese Verschiebungseinheit niemals Verbindungen zu Einheiten in der vorherigen Schicht herstellt, ist sie nicht in der Gewichtsmatrix aufgeführt.

Bei einem Vorwärtsdurchlauf indiziert das j die Einheiten, deren Eingabe wir berechnen möchten, und i indiziert eine Einheit in der vorherigen Schicht. Wenn wir dem Netz die Eingabe [0,1 0,9] vorlegen, werden die Eingaben zu den ersten zwei verborgenen Einheiten als folgendes Produkt angegeben:

$$[1{,}0 \ 0{,}1 \ 0{,}9] \begin{bmatrix} 2 & 2 \\ -2 & 3 \\ -2 & 3 \end{bmatrix} = [0 \ 5]$$

Der Eingangsvektor ist auf 1 festgelegt, da dies dem Wert entspricht, den die Verschiebungseinheit immer aussendet. Daher ist die Netzeingabe zur ersten Einheit 0 und die zur zweiten Einheit 5. Wenn wir den Ausgang für diese Einheiten unter Verwendung der sigmoiden Funktion berechnen würden, könnten wir den Ausgabevektor im Voraus auf 1 festlegen und das Produkt dieses Vektors mit der zweiten Schicht der Gewichte verwenden, um die Eingaben zu den Einheiten in der zweiten verborgenen Schicht anzugeben. In diesem Fall würde j die aktuellen Einheiten indizieren, deren Eingabe wir in der zweiten verborgenen Schicht berechnet haben, und i würde die Einheiten in der ersten verborgenen Schicht indizieren.

Im Backpropagation-Algorithmus wird der Fehler einer verborgenen Einheit während des Rückwärtsdurchlaufs berechnet. Der Fehler einer verborgenen Einheit hängt von den Fehlern der Einheiten ab, zu denen die verborgene Einheit während des Vorwärtsdurchlaufs Signale sendet:

$$\delta_j = o_j(1-o_j)\sum_{k=1}^{n}\delta_k w_{kj}$$

Da j die aktuelle Einheit indiziert, deren Fehler wir berechnen möchten, bezieht sich o auf die Aktivierung (Ausgabe) für die aktuelle Einheit. Die Schicht der Einheiten, die Signale zurück zu ihren Fehlern senden, wird mit k indiziert. Die zweite Gewichteschicht in unserem Beispiel ist:

$$\mathbf{W}_2 = \begin{bmatrix} 3 & -2 \\ -2 & 2 \\ -4 & 2 \end{bmatrix}$$

Da Fehlersignale in umgekehrter Richtung des Vorwärtsdurchlaufs zurückgesendet werden, müssen wir zum Berechnen des Produkts $\sum \delta_k w_{kj}$ die Gewichtsmatrix transponieren. Beachten Sie, dass k die Einheiten indiziert, welche die Fehler zurücksenden. Die Fehler für die beiden Einheiten in der letzten verborgenen Schicht wurden als [0,040 0,025] berechnet. Daher kann das Produkt der Fehler, die zurück in die Einheiten der ersten verborgenen Schicht gespeist werden, wie folgt berechnet werden:

$$[0{,}040 \quad 0{,}025]\begin{bmatrix} -2 & -4 \\ 2 & 2 \end{bmatrix} = [-0{,}03 \quad -0{,}11]$$

Beachten Sie, dass die erste Zeile der Gewichtsmatrix $\mathbf{W}_2$ für den Rückwärtsdurchlauf entfernt wurde, da wir keinen Fehler für die Verschiebungseinheit berechnen. Wir benötigen keinen Fehler für die Verschiebungseinheiten, da der Fehler einer Einheit verwendet wird, um die Gewichte zu aktualisieren, die während des Vorwärtsdurchlaufs in einer Einheit eintreffen. In einer Verschiebungseinheit treffen natürlich keine Gewichte ein.

B
GLOSSAR

Abbildung Besitzt eine strikt mathematische Definition. Auf weniger formaler Ebene bezeichnet dieser Begriff jedoch den Prozess, der ein Eingabemuster in ein Ausgabemuster transformiert.

Aktivierung In diesem Buch das Signal, das eine Einheit aussendet, entweder zu anderen Einheiten oder in die Umgebung.

Aktivierungsfunktion Diese Funktion wird dazu verwendet, die Aktivierung einer Einheit anhand ihrer Eingabe zu berechnen.

Assoziation *Siehe* Autoassoziation, Heteroassoziation.

Autoassoziation Autoassoziatives Lernen kann dazu verwendet werden, Muster zu speichern, die zu einem späteren Zeitpunkt unter Verwendung von verrauschten Versionen dieser gespeicherten Muster abgerufen werden können. Ziel dabei ist es, die unverrauschte Version wiederherzustellen.

Bündel Eine Gruppe von Mustern, die sich nahe beieinander befinden.

Einheit Das einfache Verarbeitungselement eines neuronalen Netzes, das mittels Gewichten eine Verbindung zu vielen anderen Einheiten herstellt. Alternative Bezeichnungen sind Knoten, Neuron oder Neuroid.

Epoche Ein einzelner Durchlauf durch alle Muster.

Generalisierung Mit diesem Begriff wird die Fähigkeit eines Netzes bezeichnet, Daten korrekt zu verarbeiten, mit denen es nicht trainiert wurde. Von einem überwachten Netz mit einer guten Generalisierung wird beispielsweise erwartet, dass es die meisten Testfälle korrekt klassifiziert. Je nach Diskussionskontext existieren geringfügig abweichende Interpretationen von Generalisierung, doch die hier angegebene Erklärung ist die gängigste.

Gewicht Eine Verbindung zwischen zwei Einheiten. Manche Einheiten sind mit sich selbst verbunden. Eine Verbindung besitzt einen reellen Zahlenwert, der als Stärke bezeichnet wird, und zum Erregen oder Hemmen der Signale verwendet wird, die über die Verbindung übertragen werden. Ein Gewicht wird mit einer Starteinheit (aus der es kommt), einer Zieleinheit (an der es endet) und einem Wert, der seine Stärke festlegt, definiert.

Gewichtsmatrix Die Matrix wird dazu verwendet, die in einem Netz vorhandenen Gewichtswerte (Stärken) aufzulisten. Die Position eines Gewichts innerhalb einer Matrix legt fest, mit welchen Einheiten das Gewicht eine Verbindung herstellt. Manchmal wird mehr als eine Gewichtsmatrix verwendet, um zu beschreiben, wie die Einheiten in einem Netz verbunden sind. Wenn Einheiten beispielsweise in

Schichten angeordnet sind, kann eine einzelne Matrix zum Beschreiben der Verbindungen zwischen zwei Schichten verwendet werden.

Globales Minimum Wenn die Parameter eines Netzes (Gewichte und/oder Aktivierung) so festgelegt werden, dass der mittlere quadrierte Fehler oder die Energie den niedrigsten Wert aufweist. Das globale Minimum stellt eine optimale Lösung dar. Lokale Minima sind Regionen mit einem niedrigen Fehler oder einer niedrigen Energie, die jedoch keine optimale Lösung darstellen.

Heteroassoziation Wie Autoassoziation, jedoch mit dem Unterschied, dass ein Muster mit einem anderen Muster und nicht mit sich selbst assoziiert wird.

Knoten *Siehe* Einheit.

Kompositionale Strukturen Strukturen, die anhand von anderen Strukturen erstellt werden können.Ein Beispiel hierfür sind Baumstrukturen. Jeder Baum besteht aus Teilbäumen.

Konnektionistisch Künstliche neuronale Netze werden oft als konnektionistische Netze bezeichnet, das Paradigma der neuronalen Netze häufig als „Konnektionismus". Manche Forscher sind an künstlichen neuronalen Netzen als Werkzeug zum Verstehen der neuronalen Netze in unserem Gehirn interessiert. „Konnektionistisch" wird manchmal dazu verwendet, die Tatsache hervorzuheben, dass neuronale Netze für die Informationsverarbeitung und nicht aus biologischem Realismus verwendet werden.

Konnektivitätsmuster Bezeichnet die Weise, wie die Netzeinheiten miteinander verbunden sind.

Lernrate Ein Parameter, der üblicherweise von dem Training mit einem konstanten Wert belegt wird. Dieser Parameter steuert den Betrag, um den ein Gewicht sich während einer einzigen Aktualisierung ändern kann.

Lokale Minima *Siehe* Globales Minimum.

Lokale Repräsentation *Siehe* Verteilte Repräsentation.

Merkmal Eine Variable (oder ein Attribut). Im Falle einer Person sind beispielsweise die Größe und das Gewicht Merkmale.

Musteraktualisierung Hierbei werden Gewichte nach Vorlage jedes Musters angepasst.

Muster Bezeichnet einen Datensatz, der dem Netz präsentiert wird. Außerdem als (Trainings- oder Test-) Instanz bezeichnet. Beispielsweise kann ein gedrucktes Zeichen durch die binären Pixelelemente oder eine Person, die sich um einen Bankkredit bewirbt, durch ihre persönlichen Daten beschrieben werden.

Netzmodell Dieser Begriff wird dazu verwendet, verschiedene Typen von neuronalen Netzen zu bezeichnen. Verschiedene Modelle können in Bezug auf den Lernalgorithmus, die Weise, auf welche die Einheiten Verbindungen herstellen, und die Weise, mit der die Einheiten aktualisiert werden, variieren.

Neuron *Siehe* Einheit.

Pfeil Eine Verbindung zwischen zwei Knoten in einer Graphen-Datenstruktur.

Pixel Das kleinste Element, das auf einen Bildschirm geschrieben werden kann. Je höher die Anzahl an Pixeln (Punkten), desto höher ist die Auflösung.

Rekurrentes Netz Ein Netz, das Gewichte besitzt, die zum Zurückleiten der Signale dienen. Beispielsweise könnten Signale, die eine Einheit von anderen Einheiten empfängt, verarbeitet werden, und die Aktivierung zurück zu jenen Einheiten geleitet werden, welche die ursprünglichen Signale gesendet haben.

Schriftart Verwendet eine Reihe von Attributen zum Definieren der Ansicht von Zeichen auf einem Ausgabegerät, wie z. B. einem Bildschirm.

Semantischer Raum Muster mit ähnlichen Bedeutungen liegen in derselben Region des Musterraums (d. h. ihre Vektoren liegen nahe beieinander).

Stapelaktualisierung Hierbei werden Gewichte angepasst, nachdem alle Muster präsentiert wurden. Für jedes Muster werden Fehlerterme akkumuliert und die Gewichte am Ende eines einzelnen Durchlaufs angepasst. Obwohl eine Aktualisierung typischerweise erfolgt, nachdem alle Muster präsentiert wurden, kann die Stapelgröße variabel festgelegt werden.

Symbolismus Mit diesem Begriff wird die Weise bezeichnet, mit der in der traditionellen künstlichen Intelligenz versucht wird, die Welt zu modellieren. Hierbei wird Wissen als Symbolstrukturen dargestellt. Ein Symbol könnte beispielsweise ein Wort sein, das einen einzelnen Begriff wie „Hund" bezeichnet oder auch ein komplexes Objekt mit Attributen („hat Fell", „bellt", „isst Fleisch").

Topologie Im Falle eines Netzes bezieht sich dieser Begriff auf die Weise, wie die Netzeinheiten miteinander verbunden sind.

Trägheit Ein konstanter Term, der während des Backpropagation-Lernens verwendet wird. Die Trägheit steuert die Auswirkung einer vorherigen Gewichtsänderung auf die aktuelle Gewichtsänderung. Dieser Parameter hilft zu verhindern, dass die Gewichtsänderungen zu stark variieren, und kann beim Vermeiden lokaler Minima hilfreich sein.

Training Die Vorgehensweise, um ein Netz anhand der Präsentation von Daten für eine Aufgabe anzulernen.

Überwachtes Lernen Ein Typ des Lernens, der angewendet werden kann, wenn bekannt ist zu welcher Klasse eine Trainingsinstanz gehört. Bei überwachtem Lernen wissen wir was das Netz als Ausgabe für jede Trainingsinstanz erzeugen soll. Wenn das Netz nicht die korrekte Ausgabe erzeugt, verwendet der Lernalgorithmus diese Informationen, um das Netz anzupassen (in der Regel durch Anpassen der Gewichte).

Unüberwachtes Lernen Eine Vorgehensweise, die zum Anlernen von Trainingsinstanzen verwendet wird, die keiner bekannten Klasse zugewiesen sind.

Verborgene Einheiten Einheiten, die keine Verbindung zur Umwelt haben.

Verteilte Repräsentation Hierbei wird mehr als eine Einheit zum Repräsentieren eines Begriffs verwendet. Außerdem nimmt eine einzelne Einheit an der Repräsentation mehr als eines Begriffs teil. Eine lokale Repräsentation verwendet eine einzelne Einheit zum Darstellen eines Begriffs (z. B. „Hund")

Vorwärtsgerichtetes Netz Ein Netz, dessen Verbindungen alle in derselben Richtung, von der Eingabeschicht zur Ausgabeschicht, verlaufen.

Zentroid Die Durchschnittsposition aller Muster innerhalb eines Bündels. Das Zentroid kann anhand des Durchschnitts aller Mustervektoren ermittelt werden.

BIBLIOGRAPHIE

Ackley, D.H., Hinton, G.E. und Sejnowski, T.J. „A learning algorithm for Boltzmann machines". *Cognitive Science,* 9 (1985): 147-169.

Arbib, M.A. „Foreword", in R. Sun und L.A. Bookman (Hrsg.), *Computational Architectures Integrating Neural and Symbolic Processes: A Perspective on the State of the Art.* Boston: Kluwer Academic Publishers, 1995.

Barnden, J. „Connectionism, generalization, and propositional attitudes: A catalogue of challenging issues", in J. Dinsmore (Hrsg.), *The Symbolic und Connectionist Paradigms, Closing the Gap.* Hillsdale, NJ: Erlbaum, 1992.

Baum, E.B. und Haussler, D. What size net gives valid generalization? *Neural Computation,* 1 (1989): 151-160.

Boden, M. „A connectionist variation on inheritance". Paper presented to the International Conference on Artificial Neural Networks 96, Bochum, 1996.

Broomhead, D.S. und Lowe, D. „Radial basis functions, multi-variable functional interpolation and adaptive networks." Memorandum 4148. Royal Signals and Radar Establishment, Malvern, 1988.

Callan, R. und Palmer-Brown, D. „An analytical technique for fast and reliable derivation of connectionist symbol structure representations". *Connection Science,* 9(2, 1997): 139-159.

Carpenter, G.A. und Grossberg, S. „A massively parallel architecture for a self-organizing neural pattern recognition machine". *Computer Vision, Graphics, und Image Processing,* 37 (1987): 54-115.

Cawsey, A. *The Essence of Artificial Intelligence.* Hemel Hempstead: Prentice Hall, 1998.

Chalmers, D. „Syntactic transformations on distributed representations". *Connection Science,* 2(1/2, 1990): 53-62.

Clark, A. *Associative Engines. Connectionism, Concepts, and Representational Change.* Cambridge, MA: MIT Press, 1993.

Cleeremans, A. *Mechanisms of Implicit Learning, Connectionist Models of Sequence Processing.* Cambridge, MA: MIT Press, 1993.

Copeland, J. (1993). *Artificial Intelligence, A Philosophical Introduction.* Oxford: Blackwell.

Dean, T., Allen, J. und Aloimonos, Y. *Artificial Intelligence.* Redwood City, CA: Benjamin/Cummings, 1995.

Dinsmore, J. (Hrsg.) *The Symbolic und Connectionist Paradigms: Closing the Gap.* Hillsdale, NJ: Erlbaum, 1992.

Dorffner, G. (Hrsg.) *Neural Networks and a New Artificial Intelligence.* London: International Thomson Computer Press, 1997.

Dyer, M.G. „Grounding language in perception", in V. Honavar und L. Uhr (Hrsg.), *Artificial Intelligence and Neural Networks. Steps toward Principled Integration.* London: Academic Press, 1994.

Elman, J. „Finding structure in time". *Cognitive Science,* 14 (1990): 179-211.

Fausett, L. *Fundamentals of Neural Networks: Architectures, Algorithms and Applications.* Upper Saddle River, NJ: Prentice-Hall, 1994.

Fodor, J. und Pylyshyn, Z. „Connectionism and cognitive architecture: A critical analysis". *Cognition,* 28 (1988): 371.

Geman, S. und Hwang, C.R. „Diffusions for global optimization". *SIAM Journal of Control and Optimization,* 24 (1986): 1031-1043.

Harnad, S. „The symbol grounding problem". *Physica D,* 42 (1990): 335-346.

Harnad, S. „Symbol grounding is an empirical problem: Neural nets are just a candidate component", in *Proceedings of the Fiftieth Annual Meeting of the Cognitive Science Society.* Hillsdale, NJ: Erlbaum, 1993.

Harnard, S., Hanson, S.J. und Lubin, J. „Learned categorical perception in neural nets: Implications for symbol grounding", in V. Honavar und L. Uhr (Hrsg.), *Artificial Intelligence and Neural Networks. Steps toward Principled Integration.* London: Academic Press, 1994.

Haykin, S. *Neural Networks: A Comprehensive Foundation.* New York: Macmillan College Publishing Company, 1994.

Hecht-Nielsen, R. *Neurocomputing.* Reading, MA: Addison-Wesley, 1990.

Hinton, G.E., Plaut, D.C. und Shallice, T. „Simulating brain damage". *Scientific American,* (Oktober 1993): 58.

Honavar, V. und Uhr, L. (Hrsg.) *Artificial Intelligence and Neural Networks. Steps toward Principled Integration.* London: Academic Press, 1994.

Hopfield, J.J. „Neurons with graded response have collective computational properties like those of two-state neurons", in *Proceedings of the National Academy of Sciences,* 81 (1984): 3088-3092. Reprinted in J. Anderson und E. Rosenfeld (Hrsg.) *Neurocomputing.- Foundations of Research.* Cambridge, MA: MIT Press, 1988. S. 579-584.

Jordan, M.I. „Serial order: A parallel, distributed processing approach", in J.L. Elman und D.E. Rumelhart (Hrsg.), *Advances in Connectionist Theory: Speech.* Hillsdale, NJ: Erlbaum, 1989.

Kohonen, T. „The self-organizing map". *Proceedings of the IEEE,* 78(9, 1990): 1464-1480.

Kosko, B. „Bidirectional associative memories". *IEEE Transactions on Systems, Man and Cybernetics,* 18 (1988): 49-60.

Kremer, S.C. On the computational power of Elman-style recurrent networks. *IEEE Transactions on Neural Networks,* 6(4, 1995): 1000-1004.

Lee, G., Flowers, M. und Dyer, M. „Learning distributed representations of conceptual knowledge and their application to script-based story processing". *Connection Science,* 2(4, 1990): 313-345.

Lippmann, R.P. „An introduction to computing neural nets". *IEEE ASSP Magazine,* 4 (1987): 4-22.

Masters, T. *Advanced Algorithms For Neural Networks: A C++ Sourcebook.* New York: Wiley, 1995.

Miikkulainen, R. *Subsymbolic Natural Language Processing: An Integrated Model of Scripts, Lexicon, and Memory.* Cambridge, MA: MIT Press, 1993.

Miikkulainen, R. „Integrated connectionist models: Building AI systems on subsymbolic foundations", in V. Honavar und L. Uhr (Hrsg.), *Artificial Intelligence and Neural Networks: Steps toward Principled Integration.* London: Academic Press, 1994.

Miikkulainen, R. „Subsymbolic parsing of embedded structures", in R. Sun und L.A. Bookman (Hrsg.) *Computational Architectures Integrating Neural and Symbolic Processes, A Perspective on the State of the Art.* Boston: Kluwer Academic Publishers, 1995.

Miikkulainen, R. und Dyer, M.G. Natural language processing with modular neural networks and distributed lexicon. *Cognitive Science,* 15 (1991): 343-399.

Nenov, V.l. und Dyer, M.G. „Perceptually grounded language learning, Part 2: DETE: A neural/procedural model". *Connection Science,* 6(1, 1994).

Niklasson, L. und Sharkey, N.E. „Systematicity and generalization in compositional connectionist representations", in G. Dorffner (Hrsg.), *Neural Networks and a New Artificial Intelligence.* London: International Thomson Computer Press, 1997.

Noelle, D.C. und Cottrell, D.C. „Towards instructable connectionist systems", in R. Sun und L.A. Bookman (Hrsg.), *Computational Architectures Integrating Neural and Symbolic Processes, A Perspective on the State of the Art.* Kluwer Academic Publishers, 1995.

Norris, D. „How to build a connectionist idiot (savant)". *Cognition,* 35 (1989): 277-291.

Pollack, J. „Recursive distributed representations". *Artificial Intelligence,* 46 (1990): 77-105.

Reilly, R. „Connectionist technique for on-line parsing". *Network,* 3 (1992): 37-45.

Reilly, R.G. und Sharkey, N.E. (Hrsg.) *Connectionist Approaches to Natural Language Processing.* Hillsdale, NJ: Erlbaum, 1993.

Rumelhart, D.E., Hinton, G.E. und Williams, R.J. „Learning Internal Representations by Error Propagation", in Rumelhart et al. *Parallel Distributed Processing, Explorations in the Microstructure of Cognition.* Vol. 1. Cambridge, MA: MIT Press, 1986a.

Rumelhart, D.E., McClelland, J.L. und PDP Research Group. *Parallel Distributed Processing, Explorations in the Microstructure of Cognition.* Vol. 1. Cambridge, MA: MIT Press, 1986b.

Russell, S. and Norvig, P. *Artificial Intelligence: A Modern Approach.* Hemel Hempstead: Prentice Hall, 1995. 2. Auflage: Upper Saddle River, NJ: Prentice Hall, 2003.

Sharkey, N.E. und Sharkey, A.J.C. „A modular design for connectionist parsing", in *Twente Workshop on Language Technology 3: Connectionism and Natural Language Processing.* Enschede, The Netherlands: Department of Computer Science, University of Twente, 1992: 87-96.

Sharkey, N. und Jackson, S. „Three horns of the representational trilemma", in V. Honavar und L. Uhr (Hrsg.), *Artificial Intelligence and Neural Networks: Steps toward Principled Integration.* London: Academic Press, 1994.

Sharkey, N.E. und Jackson, S.A. „An internal report for connectionists", in R. Sun und L.A. Bookman (Hrsg.), *Computational Architectures Integrating Neural and Symbolic Processes: A Perspective on the State of the Art.* Boston: Kluwer Academic Publishers, 1995.

Specht, D.F. „Probabilistic neural networks". *Neural Networks,* 3 (1990): 109-118.

Sun, R. „An introduction: On symbolic processing in neural networks", in R. Sun und L.A. Bookman (Hrsg.), *Computational Architectures Integrating Neural and Symbolic Processes: A Perspective on the State of the Art.* Boston: Kluwer Academic Publishers, 1995.

Sun, R. und Bookman, L.A. (Hrsg.) *Computational Architectures Integrating Neural and Symbolic Processes: A Perspective on the State of the Art.* Boston: Kluwer Academic Publishers, 1995.

Werbos, P.J. „Backpropagation through time: what it does and how to do it". *Proceedings of the IEEE,* 78(10, 1990): 1550-1560.

Weijters, A., Van Den Bosch, A. und Van Den Herik, H.J. „Behavioral aspects of combining backpropagation learning and self-organising maps". *Connection Science,* 9(3, 1997): 235-251.

Wermter, S. *Hybrid Connectionist Natural Language Processing.* London: Chapman & Hall, 1995.

DEUTSCHSPRACHIGE LITERATUR

Braun, H. *Neuronale Netze. Optimierung durch Lernen und Evolution*. Berlin: Springer, 1997.

Braun, H., Feulner, J. und Malaka, R. *Praktikum Neuronale Netze*. Springer, 1996.

Brause, R. *Neuronale Netze.* Stuttgart: Teubner,1995.

Dorffner, G. *Konnektionismus.* Stuttgart: Teubner, 1991.

Nauck, D., Klawonn, F. und Kruse, R. *Neuronale Netze und Fuzzy-Systeme*. Wiesbaden: Vieweg,1994

Ritter, H., Martinetz, Th. und Schulten, K. *Neuronale Netze*. Bonn: Addison-Wesley, 1994.

Rojas, R. *Theorie der Neuronalen Netze*. Heidelberg: Springer, 1993.

Zell, A. *Simulation Neuronaler Netze.* Bonn: Addison-Wesley, 1994.

NEURONALE NETZE

IM KLARTEXT

REGISTER

SYMBOLE

(S)RAAS 209, 219

A

Analysebaum 190
ÄQUIVALENT 179
Assoziation siehe Hopfield-Netz,
bidirektionaler Assoziativspeicher,
Backpropagation 101
Außenprodukt 106
Autoassoziation 101

B

Backpropagation 48, 113
    Algorithmus 52
    Autoassoziation 113
    im Zeitverlauf 120
BAS siehe bidirektionaler
Assoziativspeicher
Beweisführung 170
bidirektionaler Assoziativspeicher 109
Boltzmann-Automat 139
BP-SOM 151

C

CYC 196

D

Darstellung 169
    symbolische 177
Darstellungen
    konnektionistische 206
Delta-Regel
    generalisierte Delta-Regel 50
DETE 235
dimensionaler Raum 243
DISCERN 226
Dot-Produkt 90
DYNASTY 221

E

einfaches rekurrentes Netz 124
Entscheidungsfunktion 36
Epoche 50
ERN siehe einfaches rekurrentes Netz
euklidische Distanz 76

F

Funktionsminimierung 138

G

Gaußsche Funktion 65, 143
Generalisierung 57, 162, 230
Gewichtematrix 249

H

Hauptkomponentenanalyse 114
Heteroassoziation 101
HKA siehe Hauptkomponentenanalyse
Hopfield
  Energiefunktion
  Netz
hybrid 231, 233

I

Implikation 180
Impuls 54
Inferenzregeln 181
inferieren 181
Intelligenz 168

J

Jordan-Netz 124

K

Kernel 143
Klassifizieren von Mustern 35, 58
Klassifizieren von Zeichen 60
Kommunikation mit Automaten 234
kompositionale Strukturen 195
Konnektionismus 199
konnektionistisch 199
Kontext 213
Künstliche Intelligenz 199
künstliche Intelligenz 167, 194

L

Lernen 172
lineare Probleme 43
lokale Darstellungen 207

M

MAXNET 98
Metropolis-Algorithmus 138
Minima 137
Minimieren des Fehlers 41f.
modulares neuronales Netzwerk 151
Musteraktualisierung 57

N

nichtlineare Probleme 43

P

Parzen-Schätzung 143
PNN siehe probabilistisches neuronales Netzwerk
Potentialfunktion 143
Prädikatenkalkül 182
probabilistische neuronales Netzwerk 141
probabilistisches neuronales Netzwerk
  Architektur 146
Produktionssystem 175
Prolog 184
propositionales Kalkül 178
Propositionalkalkül
  Beispieltransformation mit neuronalem Netzwerk 216
Prototypenbündelung 76

R

RAAS 200, 208, 215, 218, 221, 234
  Beschreibung eines 200
radiale Basisfunktionsnetze 63
Reber-Grammatik 126
rekurrentes Netz 119

S

Satztransformation 218
selbstorganisierende Merkmalskarte 78
semantische Analyse 192
Sequenz 119
sgn siehe Signum-Funktion
Signum-Funktion 103
simuliertes Nachglühen 136
Skripten 220
SOFM siehe selbstorganisierende Merkmalskarte
Stapelaktualisierung 57
Statistik-basierte Netzwerke 136
stochastisches Lernen 136
suchen 173
supervisiertes Lernen 35
Symbolverankerung 232
syntaktische Analyse 189
Systematik 196
Systematizität 215

U

überwachtes Lernen 75
UND 178
unüberwachtes Lernen 75

V

Verarbeitung natürlicher Sprachen 218
verborgene Einheiten 45
verstehen natürlicher Sprachen 186
verteilte Darstellung 207
vollständig verbundenes Netz 48
Vorverarbeiten von Daten 156
vorwärtsgekoppeltes Netz 48

W

Wahrscheinlichkeitsdichtefunktion 143
Wissensdarstellung 170

X

XOR
    als Serie gelernt 126

Z

Zentroid 76

... aktuelles Fachwissen rund um die Uhr – zum Probelesen, Downloaden oder auch auf Papier.

www.InformIT.de

InformIT.de, Partner von **Pearson Studium**, ist unsere Antwort auf alle Fragen der IT-Branche.

In Zusammenarbeit mit den Top-Autoren von Pearson Studium, absoluten Spezialisten ihres Fachgebiets, bieten wir Ihnen ständig hochinteressante, brandaktuelle Informationen und kompetente Lösungen zu nahezu allen IT-Themen.

wenn Sie mehr wissen wollen ...   www.InformIT.de